BIBLIOTHÈQUE

DE

THÉRAPEUTIQUE MÉDICALE
ET CHIRURGICALE

PUBLIÉE SOUS LA DIRECTION DE MM.

DUJARDIN-BEAUMETZ
Membre de l'Académie de Médecine
Médecin de l'Hôpital Cochin
etc.

O. TERRILLON
Professeur agrégé à la Faculté de Médecine de Paris
Chirurgien de la Salpêtrière

PARTIE MÉDICALE

Art de formuler. 1 volume, par DUJARDIN-BEAUMETZ.

Thérapeutique des maladies du cœur et de l'aorte. 1 volume, par E. BARIÉ, médecin de l'hôpital Tenon.

Thérapeutique des maladies des organes respiratoires. 1 volume, par H. BARTH, médecin de l'hôpital Broussais.

Thérapeutique de la tuberculose. 1 volume, par H. BARTH, médecin de l'hôpital Broussais.

Thérapeutique des maladies de l'estomac. 1 volume, 2e *édition*, par A. MATHIEU, médecin des hôpitaux.

Thérapeutique des maladies de l'intestin, 1 volume, 2e *édition*, par A. MATHIEU.

Thérapeutique des maladies du foie. 1 volume, par L. GALLIARD, médecin des hôpitaux.

Thérapeutique des maladies de la peau. 2 volumes, par G. THIBIERGE, médecin des hôpitaux.

Thérapeutique des maladies du rein. 2 volumes, par E. GAUCHER, médecin de l'hôpital Saint-Antoine, agrégé à la Faculté, et E. GALLOIS, chef de clinique de la Faculté de Médecine.

Thérapeutique du rhumatisme et de la goutte. 1 volume, par W. OETTINGER, médecin des hôpitaux.

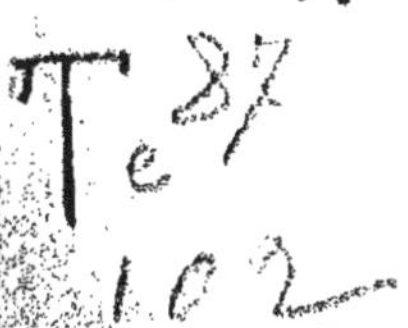

Thérapeutique de la fièvre typhoïde. 1 vol., par P. Le Gendre, médecin des hôpitaux.

Thérapeutique des maladies vénériennes. 1 volume, par F. Balzer, médecin de l'hôpital du Midi.

Thérapeutique du diabète. 1 volume, par L. Dreyfus-Brisac, médecin de l'hôpital Tenon.

Thérapeutique des névroses. 1 volume, par P. Oulmont, médecin de l'hôpital Laënnec.

Thérapeutique infantile. 1 volume, par A. Josias, médecin des hôpitaux.

Prophylaxie des maladies infectieuses. 2 volumes, par A. Chantemesse, médecin des hôpitaux, agrégé à la Faculté, et M. Besançon.

Thérapeutique des maladies infectieuses. 1 volume, par A. Chantemesse, médecin des hôpitaux, agrégé à la Faculté, et M. Besançon.

Thérapeutique des maladies du nez, des sinus et du pharynx nasal. 1 volume, par M. Lermoyez, médecin des hôpitaux.

Thérapeutique des maladies du pharynx et du larynx. 1 volume, par M. Lermoyez.

Thérapeutique des maladies de l'oreille, par M. Lermoyez. 1 vol.

PARTIE CHIRURGICALE

Asepsie et Antisepsie chirurgicales. 1 volume, par O. Terrillon et H. Chaput, chirurgien des hôpitaux.

Thérapeutique chirurgicale des maladies du crâne, 1 volume, par P. Sebileau, agrégé à la Faculté de Paris.

Thérapeutique chirurgicale des maladies du rachis. 1 volume, par P. Sebileau, agrégé à la Faculté de Paris.

Thérapeutique oculaire. 1 vol., par F. Brun, agrégé à la Faculté, chirurgien de Bicêtre.

Thérapeutique chirurgicale des maladies de la poitrine. 1 volume, par Ch. Walther, chirurgien des hôpitaux.

Thérapeutique chirurgicale des maladies de l'estomac et du foie. 1 volume, par H. Chaput, chirurgien des hôpitaux.

Thérapeutique chirurgicale de l'intestin et du rectum. 1 volume, par H. Chaput, chirurgien des hôpitaux.

Thérapeutique chirurgicale de l'urètre et de la prostate. 1 volume, par J. Albarran, agrégé à la Faculté de Paris.

Thérapeutique chirurgicale de la vessie et du rein. 1 volume, par J. Albarran, agrégé à la Faculté de Paris.

Thérapeutique obstétricale. 1 volume, par A. Auvard, accoucheur des hôpitaux.

Thérapeutique gynécologique. 1 volume, par Ch. Picqué, chirurgien des hôpitaux.

Thérapeutique chirurgicale des maladies des articulations, muscles, tendons et synoviales tendineuses. 2 volumes avec 165 figures, par Ch. Picqué, chirurgien des hôpitaux, et P. Mauclaire, ancien prosecteur de la Faculté.

Thérapeutique des maladies osseuses. 1 volume, par O. Terrillon et P. Thiéry, chef de clinique chirurgicale.

LA COLLECTION SERA COMPLÈTE EN 36 VOLUMES

Tous les volumes sont publiés dans le format in-18 jésus; ils sont reliés en peau pleine et comportent chacun de 200 à 400 pages avec figures.

Prix de chaque volume indistinctement : 4 fr.
Tous les ouvrages se vendent séparément.

VOLUMES PARUS LE 1er DÉCEMBRE 1894 :

Dujardin-Beaumetz : Art de formuler.
H. Barth : Organes respiratoires.
A. Mathieu : Estomac. (2e édit.)
A. Mathieu : Intestin. (2e édit.)
L. Dreyfus-Brisac : Diabète.
P. Oulmont : Névroses.
F. Barié : Cœur et Aorte.
F. Balzer : Maladies vénériennes
P. Le Gendre : Fièvre typhoïde
G. Thibierge : Peau. 2 vol.
L. Gaillard : Foie.
Terrillon et Chaput : Asepsie et Antisepsie chirurgicales.
A. Auvard : Thérapeutique obstétricale.
Picqué et Mauclaire : Articulations, muscles, etc. 2 vol.

THÉRAPEUTIQUE

DES

MALADIES DE L'INTESTIN

THÉRAPEUTIQUE

DES MALADIES

DE L'INTESTIN

PAR LE Dr Albert MATHIEU

Médecin des Hôpitaux de Paris

DEUXIÈME ÉDITION REVUE ET CORRIGÉE

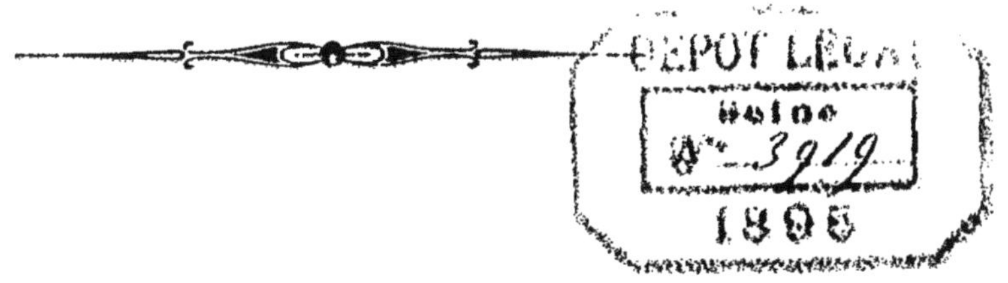

PARIS

OCTAVE DOIN, ÉDITEUR

8, PLACE DE L'ODÉON, 8

1895

PRÉFACE DE LA DEUXIÈME ÉDITION

L'accueil favorable que le public médical a fait à cet ouvrage nous amène à en donner une seconde édition.

Cette fois, il comprend deux volumes : le premier consacré au traitement des maladies de l'estomac, le second au traitement des maladies de l'intestin. C'est là une division artificielle; car, du cardia à l'extrémité inférieure du gros intestin, le tube digestif ne constitue qu'un seul appareil : le pylore y marque une séparation beaucoup plus anatomique que physiologique. L'estomac commence la digestion et l'intestin la termine; à la rigueur il peut faire la besogne tout entière. En tout cas, il supplée souvent l'estomac.

Très souvent les troubles fonctionnels de la dyspepsie portent sur le segment intestinal aussi bien que sur le segment gastrique. La viciation de l'action de l'un retentit sur l'action de l'autre; nos deux volumes doivent donc se compléter et il est souvent besoin de renvoyer de l'un à l'autre.

La séparation en deux volumes a été rendue nécessaire par les remaniements et l'accroissement qu'a subis notre texte primitif. Presque tous les chapitres ont été revus, corrigés et mis au courant ; des chapitres complètement nouveaux ont été ajoutés. Le traitement des maladies de l'intestin, un peu sacrifié dans la première édition, a reçu dans la seconde des développements plus étendus.

Nous avons cependant conservé dans son ensemble le même plan d'exposition ; il repose essentiellement sur la séméiologie et la physiologie pathologique. En regard des grands complexus physiologiques et séméiologiques, nous avons placé les médications correspondantes.

Les lésions anatomiques se trouvent ainsi très volontairement laissées à l'arrière-plan. C'est que la thérapeutique se base beaucoup plus sur la physiologie que sur l'anatomie pathologique. Sauf lorsqu'elles comportent un traitement spécifique, ce qui est malheureusement exceptionnel dans l'état actuel de la science, la connaissance des lésions donne des indications beaucoup plus pour le pronostic que pour le traitement.

Mai 1895.

THÉRAPEUTIQUE

DES

MALADIES DE L'INTESTIN

TECHNIQUE SÉMÉIOLOGIQUE

En clinique, la technique séméiologique relative aux maladies de l'intestin tient moins de place que la technique appliquée au diagnostic des maladies de l'estomac. Ce n'est pas qu'elle soit moins importante : elle l'est au contraire beaucoup plus. Ce n'est pas non plus que les méthodes d'examen fassent défaut. En effet, dans l'état actuel de la science, on peut doser l'azote dans les aliments, dans les matières fécales et dans l'urine et juger par là de l'utilisation des aliments azotés et de l'état de nutrition du protoplasma cellulaire considéré dans son ensemble. On peut faire l'analyse chimique et histologique des matières fécales, on peut doser la toxicité des urines et mesurer leur richesse en acides sulfo-conjugués, c'est-à-dire, indirectement, en substances toxiques d'origine intestinale.

Si ces recherches pouvaient être régulièrement et méthodiquement faites sur un grand nombre de malades, dans des conditions de traitement différentes, il n'est pas douteux que la connaissance des maladies du tube digestif, et, en particulier, des viciations du fonctionnement de l'intestin, ferait un progrès considérable. On aurait alors un point d'appui plus solide pour le diagnostic et le traitement. Il est probable que l'intestin enlèverait à l'estomac la première place dans l'histoire de la dyspepsie.

Malheureusement ces recherches demandent beaucoup de temps, des ressources de laboratoire et des connaissances chimiques suffisantes. Le nombre des médecins qui peuvent s'y livrer est très restreint; les faits méthodiquement constatés ne s'ajoutent que lentement les uns aux autres.

Le plus souvent, on doit se borner, quand il s'agit de l'intestin, à l'exploration abdominale, à un examen assez grossier de l'urine et des matières fécales.

Cela cependant vaut mieux que rien, donne souvent des renseignements importants; nous devons donc attribuer ici une certaine place à la technique séméiologique, comme nous l'avons fait pour les maladies de l'estomac. Ce que nous en dirons sera très sommaire, et ne dépassera guère les limites de l'examen que peut faire un praticien qui n'a que des ressources et des connaissances sommaires de laboratoire.

Matières fécales. — Des chapitres particuliers seront consacrés à la constipation et à la diarrhée. Il ne sera question ici que de l'étude physique et chimique des matières fécales, telle qu'on peut la faire par l'examen direct, par le microscope ou à l'aide de réactions chimiques très simples.

Nous laisserons de côté, dans cette courte étude, tout ce qui ne se rapporte pas soit à la dyspepsie, soit aux maladies gastro-intestinales. Nous indiquerons comment on constate, dans les matières fécales, la présence de la graisse, de l'amidon, des détritus alimentaires non digérés, de la bile, du mucus, du sang, du pus et quelle est leur signification séméiologique (1).

Graisses. — Les selles graisseuses peuvent se présenter d'une façon différente : tantôt elles sont solides, grisâtres, constituées par de la graisse en grande quantité ; elles se ramollissent sous l'influence de la chaleur. Quelquefois ce sont des grumeaux graisseux plus ou moins volumineux. Dans les selles liquides, on trouve soit des gouttelettes graisseuses nageant à la surface, soit des points blanchâtres ou grisâtres du volume d'un grain de riz ou d'un pois.

La graisse peut être recherchée par le microscope ou par des procédés chimiques.

Au *microscope*, on peut trouver des gouttelettes de graisse en nature, des cristaux d'acides gras, des grumeaux incolores ou jaunâtres.

Les *gouttelettes graisseuses*, faciles à reconnaître, se voient avec le régime lacté, après usage d'huile de foie de morue ou de ricin. Quand elles sont abondantes, elles indiquent un défaut de résorption de la graisse (diarrhée graisseuse des nourrissons).

Les *cristaux* peuvent être des cristaux d'acides gras, qui fondent lorsqu'on chauffe légèrement à la lampe, ou des cristaux de savons qui ne fondent pas. Les

(1) Nothnagel, *Beiträge zur Physiologie und Pathologie des Darmes*. — H. Leo, *Diagnostik der Krankheiten der Verdauungsorgane*, Berlin, 1881.

premiers sont solubles, les seconds insolubles dans l'éther.

D'après Müller (1), la présence dans les selles d'une grande quantité de cristaux gras indique beaucoup plutôt une résorption vicieuse de la graisse qu'une viciation de la sécrétion pancréatique. On trouve une grande quantité de ces cristaux chez des malades qui n'ont pas de lésion du pancréas, chez les ictériques en particulier et chez les malades chez lesquels il y a un obstacle à la résorption par les vaisseaux chilifères, dans les maladies du péritoine et des ganglions mésentériques, par exemple.

Les *grumeaux* sont formés par de la graisse neutre, le plus souvent à base de chaux ; ils fondent par la chaleur et donnent en présence de l'acide sulfurique des acides gras à l'état de pureté.

Examen chimique. — Müller, dans le travail que nous avons cité, a donné un procédé intéressant de recherche de la graisse dans les matières fécales. Ces matières sont traitées par des acides forts, puis par une solution alcoolique de potasse, épuisées ensuite par l'éther, et on recherche à quelle température fond la substance obtenue. Le point de fusion est plus élevé à l'état normal (50 à 51°) avec peu de graisse qu'à l'état pathologique avec beaucoup de graisse (46 à 48°). La solidification par refroidissement donne dans le même sens des résultats encore plus marqués.

Müller indique également comment on doit s'y prendre pour extraire par l'éther et doser la graisse dans les selles à l'état de graisse neutre, d'acides gras et de savons. Nous ne pouvons pas insister davantage.

(1) *Zeitschr. f. Klin. Medic.*, Bd. XII, p. 45.

Quelle est la valeur séméiologique de la présence de la graisse dans les déjections?

A l'état normal, on peut trouver, d'après Müller, de 7 à 14 grammes de graisse. Cette quantité peut s'élever à 40 et 75 grammes à l'état pathologique, chez des ictériques.

Chez l'individu sain, les selles graisseuses peuvent être la conséquence d'une alimentation très riche en graisse (lait, huiles médicales, etc.) ; à l'état de maladie, on peut les rencontrer :

1° Quand la *bile* nécessaire à la digestion des graisses n'est pas versée en quantité suffisante dans l'intestin. Il n'est pas démontré, contrairement à l'opinion classique, qu'il y ait une stéarrhée par insuffisance pancréatique.

2° Quand l'appareil de résorption de la graisse est lésé (ulcérations intestinales (1), entérite tuberculeuse, dégénérescence amyloïde de l'intestin, péritonite, lésions des ganglions mésentériques).

3° Lorsque le pancréas est lésé ou le canal de Wirsung oblitéré, on trouverait la graisse des matières fécales surtout sous forme de graisse neutre, non dédoublée, tandis qu'à l'état normal elle est presque complètement dédoublée en acides libres et en savons sous l'influence du suc pancréatique (Müller).

Amidon. — Il se présente sous l'aspect de petits corpuscules que la solution iodo-iodurée colore en bleu.

Eau	300	gr.
KI	2	»
Iode métallique	1	»

Pour Nothnagel, l'apparition de corpuscules d'amidon en quantité notable dans les déjections fécales

(1) STADELMANN, *D. Arch. f. Klin. med.*, Bd. XL, p. 372.

indique un mouvement péristaltique exagéré de l'intestin ; c'est un phénomène commun dans la diarrhée. La présence de ces corpuscules dans les selles n'a du reste aucune valeur au point de vue du diagnostic d'une lésion intense de l'intestin et du pancréas (Müller).

Détritus alimentaires. — Il y a toujours des fibres musculaires incomplètement digérées dans les selles lorsque l'alimentation est mixte ; il y en a beaucoup quand la viande y tient la plus large place. La quantité de fibres musculaires non digérées augmente en cas de catarrhe intestinal.

Les détritus alimentaires que l'on peut rencontrer dans les matières fécales sont très variés ; il y a toujours à l'état normal une grande quantité de particules alimentaires qui échappent à la digestion en dehors des substances grasses, des corpuscules d'amidon, des fragments de fibres musculaires, dont il a été question déjà : cellulose, fibres conjonctives, tendineuses, fibres et grains végétaux, etc. L'alimentation végétale laisse un résidu beaucoup plus abondant que l'alimentation azotée ; inutile d'insister.

Dans la diarrhée des nourrissons, on trouve souvent des grumeaux de lait mal digéré, ce qui indique une digestion vicieuse.

On trouve parfois, dans les selles diarrhéiques, des petits amas transparents que l'on a comparés, soit à des grains de tapioca cuit, soit à du frai de grenouille. On les considérait autrefois comme produits par du mucus accumulé dans des ulcérations du gros intestin. Virchow les regarde comme de nature végétale ; Nothnagel partage cette opinion : ce sont des particules végétales : amidon, ou petits fragments de fruits.

Bile. — A l'état normal, la bile n'apparait pas en nature dans les matières fécales, qui doivent cependant leur coloration à des pigments biliaires transformés.

La bile peut apparaître en nature dans les selles sous deux formes : elle peut colorer en jaune des flocons de mucus, de la graisse, des amas de cristaux, de cellules épithéliales, et se présenter sous forme de grumeaux ou de flocons d'un jaune verdâtre ; enfin elle peut être intimement mélangée à des selles liquides.

Nothnagel considère les flocons (de mucus ou autres) colorés par la bile comme l'indice d'une lésion inflammatoire de l'intestin grêle. Jamais, pour lui, la bile ne teinterait le mucus du gros intestin.

La bile est intimement mélangée aux matières fécales liquides lorsqu'il y a un catarrhe intense du petit intestin, avec évacuation rapide de son contenu. Cela ne se voit guère que chez les jeunes enfants. La bile colore le linge, elle donne la réaction caractéristique en présence de l'acide azotique. Les selles sont alors vertes, acides : c'est une des variétés les plus importantes de la diarrhée des enfants, qu'il ne faut pas confondre avec la diarrhée verte due au bacille de Lesage.

Mucus. — Les conditions d'apparition du mucus dans les selles ont été bien étudiées par Nothnagel (1).

Le mucus fait normalement partie de la constitution des selles ; ce qu'il peut y avoir d'anormal dans sa présence, c'est sa quantité et la façon dont il s'est mélangé avec les fèces : on pourrait tirer de ces élé-

(1) *Beiträge zur Physiologie und Pathologie des Darmes*. Berlin, 1884.

ments des indications sur la nature et la localisation de l'entérite (Nothnagel).

Le mucus peut se montrer dans les selles sous trois aspects différents :

1° Il peut être isolé, non mélangé aux fèces ;

2° Il peut enrober des fèces solides ;

3° Il peut leur être plus ou moins intimement mélangé.

1° *Le mucus pur isolément expulsé* indique une affection inflammatoire du rectum et du côlon descendant.

Il peut se présenter sous forme de grumeaux, de glaires, ou de membranes, de rubans, de tubes (entérite muco-membraneuse).

Ces produits se dissolvent en une grande proportion dans les solutions alcalines ; on obtient un précipité de mucine en acidifiant légèrement par l'acide acétique.

2° *Le mucus enrobant les fèces solides* se rencontre à l'état normal sous forme d'une fine enveloppe de mucus hyalin autour des cylindres de matière stercorale. Les enveloppes plus épaisses, opaques, jaunâtres, autour des fèces ovillées, indiquent une inflammation du côlon descendant et du rectum.

3° *Le mucus mélangé aux fèces* se présente sous des aspects différents, suivant qu'il est plus ou moins abondant et que le mélange est plus ou moins intime.

Il peut y avoir des flocons ou des grumeaux de mucus, reconnaissables à l'œil nu, nageant dans un liquide diarrhéique, ou disséminés dans des matières solides, sous forme d'amas semblables à du frai de grenouille ou à du tapioca cuit. Ils indiquent l'existence d'une colite qui s'étend jusqu'au cæcum.

Nous avons dit déjà que, lorsque les grumeaux sont colorés par la bile, il faudrait admettre, d'après

Nothnagel, qu'il y a en même temps lésion de l'intestin grêle.

Le mucus peut être si intimement mélangé aux matières fécales, qu'on ne puisse le révéler que par l'examen microscopique. Il indique alors une lésion limitée à la région cæcale ; quand il y a en même temps enrobement des fèces, c'est qu'il y a à la fois lésion de la partie initiale et de la partie terminale du gros intestin.

Les grumeaux semblables au frai de grenouille ou au tapioca cuit n'indiquent pas, pour Nothnagel, une lésion ulcéreuse du côlon.

Sang. — Il peut être plus ou moins mélangé aux selles, plus ou moins modifié par la digestion.

Le *sang rouge* accompagnant des matières fécales solides indique une lésion du rectum ou de l'anus, le plus souvent des hémorrhoïdes.

Le sang rouge accompagnant des matières diarrhéiques peut provenir de plus haut et même de l'intestin grêle, comme cela se voit surtout dans la fièvre typhoïde, lorsque l'hémorrhagie a été abondante. Nothnagel appelle l'attention sur ce point : lorsque chez un typhique on trouve dans les selles de petites quantités de sang, il faut craindre prochainement une grande entérorrhagie ; quelquefois ces petites hémorrhagies prémonitoires ne se constatent qu'au microscope.

Quand le sang vient de l'estomac ou du duodénum, il est souvent coloré en noir, semblable à du goudron, à de la suie délayée. Le plus souvent on le reconnaitra facilement par la simple inspection, mais quelquefois aussi il sera besoin d'un examen plus précis.

On peut rechercher les globules sanguins par le microscope, ils sont alors plus ou moins déformés, ou rechercher les cristaux d'hémine.

Pour rechercher les cristaux d'hémine, on procédera de la façon suivante. Le liquide à examiner est desséché avec précaution, sans chauffer trop fort, dans un verre de montre tenu à la main au-dessus d'une lampe à alcool. On en prend gros comme un grain de millet que l'on dépose sur une lame de verre ; on ajoute un petit grain de sel marin et deux gouttes d'acide acétique cristallisé ; on fait évaporer doucement l'acide acétique à la lampe ; on en ajoute et on évapore de nouveau ; on dépose alors quelques gouttes d'eau, on recouvre d'une lamelle et on examine au microscope, pour y rechercher les petits cristaux caractéristiques d'hémine.

Le sang se recherche aussi par la *teinture de gaïac.* On ajoute à une petite quantité du liquide à examiner environ 1 cent. cube de teinture fraiche de gaïac et 1 cent. cube du mélange suivant :

Acide acétique cristallisé..........	2 gr.
Eau distillée......................	1 gr.
Essence de térébenthine............	} āa 100 gr.
Alcool rectifié....................	}

et l'on agite vivement. S'il y a du sang, il se produit une coloration bleue.

Weber (1) conseille la technique suivante : on délaye une petite quantité de la matière fécale suspecte dans de l'eau acidifiée au tiers à l'aide de l'acide acétique cristallisé, et on agite avec de l'éther. L'extrait éthéré est traité ensuite par la teinture de gaïac et la térébenthine. Lorsqu'il y a du sang, on obtient une coloration d'un bleu violet quelquefois rouge brun avec une légère teinte verdâtre dans quelques cas. Le procédé serait très précis.

(1) *Berlin. Klin. Wochenschr.* n° 19. 1893.

L'*examen spectroscopique* est, on le sait, le moyen le plus sensible de démontrer la présence du sang.

Le sang dans les matières vomies se recherche exactement de la même façon.

Pus. — Il est quelquefois assez abondant pour être reconnu à l'œil nu; on ne le trouve guère en quantité considérable que lorsqu'une collection purulente s'est ouverte dans le côlon ou dans le rectum.

Avec des lésions du rectum ou de la partie supérieure du côlon, de l'*S* iliaque, on peut trouver de petites quantités de pus reconnaissable à l'œil nu et au microscope. Il n'en est plus de même avec des ulcérations situées plus haut, de sorte que, si la présence du pus est un bon signe des ulcérations intestinales, il ne faut guère compter sur lui pour faire le diagnostic de ces ulcérations. Il est probable que le pus se détruit en route, se disperse ou se digère. Les hémorrhagies ont donc dans ce sens une importance beaucoup plus grande.

Il ne semble pas y avoir de catarrhe purulent en nappe de la muqueuse intestinale, à la façon du catarrhe bronchique, par exemple; de nombreuses recherches ont montré à Nothnagel que, dans l'intestin, il n'y a pas de sécrétion purulente sans ulcération.

Nous devons nous borner ici à ces indications élémentaires sur l'examen des matières fécales. Nous ne pouvons aborder l'étude de la parasitologie (helminthes, protozoaires, bacilles) qui demanderait des développements trop longs et trop spéciaux (1).

(1) Nous ne pouvons pas donner ici la technique par laquelle on dose dans les urines les *acides sulfo-conjugués* qui mesurent l'auto-intoxication par absorption des produits de la putréfaction intestinale. On pourra se contenter de rechercher qualitativement la réaction de l'indican, ce qui du reste n'a guère d'intérêt théorique ou pratique.

PREMIÈRE PARTIE

CONSIDÉRATIONS GÉNÉRALES. — DIVISION.

Dans cette première partie, nous envisagerons successivement les grands complexus séméiologiques comme la constipation, la diarrhée, les grands complexus physiologiques comme l'auto-intoxication d'origine intestinale. Après en avoir indiqué l'histoire clinique et la pathogénie dans leurs éléments principaux, nous en exposerons le traitement avec plus de détail, comme il convient dans un ouvrage de thérapeutique. Nous aurons ainsi le devoir d'étudier certaines grandes médications, comme la médication laxative, la médication antidiarrhéique, la médication antiseptique, et, par conséquent, les groupes médicamenteux ou les pratiques thérapeutiques correspondants. Ainsi se présentera à nous l'occasion de faire connaissance avec le massage, le lavage de l'intestin, etc.

Cette étude préliminaire nous aidera beaucoup lorsque, dans la seconde partie, nous en viendrons à examiner les maladies de l'intestin caractérisées par des lésions définies; nous aurons souvent alors à renvoyer aux développements donnés d'avance dans la première partie.

Dans cette première partie, nous aurons à considérer successivement et au même titre des syndromes qui sont assez souvent en clinique l'expression prédominante et même parfois tout à fait isolée de l'état morbide, mais qui, parfois aussi, ne sont de toute évidence que la manifestation locale d'une maladie principale avec ou sans lésions anatomiques.

Dans le premier cas, les manifestations intestinales, plus souvent encore gastro-intestinales, paraissent être le seul élément symptomatique, constituer la maladie tout entière et représenter un état dyspeptique primitif.

Pour l'intestin comme pour l'estomac, il est souvent difficile d'établir la distinction entre les manifestations d'origine purement nerveuse et les manifestations attribuables à l'inflammation chronique. Pendant longtemps on a attribué à l'entérite des manifestations qui dépendent certainement de la névropathie. Il faut reconnaître du reste qu'il y a sans doute, dans bien des cas, un mélange complexe de symptômes d'origine névropathique et de symptômes d'origine inflammatoire.

C'est, avec une autre localisation, la question qui s'est posée déjà pour les limites et les rapports de la gastrite et de la dyspepsie stomacale : elle ne nous embarrassera pas plus à propos de l'intestin qu'elle ne nous a embarrassé à propos de l'estomac.

Il est certain que, dans tout état morbide, on doit avant tout chercher à déterminer et à atteindre la cause; on doit autant que possible, en pratique, instituer un traitement étiologique et pathogénique.

Malheureusement, cela n'est pas toujours possible. On est donc forcé de mettre au premier plan la médication symptomatique, ou, ce qui vaut mieux encore, la médication des grands complexus symptomatiques. Cette médication tient encore un rang honorable, et quelquefois même, prépondérant lorsque l'étiologie et la pathogénie sont connues, car on doit se borner souvent, dans l'impossibilité d'atteindre la cause elle-même, à en combattre isolément les manifestations symptomatiques.

Nous envisagerons successivement, au point de vue des indications qu'ils comportent, les éléments suivants :

Les troubles nervo-moteurs ;

Les troubles de la sensibilité ;

La constipation et deux de ses principales complications, l'entérite-muco-membraneuse et les hémorrhoïdes ;

La diarrhée ;

L'auto-intoxication intestinale ;

L'embarras gastro-intestinal ;

L'entéroptose ;

Les hémorrhagies intestinales.

Chemin faisant, à propos de ces grands complexus cliniques ou physiologiques, nous rencontrerons de grandes médications, que nous étudierons en détail. Nous passerons ainsi en revue tour à tour des groupes de médicaments et des méthodes d'intervention physique, par exemple : à propos de la constipation, les médicaments laxatifs et le massage ; à propos des auto-autoxications intestinales, l'antisepsie médicamenteuse et l'antisepsie par voie mécanique, le lavage de l'intestin.

CHAPITRE PREMIER

Troubles nervo-moteurs. — Troubles de la sensibilité.

Les troubles nervo-moteurs sont très fréquents dans la dyspepsie intestinale; leur existence y est même beaucoup plus aisément appréciable, souvent, que les phénomènes nervo-moteurs dans la dyspepsie stomacale. Il ne faut pas oublier, à ce propos, que les phénomènes dyspeptiques sont en réalité le plus ordinairement gastro-intestinaux. L'estomac et l'intestin, placés dans des conditions analogues, réagissent chacun à leur façon, en mettant en œuvre les éléments anatomiques et les propriétés physiologiques qui leur sont propres.

La viciation de la nervo-motricité de l'estomac et de l'intestin peut se révéler par deux éléments opposés : l'exagération ou, au contraire, l'atténuation des contractions des parois musculaires : le *spasme* et l'*atonie*. Le spasme peut être mobile, il constitue alors l'*exagération des mouvements péristaltiques* ou être fixe et se traduire par une *contracture* plus ou moins durable.

Ces deux éléments de spasme et d'atonie peuvent se succéder dans le temps et dans l'espace. En effet, des régions de l'intestin, jusque-là contractées et resserrées, peuvent se relâcher et se laisser distendre; le spasme peut disparaître complètement et faire place à l'atonie ou, au contraire, ne faire que se déplacer; le spasme et l'atonie peuvent être plus ou moins marqués : de là, en clinique, des aspects assez différents.

Les phénomènes douloureux sont fréquemment liés aux troubles de la motricité, de telle sorte que leur étude ne peut guère être dissociée et qu'elle prend naturellement place dans le présent chapitre.

Depuis quelques années, l'attention des observateurs s'est volontiers portée de ce côté, et plusieurs systèmes basés soit exclusivement sur le spasme de l'intestin, soit, en même temps, sur le spasme, l'entéroptose et les variations de la pression abdominale, ont eu la prétention d'expliquer non seulement certaines formes de dyspepsie gastro-intestinale, mais aussi des accidents névropathiques plus ou moins généralisés, la neurasthénie par exemple. Nous exposerons et nous jugerons ces conceptions théoriques, lorsque l'occasion se présentera; mais nous renverrons plus particulièrement, à ce propos, au chapitre qui sera consacré plus loin à l'entéroptose.

Types cliniques. — Les types cliniques auxquels donne lieu le mélange ou la succession l'un à l'autre du spasme et de l'atonie sont assez nombreux. Il n'y a du reste entre eux que des limites conventionnelles et l'on peut très bien les voir associés l'un à l'autre en proportions variables.

Dyspepsie nervo-motrice gastro-intestinale. — Le type le plus commun correspond à la *dyspepsie nervo-motrice gastro-intestinale*, que nous avons signalée déjà dans le volume consacré à l'estomac. C'est qu'en effet le trouble fonctionnel, dans ces conditions, porte tout autant sur l'estomac que sur l'intestin. Il s'agit de malades arthritiques, névropathes ou anémiés. L'appétit est plus ou moins conservé, satisfaisant dans les formes légères. Un certain temps, 20 minutes, une demi-heure après le repas, les malades éprouvent du gonflement, de la pesanteur au creux épigastrique, du ballonnement abdominal; ils sont obligés de desserrer leurs vêtements. Des renvois surviennent qui les soulagent; quelquefois il y a des aigreurs et même des régurgitations acides. La constipation est de règle dans ces conditions : parfois on voit apparaître une petite quantité de glaires dans les selles; c'est la forme et le degré le plus léger de l'entérite muco-membraneuse qui peut, en se développant, prendre une intensité telle que se trouve constitué un nouveau type morbide auquel nous devrons consacrer une étude spéciale.

L'exploration fait voir que l'estomac et l'intestin participent également au tympanisme abdominal. Du côté de l'estomac on constate une distension gazeuse plus ou moins marquée, il y a surtout un développement considérable du grand cul-de-sac, de telle sorte que l'estomac paraît remonter dans la cavité thoracique en refoulant le diaphragme. Il peut y avoir un séjour un peu plus prolongé que normalement des liquides et des aliments dans sa cavité; mais il n'y a pas de dilatation vraie, c'est-à-dire de stase persistante, du dernier repas du jour au premier repas du lendemain.

L'exploration permet souvent de reconnaître un certain degré de spasme du gros intestin que caractérise suffisamment l'existence de la corde colique ascendante ou descendante, beaucoup plus rarement transversale. Il n'est pas rare de pouvoir constater sur le gros intestin à la fois des signes de spasme et d'atonie : le spasme représenté par le boudin cæcal ou corde colique ascendante et par la corde colique descendante, l'atonie par la distension de la partie transverse du colon.

Chez certains malades, la *flatulence* présente une intensité très considérable et le tympanisme devient le phénomème prédominant. Quelques-uns ont des gaz et des renvois en si grande abondance qu'ils en sont fort incommodés. On sait que chez les hystériques ce tympanisme peut se produire avec une grande rapidité, presque brusquement, de telle sorte qu'on est amené à penser que les gaz ainsi accumulés résultent d'une exhalation des gaz du sang à la surface de la muqueuse intestinale. Si vraisemblable qu'elle soit, ce n'est encore là qu'une hypothèse. Dans le plus grand nombre des cas, le défaut de tension abdominale et de tonicité suffit à expliquer que la musculature gastro-intestinale se laisse distendre par les gaz qui résultent forcément des fermentations digestives.

La dyspepsie nervo-motrice peut être à prédominance gastrique ou à prédominance intestinale; cette dernière forme nous intéresse plus particulièrement ici. Elle est très souvent secondaire. On la rencontre dans les états névropathiques plus ou moins bien caractérisés; elle se constate encore dans un grand nombre d'autres états morbides : dans les intoxications chroniques, particulièrement dans l'alcoolisme, au début et au cours de la tuberculose pulmonaire, dans les maladies du cœur, l'artério-sclérose, les anémies, la convalescence, la chlorose. Elle se voit dans les maladies du foie et du pancréas, par exemple, lorsqu'il y a oblitération des voies biliaires.

Il est possible que, dans certaines de ces conditions, il y ait des lésions légères et superficielles de la muqueuse, de l'entérite dite catarrhale. Évidemment il vaut mieux reconnaître l'entérite lorsqu'elle existe; mais, sa présence ou son absence ne modifiant pas sensiblement le type clinique, le mécanisme du syndrome reste sans doute le même, et cela ne change rien aux indications thérapeutiques.

Agitation péristaltique. — On peut donner comme une autre forme clinique l'agitation péristaltique de l'intestin. Il y a souvent à la fois agitation péristaltique de l'estomac et de l'intestin. Ce type clinique a été décrit pour la première fois par Kussmaul.

L'agitation péristaltique, limitée à l'estomac, se rencontre souvent lorsqu'il y a une grande dilatation et surtout une grande dilatation due à un obstacle mécanique au pylore. Chez les individus maigres, on voit, à travers les parois abdominales, se dessiner des contractions musculaires qui se déplacent assez lentement au niveau de la face antérieure de l'estomac.

Du côté de l'intestin, on peut voir de même des saillies dues à la contraction des parois musculaires se déplacer sous l'abdomen; on les sent se mouvoir sous la main; parfois ce sont des mouvements de reptation, de déplacement des anses intestinales; il y a, en même temps, des grouillements, des grondements, des borborygmes, qui traduisent plus ou moins bruyamment au dehors le brassage des matières liquides dans la cavité de l'intestin.

Les malades ont la conscience de ces mouvements péristaltiques exagérés et déséquilibrés; souvent ils éprouvent des sensations désagréables, plus ou moins bien définies; parfois ce sont des coliques qui procèdent par poussées plus ou moins intenses.

Quelquefois, on peut constater l'existence de nodosités plus ou moins volumineuses. Elles peuvent faire penser à l'existence d'une tumeur, d'un néoplasme, mais on les voit se déplacer et même disparaitre complètement d'un jour à l'autre et l'on est bien obligé d'admettre qu'il ne s'agit pas d'une lésion anatomique (1).

Volontiers ces accidents procèdent par crises, et ces crises peuvent présenter parfois une intensité très grande et des allures cliniques bien particulières. Cherchewsky en a décrit un type, qui mérite d'être signalé.

Type clinique décrit par Cherchewsky (2). — Voici le résumé qu'en fait l'auteur lui-même : « En revenant donc aux observations ci-dessus mentionnées et en les confrontant entre elles, nous constatons un fait excessivement caractéristique. Malgré toute la diversité qu'elles semblent présenter au premier abord, elles sont, quant à leurs caractères principaux, essentiellement identiques. Elles ont trait à des personnes très intelligentes, travaillant beaucoup trop du cerveau au détriment des forces purement physiques ou assumant une grande responsabilité par le genre même de leur activité. Toutes ces personnes sont anémiques, quelques-unes même avec des indices apparents d'épuisement. Elles se plaignent presque toutes : 1° de constipation habituelle n'alternant que très rarement et encore dans la minorité des cas avec des diarrhées périodiques ; 2° de ballonnement localisé ordinairement dans un endroit quelconque de

(1) André, *Gaz. hebdomadaire*, 1893.
(2) *Revue de Médecine*, p. 1033. 1893.

l'abdomen, principalement dans la région des fausses côtes et ne s'étendant que rarement sur tout l'abdomen ; 3° de renvois très bruyants sans odeur et sans goût, ou par exception seulement, de goût aigre. Tous ces symptômes, de date plus ou moins ancienne, sont presque constants et ne présentent aucune corrélation apparente avec les heures des repas, la quantité et la qualité des aliments ; l'appétit est toujours bon. De temps à autre, à la suite d'une influence psychique quelconque, d'une grande fatigue ou d'un rude travail mental, cet état s'aggrave brusquement. Spontanément, sans prodromes, le plus souvent lorsque le malade est complètement absorbé par son travail, et quelquefois même pendant le sommeil, survient un énorme ballonnement de l'abdomen ou une aggravation du météorisme déjà préexistant, accompagné de bruyants et fréquents renvois, la respiration devient superficielle, haletante ; apparaissent alors la cyanose plus ou moins prononcée, une sensation pénible de tristesse, et des évanouissements. Des douleurs aiguës accompagnent à différents degrés d'intensité cet accès en se concentrant tantôt du côté du foie, tantôt auprès de l'ombilic ou bien affectant encore un caractère errant. A mesure que ces crises s'accentuent, elles affectent tout le ventre ; le ballonnement devient ou général, l'abdomen étant en même temps tendu et douloureux au toucher, ou localisé par quartiers sous forme de tumeurs isolées qui se déplacent à vue d'œil ; une pénible sensation de pesanteur apparaît au bas-ventre ; de violents ténesmes obligent le malade à aller à tout moment à la garde-robe sans le moindre résultat ; des évanouissements, des renvois et de fortes douleurs dans le dos et dans les jambes achèvent le tableau. Après avoir duré un certain temps, depuis 5 ou 6 heures jusqu'à 1 à 8 jours, et même quelquefois deux semaines, l'accès se termine aussi brusquement qu'il était apparu, en déterminant souvent des évacuations abondantes. »

Cherchewsky a relevé chez ses malades, au début de la crise, plusieurs phénomènes communs. Tous se plaignent d'une grande faiblesse, d'une véritable inertie des muscles de leurs parois abdominales, ce qui les oblige, pour aller à la garde-robe, à presser fortement l'abdomen avec les mains, ou à prendre des attitudes plus ou moins singulières. Chez tous, les matières fécales avaient diminué de diamètre ou elles avaient pris l'aspect de petites boules dures et sèches.

Dans ces conditions, il est probable que, si on l'eût cherché, on eût trouvé le spasme du gros intestin caractérisé par la corde colique, phénomène que nous allons retrouver plus loin, et qui paraît, en particulier, jouer un rôle d'une certaine importance dans l'ensemble symptomatique dénommé entérite muco-membraneuse.

Cherchewsky attribue ces crises à un véritable état de névrose intestinale, et il nous paraît certain qu'il a raison : seuls des névropathes prédisposés peuvent présenter des accidents de cet ordre. Parfois, cependant, les auteurs ont eu tendance à renverser l'ordre des facteurs, et c'est le spasme intestinal qu'ils ont mis au premier rang. Du reste, comme l'état nerveux retentit sur l'intestin et réciproquement, il est bien difficile de savoir dans certain cas ce qui a commencé dans ce cercle vicieux.

Contracture spasmodique du côlon. — Il est fréquent de rencontrer chez les névropathes dyspeptiques flatulents et constipés un état de contracture plus ou moins étendue du côlon, que l'examen clinique de l'abdomen permet facilement de reconnaître; ce spasme fixe donne lieu à la production de la corde colique à laquelle Fr. Glénard a attribué une valeur si grande dans la séméiologie de l'entéroptose. Je ne crois pas que la corde colique soit un signe d'entéroptose, mais je n'en reconnais pas moins son importance dans la symptomatologie de la dyspepsie gastro-intestinale.

L'existence du boudin cæcal et de la corde colique transverse ou descendante fait en quelque sorte percevoir directement le spasme du tube digestif. Voici comment il faut procéder pour reconnaître cet état particulier du côlon. Le malade étant placé dans le décubitus horizontal complet, les cuisses et les jambes demi-fléchies, on palpe avec l'extrémité des doigts réunis la profondeur du flanc et de la fosse iliaque de chaque côté successivement, en allant de dedans en dehors; lorsque la corde colique ascendante (boudin cæcal de Glénard) existe du côté droit et la corde colique descendante du côté gauche, on a la sensation d'un cordon épais, large environ comme trois doigts réunis et verticalement dirigé qui s'échappe sous l'extrémité des doigts en donnant une sensation particulière tout à fait caractéristique, qu'on ne méconnait plus quand on l'a une fois nettement distinguée. Cette sensation est due à la présence du gros intestin vide de gaz et de matières et complètement revenu sur lui-même. Lorsqu'il y a des matières fécales dans le cæcum ou dans l'S iliaque, le volume de ces segments de l'intestin est notablement plus développé et quelquefois, assez souvent même, on en perçoit et délimite très bien le contour par la palpation.

Pour rechercher la corde colique transverse, il faut se servir de la technique indiquée par Glénard : on fait glisser l'extrémité réunie des deux mains, en exerçant une pression suffisante, sans être exagérée, de la partie supérieure du creux épigastrique à l'ombilic. Il arrive alors, lorsque le côlon se trouve vide et resserré, qu'à un moment donné, plus ou moins haut, on rencontre une légère résistance, on sent un ressaut, on a la sensation très nette de passer pardessus une corde aplatie, située au-dessous de la paroi abdominale : c'est la corde colique transverse. Quelquefois on peut sentir des scybales dans le côlon ainsi resserré.

Il n'est pas très rare que les malades accusent une certaine sensibilité lorsqu'on palpe assez fortement la corde colique ascendante, transverse ou descendante.

Il est beaucoup plus rare de rencontrer la corde transverse que la corde ascendante et descendante. La corde cæcale ou boudin cæcal se constate plus souvent encore que la corde colique descendante.

Dans les faits de cet ordre, le resserrement spasmodique du côlon porte sur un segment assez étendu. Il existerait quelquefois des contractures analogues ne portant que sur une longueur de quelques centimètres. Federn (1) prétend les reconnaître par la percussion. Il attribue à ce spasme localisé une importance très grande ; il serait, par voie réflexe, la cause de troubles névropathiques des plus variés ; on pourrait même lui attribuer la maladie de Basedow ! Il paraît y avoir là une notable exagération

(1) *Ueber partielle Darmatonie* — Wiener Klinik, mars-avril 1891.

et sans doute confusion entre la cause et l'effet.

M. Sicaud, de Lyon (1), explique la plupart des phénomènes dyspeptiques et des manifestations névropathiques concomitantes, par la stase du cæcum. Cette stase amène l'intestin à lutter contre l'obstacle ; plus tard, épuisé, il se laisse distendre ; la tension abdominale s'abaisse et cela suffit pour produire tout le mal.

Il est probable que M. Sicaud a rencontré comme nous chez beaucoup de ses malades le boudin cæcal signalé par Glénard ; mais ce boudin cæcal n'implique pas forcément la stase cæcale, et, si l'obstacle mécanique à la circulation des matières est un élément qu'il ne faut pas négliger, il n'en résulte pas qu'il faille tout lui subordonner. La constipation, on le sait depuis longtemps, est fréquente chez les dyspeptiques ; depuis longtemps aussi on sait qu'ils ne guérissent guère s'ils ne cessent pas d'être constipés ; mais il y a autre chose dans la dyspepsie intestinale que la constipation et la diminution de la tension abdominale.

De la connaissance du spasme du gros intestin, Fleiner (2) a, à notre sens, tiré une conclusion plus exacte. Cela l'a amené à distinguer la constipation par atonie de la constipation par spasme colique.

Nous ne voulons pas insister davantage ici sur ce point particulier ; nous aurons plus tard l'occasion d'y revenir en faisant l'histoire de la constipation et de l'entérite muco-membraneuse.

Nous aurons aussi plus tard l'occasion de dire quelles sont les relations des troubles d'innervation

(1) *Traité des troubles fonctionnels mécaniques de l'appareil digestif*, 1894.

(2) Fleiner, *Berlin. klin. Wochenschr.*, nos 3 et 4, 1893.

de l'intestin que nous venons de passer en revue avec la diarrhée nerveuse; ici nous ne devons pas nous laisser aller à donner à cet exposé des dimensions exagérées, et nous allons, pour terminer, dire rapidement quelles sont les manifestations douloureuses qui peuvent accompagner les phénomènes de nervo-motricité déviée dont il vient d'être question.

Troubles de la sensibilité. — Ils sont souvent liés de la façon la plus manifeste aux troubles de la motricité, au mélange ou à la succession de spasme et d'atonie que nous avons précédemment examinés.

Quand prédominent l'*atonie* et la flatulence, il y a quelquefois une sensation de gonflement et de tension qui devient très pénible et même réellement douloureuse. Quelquefois, les malades ont la sensation de gaz emprisonnés dans les anses intestinales qui se déplacent plus ou moins lentement.

Les *coliques* représentent les plus communes et les mieux connues des douleurs d'origine intestinale. Elles siègent au pourtour de l'ombilic lorsqu'elles dépendent de l'intestin grêle; elles sont transversales, au-dessous de la région épigastrique, au-dessus de l'ombilic, lorsqu'elles dépendent du côlon et plus particulièrement du côlon transverse. Parfois encore, elles suivent le trajet du gros intestin sur une grande partie de son étendue et encadrent comme lui l'abdomen. Il est assez difficile de définir la douleur qui caractérise la colique; elle a quelque chose de tout à fait spécial, *sui generis*. Souvent elle donne l'idée d'un tortillement pénible, douloureux. Quand les coliques deviennent plus intenses, elles amènent le malade à se courber en deux, à presser fortement l'abdomen avec ses mains ou avec ses avant-bras, comme pour immobiliser les anses intestinales. Cette large pression procure du reste un certain degré d'amélioration.

Dès que les coliques prennent un certain degré d'intensité, elles s'accompagnent d'un sentiment marqué de malaise général et d'angoisse.

Les coliques se lient d'une façon évidente à la contraction péristaltique exagérée des anses intestinales. Les malades ont conscience de cette association ; on peut voir parfois se dessiner à travers l'abdomen les mouvements péristaltiques qui donnent naissance à la sensation douloureuse.

Les coliques vont assez souvent avec la diarrhée, elles accompagnent fréquemment la purgation volontaire, et on se représente très bien que le péristaltisme exagéré et douloureux des anses intestinales rejette au dehors, sous forme de selles liquides, les substances alimentaires et les produits de la sécrétion de l'intestin et de ses glandes annexes.

Les coliques se présentent quelquefois aussi chez des individus constipés. Il y a alors une contraction exagérée et douloureuse de l'intestin au-dessus de l'obstacle, ou bien, peut-être, déplacement douloureux d'une certaine quantité de gaz emprisonné entre deux anneaux musculaires spasmodiquement contractés.

L'*entéralgie* se traduit par des douleurs vives, qualifiées tantôt de coliques, tantôt de spasme, de brûlure ou de névralgie. Elles peuvent se localiser à la région sus ou péri-ombilicale ; mais, souvent aussi, elles suivent le trajet du côlon transverse et parfois encadrent presque complètement l'abdomen comme le côlon lui-même.

Les crises d'entéralgie sont parfois extrêmement douloureuses ; elles peuvent persister pendant des heures et même des journées entières. Assez souvent elles surviennent pendant la nuit, tardivement, vers deux ou trois heures du matin. Lorsqu'elles sont intenses, les malades sont dans un état de malaise et d'angoisse inexprimables; ils sont pâles, la figure contractée. Il y a de grandes analogies d'aspect entre cet état et les crises de colique de plomb; dans celles-ci, toutefois, le ventre est plus rétracté et présente une plus grande sensibilité à la pression limitée.

Les crises entéralgiques peuvent se rencontrer dans des maladies de l'axe cérébro-spinal comme le tabès, dans des névroses comme la neurasthénie et l'hystérie, avec certaines ptoses viscérales et en particulier la néphroptose, le rein mobile. Il est certain que l'état névropathique du malade peut jouer et joue ordinairement un rôle important dans sa production. Les contractions intestinales sont-elles ici encore la cause habituelle de la douleur? C'est difficile à dire. On a invoqué aussi un véritable état de névralgie des plexus ganglionnaires de l'abdomen, dont l'existence, quoique très vraisemblable, est difficile à démontrer d'une façon irréfutable.

Certaines crises entéralgiques paraissent, nous l'avons dit, avoir le côlon pour siège. On les voit en effet survenir de préférence chez des malades qui présentent la corde colique ascendante transverse ou descendante, ou à la fois la corde colique et des signes d'entérite muco-membraneuse. Dans ces conditions, on trouve dans la localisation de la douleur, dans son apparition assez tardive après le repas, dans sa coïncidence avec des évacuations muqueuses ou muco-membraneuses, des éléments de diagnostic différentiel dont il faut bien reconnaître l'importance.

Traitement. — Nous pouvons tout d'abord donner comme indication préalable et comme loi générale que, pour le traitement des troubles nervo-moteurs et des troubles de la sensibilité de l'intestin, il conviendra, au début, de soigner l'état morbide d'où dérivent les manifestations digestives, ou qui, tout au moins, en favorise nettemment l'éclosion. On dirigera donc contre la névropathie plus ou moins bien déterminée, plus ou moins nettement stigmatisée, contre la neurasthénie, l'hystérie, la chlorose, l'anémie, la goutte, le diabète, etc., le traitement qui convient à chacun de ces états morbides.

On traitera suivant ses indications particulières la maladie organique principale, lorsqu'il y aura lieu : maladies du foie, maladies du cœur, etc.

On s'efforcera toujours de supprimer, soit la cause même de la maladie principale, soit la cause occasionnelle des phénomènes dyspeptiques ; c'est ainsi qu'il sera d'une importance capitale de supprimer le surmenage physique ou intellectuel qui a sur la production de la dyspepsie gastro-intestinale une influence si manifeste. Nous avons vu, par exemple, que la forme si curieuse de névrose intestinale qu'a décrite Cherchewsky a été relevée par lui exclusivement chez des personnes adonnées aux travaux intellectuels d'une façon trop assidue, ou bien chez des personnes qui avaient à porter une lourde responsabilité.

On sait combien les émotions vives, les chagrins ont d'influence sur le fonctionnement de l'appareil digestif, de l'intestin plus encore que de l'estomac.

Nous ne pouvons naturellement entreprendre de donner ici aucun renseignement sur le traitement qu'il convient de faire aux maladies chroniques générales ou localisées d'où peut dériver une viciation du fonctionnement de l'intestin ; nous nous contenterons de fournir quelques indications relatives à la thérapeutique des états de névropathie constitutionnelle que l'on rencontre si souvent derrière un état de dyspepsie gastrique, intestinale ou gastro-intestinale en apparence protopathique et indépendant. Dans certains cas de dyspepsie nervo-motrice gastro-intestinale, l'hygiène générale a certainement une importance au moins aussi grande que la médication. Nous y avons assez insisté dans le volume consacré aux maladies de l'estomac, pour qu'il nous soit permis de traiter ici cette question d'une façon beaucoup plus brève.

Pour beaucoup de ces malades, on aura recours avec avantage à la climatothérapie, à l'hydrothérapie, à l'électrothérapie, au massage, à la gymnastique suédoise.

La *climatothérapie* comprend les voyages, les déplacements, le séjour au grand air, à la campagne, à la mer, à la montagne. Les malades abandonnent pour quelque temps leurs occupations et leurs préoccupations habituelles. Ils vivent au grand air, au lieu de vivre dans un air confiné ; ils font de l'exercice musculaire, au lieu de s'immobiliser dans les occupations sédentaires ; ce sont là des conditions excellentes pour le traitement des états névropathiques et pour le traitement des déterminations gastro-intestinales qui en dérivent.

Bon nombre de personnes, constipées à la ville, cessent de l'être dès qu'elles arrivent à la campagne, dans des conditions d'hygiène nouvelles et meilleures.

L'*hydrothérapie* présente des ressources de divers ordres qui, convenablement employées, peuvent avoir les plus heureux résultats. Suivant que l'on prescrira l'eau froide ou l'eau chaude dans leurs diverses applications, on obtiendra des effets différents d'excitation ou au contraire de modération.

L'*électrisation*, et surtout l'électrisation statique, donne, on le sait, de bons résultats dans le traitement de certaines formes de neurasthénie ; elle sera d'autant plus volontiers employée, qu'elle peut fournir des moyens d'exciter le tube digestif en cas d'atonie marquée : nous y reviendrons plus loin.

Le *massage général* a des avantages du même ordre ; quant au massage local, il interviendra surtout dans le traitement de l'atonie intestinale et de la constipation.

La *gymnastique suédoise* est indiquée dans bien des conditions différentes : chez les candidats à la goutte, au diabète, à l'obésité, chez les neurasthéniques, chez beaucoup d'anémiques. Elle a le grand avantage de fournir une série très variée d'exercices applicables à toutes les conditions, à toutes les aptitudes physiologiques, et de permettre un entrainement méthodique et régulièrement progressif. Elle permet aussi d'exercer particulièrement certains groupes de muscles, par exemple les muscles de la paroi abdominale dont l'atonie et le relâchement ont un rôle important dans l'établissement et la persistance de certaines constipations dues surtout à l'insuffisance de la musculature gastro-intestinale et abdominale.

Elle est souvent combinée avec avantage à l'hydrothérapie ; la douche froide ou chaude, suivant les cas, est administrée à la fin de chaque séance de gymnastique.

Nous ne pouvons pas, sans sortir de notre sujet,

insister davantage sur les indications et l'emploi de ces diverses méthodes thérapeutiques.

Nous terminerons ces réflexions générales, préliminaires, en présentant quelques considérations sur le régime.

D'une façon générale, on peut répéter ici ce que nous avons dit à propos de la dyspepsie stomacale considérée dans son ensemble. On éliminera de l'alimentation les mets irritants, fortement épicés ou faisandés ; on donnera une alimentation bien divisée, très nutritive sous un petit volume ; on emploiera volontiers les aliments sous forme liquide, le lait en première ligne, les laitages dans lesquels les graisses sont bien émulsionnées, les hydrates de carbone en solution ou en voie d'hydratation ou de dissolution déjà avancée ; les potages au tapioca, à la semoule, aux pâtes fines et bien cuites présentent précisément ces avantages. Cela accroît la valeur nutritive des aliments en augmentant leur utilisation et diminue d'autant le travail que doit fournir le tube digestif.

La mise en œuvre d'une hygiène convenable, l'emploi des méthodes physiques, l'ordonnance d'un régime approprié, tout cela pourra suffire dans certains cas pour rétablir l'équilibre dans le fonctionnement du tube digestif, mais cela ne suffira pas toujours. Il faudra aussi avoir recours assez souvent à des médications dont l'action plus localisée sera dirigée directement sur le tube digestif ou sur l'abdomen.

Ces médications, ces méthodes thérapeutiques peuvent être assez naturellement divisées en deux grands groupes : les unes lutteront contre l'atonie, elles auront pour but d'exciter la motricité et de remédier à son insuffisance ; les autres, au contraire seront destinées à atténuer l'excitation de la motricité et à calmer les phénomènes douloureux si souvent liés à l'irritation nervo-motrice.

Nous retrouverons ces deux indications opposées lorsque nous exposerons le traitement de la constipation, due si souvent à l'atonie, et de la diarrhée due si souvent à l'exagération du péristaltisme intestinal ; aussi, pour éviter les répétitions, allons-nous dire tout de suite le traitement qu'il convient d'instituer dans les principales formes cliniques que nous avons passées en revue au commencement du présent chapitre.

Dyspepsie nervo-motrice à prédominance intestinale. — Le traitement sera dans ses traits généraux très analogue à celui que, dans le volume consacré à l'estomac, nous avons indiqué pour la dyspepsie nervomotrice à prédominance stomacale. On aura recours ici, plus encore que dans les autres formes cliniques de cette dyspepsie, aux pratiques d'hygiène et aux méthodes physique de traitement auxquelles nous avons fait allusion plus haut.

Dans les formes à prédominance intestinale, qui doivent surtout nous intéresser actuellement, deux ordres de phénomènes prendront surtout de l'importance : la constipation et la flatulence.

De la constipation nous dirons peu de chose ici, devant lui consacrer plus loin un chapitre spécial Comme, dans ces conditions particulières, il s'agira surtout d'une constipation par atonie ou insuffisance de la motricité, il conviendra d'avoir recours de préférence aux moyens physiques de traitement, au massage, à l'hydrothérapie, à l'électrisation, à la gymnastique abdominale.

Nous dirons plus loin, à propos de la constipation,

comment doit s'effectuer le massage dans ces conditions.

L'électrisation sera l'électrisation statique ou l'électrisation faradique. L'électrisation statique sera indiquée surtout dans les cas de neurasthénie avec dépression générale des forces. Le malade, on le sait, est placé sur un tabouret isolant et mis en contact avec le plateau d'une machine rotative. Pour exciter plus particulièrement l'intestin, on tire des étincelles de l'abdomen, principalement au niveau du cæcum, et sur le trajet du côlon. La faradisation aura pour avantage d'agir à la fois sur la musculature des parois abdominales et sur la musculature du tube digestif lui-même.

Flatulence. — Bien qu'on ne rencontre pas chez les dyspeptiques qui nous occupent le tympanisme énorme, la tympanite, que l'on voit parfois survenir au cours d'infections générales à détermination abdominale, la flatulence peut cependant prendre chez eux un tel développement, elle peut être si gênante que l'on est amené à la combattre directement.

Nous pensons avec Baumès, qui a consacré à ce symptôme un ouvrage particulier (1), que le régime alimentaire doit tenir la première place dans le traitement. Le principe de ce traitement se résumait pour lui dans cette formule imitée de la célèbre apostrophe de Danton : « Le régime, le régime et toujours le régime. » Étant lui-même « très venteux », il a donné de ce régime une formule naturellement assez personnelle.

(1) *Traité des maladies venteuses*, ou Lettres sur les causes et les effets de la presence des gaz dans les voies digestives. 2e édition. Paris, 1837.

Nous donnons en note le régime de Baumès, qui n'est évidemment pas applicable à bien des cas (1). En semblable matière, il convient de tenir largement compte des prédispositions personnelles.

(1) Il signale parmi les aliments gazogènes : les plantes potagères, les herbages, les haricots, les choux, les lentilles, les pois, les fèves, les raves, les pruneaux, les pommes de terre, les scorsonères, les épinards, les betteraves, les salades crues, les crudités en général ; pour les fruits, les châtaignes, les pommes crues, les poires non fondantes, les abricots, les fruits à pulpe sèche, les raisins, etc. ; les aliments féculents qui renferment peu ou point de gluten, les pâtisseries en tout genre, les pâtes non levées, non fermentées ; toutes les sauces en général, et surtout les sauces où il entre une graisse quelconque. Toutes ces substances doivent être évitées par les personnes sujettes à la flatulence.

Que doivent-elles donc manger ? Voici la liste que donne Baumès : pain de froment pas trop nouvellement fait et bien cuit ; soupe de pain au bouillon gras, ou au beurre frais (les soupes de pâtes de riz, de millet, d'orge, sont moins sûres relativement aux vents) ; bœuf, mouton, veau, chevreau, agneau (ces trois derniers quand ils sont assez faits), volailles, viandes blanches, en général, tout cela bouilli ou rôti, sans sauce autre que le jus de viande tout pur, en laissant de côté la graisse ; œufs à la coque, quelques poissons, tels que merlan, sole, raie, turbot, lotte, tanche, truite, brochet, carpe, rouget et un très petit nombre d'autres, le tout bouilli, apprêté, avec un peu de bonne huile d'olive, de vinaigre et de sel, ou frit au beurre frais, sans condiment ni sauce aucune ; quelques herbages cuits, tels que chicorée, oseille, céleri ; quelques plantes potagères, telles que carottes, cardons, bettes ou poirée, toujours au beurre frais ou au jus de viande sans graisse ; asperges, artichauts, petits pois, haricots verts (ces deux derniers seulement quand ils sont tout à fait nouveaux) ; fruits doux et fondants, tels que pêche, poire beurrée, prune, reine-Claude, fraises, cerises ; fruits cuits, prune, poire surtout ; confiture : gelée de coings, de pommes, de groseilles, d'abricots.

L'eau d'après Baumès est la meilleure des boissons pour les flatulents. A ceux qui ne pourraient s'en contenter, il conseille le vin de Bordeaux, les vins légers de Bourgogne, quelques vins du Beaujolais, quelques vins d'Espagne à très petites doses. Il faut éviter le vin blanc, les vins nouveaux, les bières trop vieilles ou trop nouvelles, les élixirs, les spiritueux, les liqueurs.

On poura cependant y puiser quelques indications intéressantes et utiles, à certains malades tout au moins.

La flatulence est favorisée surtout par une alimentation végétale mal divisée, riche en matières rebelles à la digestion. Les féculents et les amylacés tendent à augmenter notablement la production des gaz gastro-intestinaux, surtout lorsqu'ils sont grossièrement divisés et qu'on n'a pas dépouillé les graines (pois, haricots, lentilles, riz) de leurs enveloppes. Ils ont beaucoup moins d'inconvénients à ce point de vue lorsqu'ils sont réduits en purée ou en farine.

En dehors de cela, le régime des flatulents sera, d'une façon générale, celui qui convient dans la dyspepsie nervo-motrice.

Bien des médications ont été conseillées pour combattre la flatulence; on s'est proposé d'absorber les gaz ou de les évacuer plus rapidement. Les poudres absorbantes les plus usitées sont la poudre de charbon et la magnésie calcinée. Dans ces dernières années, on les a volontiers mélangées à des substances antiseptiques comme le naphtol, le benzo-naphtol, la résorcine, le salicylate de bismuth, parce qu'on cherchait surtout alors à restreindre les fermentations gastro-intestinales qui avaient provoqué la mise en liberé de ces gaz. Kuhn a récemment indiqué le salicylate de soude comme la substance qui s'opposerait le plus puissamment à la production des gaz de fermentation dans l'estomac ; il a, en particulier, conseillé de faire des lavages de cet organe avec des solutions salicylatées.

On ne peut nier l'influence de certaines poudres sur la flatulence. On obtient de bons effets d'un mélange à parties égales de charbon de peuplier porphyrisé, de benzo-naphtol et de magnésie calcinée. En cas de diarrhée, la magnésie sera remplacée par de la craie préparée ou du salicylate de bismuth.

Certaines substances, dites *carminatives*, ont depuis longtemps la réputation de combattre efficacement la flatulence gastro-intestinale : ce sont : l'anis, la badiane, l'angélique, les semences de fenouil, de carvi, de coriandre, d'aneth, de cumin. Les espèces carminatives renferment des fruits d'anis, de carvi, de coriandre et de fenouil en quantités égales (10 grammes de ce mélange pour un litre de tisane).

Ces espèces sont beaucoup moins usitées qu'autrefois; on leur préfère la noix vomique, la strychnine, l'ipéca à faible dose.

Il ne faut pas oublier que la flatulence est souvent liée à la constipation et qu'en combattant efficacement celle-ci, on arrive à faire disparaître celle-là.

Contre la flatulence on emploie aussi des moyens plus fréquemment usités contre la constipation : les applications d'eau froide, la ceinture et le maillot imbibés d'eau froide, le massage, l'électrisation.

Contre les formes moyennes, habituelles de la flatulence gastro-intestinale, le traitement général a une importance très grande qu'il ne faut jamais négliger. Localement, on pourra mettre en œuvre le massage, les applications froides, l'électrisation faradique. Dans les cas graves, on pourra avoir recours au lavement électrique que nous décrirons plus loin (voir *Occlusion intestinale*). Il ne faut pas oublier à ce propos que chez les vieillards (1) l'insuffisance musculaire de l'intestin peut amener des accidents d'occlusion paralytique, dont le meilleur traitement est

(1) G. Thibierge, Thèse de Paris. 1884.

certainement l'électrisation interne, par voie rectale, à l'aide des courants continus.

Certains cas de flatulence gastro-intestinale sont extrêmement rebelles; tous les moyens thérapeutiques échouent contre eux. Cela se rencontre surtout chez des névropathes convaincus et de préférence encore chez les femmes hystériques. Chez ces dernières le météorisme abdominal peut apparaître rapidement, brusquement et disparaître de même. Après avoir résisté à tout traitement, il s'évanouit comme il est venu, sans raison, à la suite d'une émotion vive, d'une tentative heureuse de suggestion, de l'emploi de moyens susceptibles de frapper vivement l'imagination des malades.

Crises intestinales. — Dans les crises intestinales qu'il a décrites, Cherchewsky a vanté l'utilité de l'hydrothérapie froide (douches en jet brisé) et, comme médication interne, la belladone et la codéine.

La belladone produit de bons effets lorsqu'il y a de la constipation et un spasme fixe du côlon, avec ou sans phénomènes d'entérite muco-membraneuse. Quant à la codéine, je l'ai ordonnée plusieurs fois chez des malades qui présentaient de l'entéralgie et j'ai pu nettement me convaincre de son efficacité.

A propos de la constipation et de l'entérite muco-membraneuse, nous aurons à revenir plus tard sur ce qu'il convient de faire en cas de spasmes douloureux du côlon.

Traitement des phénomènes douloureux. — Il y a à cet égard deux ordres d'indications qu'il ne faut pas confondre. La première c'est de faire disparaître la cause même de la douleur. Si par exemple il existe une stase des matières fécales et des coliques dues à la contraction péristaltique exagérée des anses intestinales au-dessus de l'obstacle, on ferait fausse route en traitant la douleur par la morphine ou l'opium, car on rendrait ainsi la constipation plus tenace encore. Il est évident qu'en cas semblable l'indication principale est de faire disparaître la constipation; celle-ci disparue, si la douleur persiste, il conviendra de la traiter directement.

La douleur intestinale peut être combattue par des moyens différents ; les applications chaudes, les bains chauds, se montreront utiles dans certains cas, surtout lorsqu'il y a des crises dues à l'existence de l'entérite muco-membraneuse. Chez les nerveux par les douches chaudes on pourra obtenir en même temps l'atténuation du nervosisme général et la diminution des phénomènes douloureux.

La faradisation à l'aide du pinceau métallique, de même du reste que les autres modes de la révulsion cutanée, sera surtout utile chez les neurasthéniques ou les hystériques qui présentent de la douleur topoalgique, c'est-à-dire une perception pénible dans laquelle l'imagination, la conviction de l'existence réelle d'une douleur jouent le principal rôle.

Lorsque la douleur coïncide avec la constipation, on aura recours à la belladone, qui présente, contrairement à l'opium et à ses derivés, des propriétés laxatives nettement accusées.

En cas contraire, en présence de mouvements péristaltiques exagérés sans constipation marquée, et surtout lorsque les phénomènes douloureux coïncident avec de la diarrhée, on se servira de préférence de l'opium et de la morphine.

Lorsqu'il s'agit de crises douloureuses qui ont le côlon pour siège, on pourra donner de petits lavements chauds additionnés d'une petite quantité de laudanum. Quelquefois les petits lavements chauds sans laudanum, amènent déjà une notable amélioration.

On pourra aussi ordonner dans les mêmes conditions les suppositoires calmants.

Dans certaines circonstances, assez mal déterminées, le mélange d'opium et de belladone agit beaucoup mieux que l'un ou l'autre de ces médicaments pris isolément.

Les autres calmants usités contre les douleurs stomacales n'ont guère de prise sur les douleurs intestinales. L'extrait gras de cannabis indica se montre cependant quelquefois utile, cela surtout dans les crises entéralgiques très intenses.

Dans les crises de ce genre on est parfois amené à avoir recours aux injections hypodermiques de morphine. Ces injections sont certainement le plus puissant des calmants ici comme partout ailleurs ; mais il est toujours à craindre que les malades ne s'y accoutument, n'y prennent un goût trop vif et ne versent dans la morphinomanie. Il ne faut donc, si on croit devoir en user, ne le faire qu'avec une grande réserve ; les injections ne seront faites que d'une façon passagère contre des paroxysmes douloureux. rebelles aux autres moyens thérapeutiques et réellement intolérables.

Dans bien des cas, il sera utile de donner des calmants généraux du système nerveux : le valérianate d'ammoniaque, le bromure de potassium, l'extrait gras de cannabis indica. En effet, il est possible que chez des névropathes les troubles de la sensibilité soient sous la dépendance directe du nervosisme général : on n'atteint efficacement l'un qu'en visant l'autre.

CHAPITRE II

Constipation.

Définition. — Il est tout aussi difficile de définir la constipation que la diarrhée. Comme on le verra plus loin, nous définirons la diarrhée en disant qu'elle consiste dans l'élimination d'une quantité exagérée d'eau par l'intestin. La constipation est la condition exactement contraire.

C'est la stase dans l'intestin de matières fécales qui y subissent un degré plus ou moins marqué de dessiccation.

Cette définition élimine les cas dans lesquels il y a, cela se voit quelquefois dans le choléra, en quelque sorte *diarrhée à l'intérieur*. Les matières, très ramollies et même liquides, sont retenues dans l'intestin sans qu'on puisse dire, en bonne logique, que ce soit de la constipation.

La stase peut aussi n'être que partielle. Une partie seulement des matières fécales est évacuée ; ou bien encore des matières liquides se fraient un chemin à travers les scybales dures. Quelquefois des débâcles diarrhéiques surviennent ; c'est une *fausse diarrhée*, derrière laquelle existe une constipation réelle. Tout cela est parfaitement conciliable avec la définition que nous proposons.

On a donné des diverses formes de la constipation considérées suivant leurs causes, suivant leurs symptômes, leurs conséquences, des classifications tout à fait différentes. Aucune d'elles, du reste, n'est pleinement satisfaisante. Cela nous embarrassera fort peu ici ; car nous avons l'intention de nous placer surtout à un point de vue particulier que nous allons dire.

M. Dujardin-Beaumetz énumère les divers cas de constipation en les rangeant sous les cinq chefs suivants :

1° Constipation par obstacle mécanique ;

2° Constipation d'origine alimentaire ;

3° Absence de sécrétion des sucs intestinaux ;

4° Diminution de la contractilité musculaire ;

5° Constipation résultant de la viciation de la sensibilité rectale. Il peut y avoir alors :

a) Anesthésie (comme dans certaines maladies de la moelle, la myélite transverse, etc.).

b) Spasme douloureux du sphincter.

Cette classification, disions-nous dans la première édition, est peut-être la meilleure de celles que nous connaissons. Elle est basée sur la pathogénie, et on peut lui reprocher, au point de vue pratique, qui nous occupe seul ici, de rapprocher l'une de l'autre des constipations très différentes par leur cause et leur modalité clinique.

C'est ainsi, par exemple, que la constipation par absence ou insuffisance de sécrétion des sucs intestinaux comprend à la fois la constipation des diabétiques, et celle des malades qui ont des vomissements abondants et persistants.

Il faudrait aussi y ajouter la constipation causée par le resserrement spasmodique de l'intestin ou le mélange de l'atonie et du spasme sur divers segments du côlon.

D'une façon générale nous ne retiendrons pas ici la constipation qui sera naturellement étudiée ailleurs dans différents chapitres : par exemple, la constipation résultant d'un rétrécissement ou d'une compression de l'intestin ; elle trouvera sa place dans l'obstruction et dans l'occlusion intestinales; par exemple, la constipation qui résulte d'une fissure de l'anus; par exemple, encore, celles de la péritonite, de la colique de plomb, des affections cérébrales et médullaires. Il ne sera question dans le présent chapitre que de la *constipation habituelle* que l'on peut qualifier de dyspeptique, et qui, à ce titre, doit être étudiée ici. C'est la constipation habituelle qui servira de type à cette étude; malgré cela, elle n'en restera pas moins une étude de thérapeutique générale, et ce que nous dirons ici sera, dans ses grands traits, applicable à la thérapeutique de l'ensemble des formes cliniques de constipation.

La constipation est chose commune dans les différents modes de la dyspepsie. Elle tient une place importante dans la séméiologie de la plupart des dyspepsies stomacales que nous avons admises. G. Sée lui a même donné une place prépondérante dans les cas de dyspepsie atonique, si souvent flatulente. Les gaz s'accumuleraient derrière l'obstacle présenté par les matières fécales formant bouchon : de là la distension procédant de bas en haut, du gros intestin à l'intestin grêle et à l'estomac. La chose est plus grave encore lorsqu'il existe des hémorrhoïdes qui viennent apporter à la défécation un obstacle plus ou moins marqué.

Sigaud de Lyon a invoqué de même, pour expliquer presque tout l'ensemble morbide de la dyspepsie un obstacle au cours des matières situé au niveau du cæcum (stase cacale).

Il y a certainement du vrai dans cette conception

un peu trop mécanique de la dyspepsie flatulente. La constipation est toujours, en tout cas, une circonstance aggravante dans la dyspepsie, et on ne peut guère espérer guérir celle-ci si l'on ne vient pas à bout de celle-là. La constipation est elle-même secondaire, elle est atonique et consécutive, le plus souvent, à l'état névropathique général, vague ou qualifié, arthritique, neurasthénique ou hystérique.

Dans l'hyperchlorhydrie il faut invoquer, de plus, dans les cas fréquents où il y a des vomissements, l'évacuation par cette voie d'une quantité considérable de liquide, et par conséquent, le desséchement relatif des parties sous-jacentes du tube digestif.

C'est par la constipation que se traduit, dans le plus grand nombre des cas, la participation de l'intestin à la dyspepsie d'origine nerveuse.

Aussi la constipation est-elle chose des plus fréquentes chez les membres de la famille névropathique :

Les névropathes simples ;

Les arthritiques, les goutteux, les obèses ;

Les diabétiques, chez lesquels s'ajoutent encore, comme causes de constipation, la glycémie et ses conséquences ;

Les neurasthéniques, avec ou sans rein mobile ;

Les hystériques, les épileptiques, les aliénés.

Nous croyons que les chlorotiques, si souvent constipées, appartiennent également à la famille névropathique.

C'est ici le lieu de rappeler que les chagrins, les affections morales vives sont souvent une cause de constipation véritablement neurasthénique.

D'après une conception défendue en particulier par Fleiner, la constipation serait souvent due à un resserrement spasmodique du gros intestin. Ce spasme se traduit à l'exploration par l'existence de la corde colique ascendante ou descendante souvent, plus rarement transverse. Rien d'étonnant à ce qu'un semblable spasme se rencontre fréquemment chez des névropathes. La constipation spasmodique comporterait, chose assez naturelle, des indications thérapeutiques particulières : nous y reviendrons.

Les femmes sont plus souvent constipées que les hommes, et cela s'explique par des raisons multiples. Elles sont plus nerveuses, elles ont le bassin plus large, et enfin, les grossesses successives amènent souvent chez elles un relâchement des parois abdominales, une entéroptose, qui rend plus facile la stase fécale, plus difficile l'exonération abdominale.

Les vieillards ont une paresse, une atonie fonctionnelle de tous leurs organes, et même une véritable atrophie de leurs parois intestinales : aussi sont-ils souvent constipés. Cela va même quelquefois chez eux jusqu'à déterminer de véritables accidents d'obstruction intestinale (1).

La prédisposition à la constipation est souvent aidée par une mauvaise hygiène : l'abus des aliments azotés, l'absence d'exercice, la paresse à se présenter à la garde-robe. Cette dernière cause est fréquente chez les femmes et les enfants. Or cette hygiène vicieuse, jointe parfois à des travaux intellectuels prédominants, à du véritable surmenage cérébral, tend encore à accentuer davantage l'état diathésique préexistant : c'est un cercle vicieux.

Degrés et formes cliniques. — La constipation peut être plus ou moins prononcée et se présenter avec des aspects assez différents.

(1) G. Thibierge, Th. de Paris, 1884.

Tout d'abord la grande masse des dyspeptiques atoniques est sujette après le repas à de la pesanteur, de la rougeur de la face, de la somnolence, à du gonflement de l'abdomen. Les selles sont difficiles, gênées souvent par des hémorrhoïdes. Parfois ces malades sont des constipés inconscients, ils ont des selles régulières, mais insuffisantes, et de temps en temps des débâcles.

Certaines personnes ont une constipation des plus opiniâtres; l'exonération n'a jamais lieu naturellement. Les selles ne sont obtenues qu'à force de lavements et de purgatifs.

On constate souvent, dans ces conditions, du malaise général, de l'inappétence, des maux de tête, parfois à certains moments de la fièvre, une langue sale, des phénomènes d'embarras gastrique capables quelquefois d'engendrer un véritable état typhoïde.

Quelquefois, surtout chez les gens âgés, on voit l'état général devenir mauvais, l'appétit disparaître. Il y a du dégoût pour les aliments, quelquefois des vomissements, des douleurs abdominales avec irradiations vers les lombes, vers les cuisses, dans le domaine du sciatique ou du crural. On se demande s'il n'y a pas quelque part une lésion cancéreuse et, en particulier, un cancer de l'estomac ou de l'intestin. Parfois les scybales accumulées sur le trajet du gros intestin ont été prises pour des tumeurs de mauvaise nature.

Un autre type de constipé est le constipé à *gros ventre*, à abdomen proéminent, plus ou moins obèse, à la face rouge, à la respiration gênée, aux digestions difficiles. Parfois le ventre prend, sous l'influence de la constipation, un développement si considérable qu'on pense à quelque lésion organique :

un beau jour tout se termine par une énorme débâcle.

Dans ces derniers temps, M. W. Fleiner (1) a établi une distinction ingénieuse et, à notre sens exacte, entre la constipation atonique et la constipation spasmodique, la première résultant d'une insuffisance de la motilité intestinale, la seconde, au contraire, de l'existence d'un resserrement spasmodique d'une certaine région du gros intestin.

A la forme atonique se rapporterait la constipation due à une vie trop sédentaire. On peut la rencontrer chez les jeunes sujets, mais elle est plus fréquente chez les gens âgés à cause de la faiblesse que présente la tunique musculaire de leur intestin; elle pourrait, à la longue, s'accompagner d'entérite muco-membraneuse. Le ventre est alors ballonné dans son ensemble, ou localement lorsque l'atonie est partielle. Les selles sont plus consistantes qu'à l'état normal, formant des blocs volumineux.

La constipation spasmodique a le côlon pour point de départ; elle se rencontre surtout chez les névropathes, les hypochondriaques, les neurasthéniques, les femmes atteintes d'affections utérines. Il y a alors contraction spasmodique de certaines régions de l'intestin, parfois même du sphincter anal.

Les matières fécales sont évacuées sous forme de petits fragments globulaires (selles ovillées), ou sous forme de cylindres minces, étirés, dont l'épaisseur ne dépasse pas celle du doigt ou d'un crayon. Cette forme de constipation se complique très volontiers de colite muco-membraneuse. Il semble que le même élément d'irritation névropathique provoque à la fois

(1) *Berliner Klin. Wochensch.* numéros 3 et 4. 1893.

le spasme localisé de l'intestin et la secrétion anormale de la muqueuse.

Enfin, il existerait des formes mixtes, avec atonie en bas et distension atonique vers la partie supérieure. Il y a longtemps pour notre part que nous admettons ce mélange de spasme et d'atonie, et nous considérons la corde colique, ascendante, transverse ou descendante comme le signe direct de ce spasme : c'est monnaie courante chez les neuro-dyspeptiques.

D'après Fleiner, à ces variétés différentes de constipation conviennent des traitements différents.

Contre la forme atonique, on aura recours surtout au régime, aux laxatifs légers, aux lavements d'eau fraiche, aux bains de siège frais de courte durée, au massage, à la faradisation de l'abdomen. Contre la forme spasmodique on emploiera la belladone, la jusquiame, les lavements aromatiques chauds (infusion de camomille, de menthe, de badiane, etc.), et surtout les grands lavements d'huile.

Fleiner considère le massage et l'électrisation comme contre-indiqués dans la forme spasmodique de la constipation. Il faudra certainement ne les employer qu'avec réserve lorsque c'est à elle que l'on aura à faire ; il serait cependant excessif de les rejeter complètement.

Dans son principe, la distinction établie par Fleiner nous parait fort juste, et nous avons tendance à accentuer encore plus qu'il ne le fait les relations du spasme et de la colite muco-membraneuse : nous y reviendrons plus tard. Nous donnerons aussi plus loin, avec détails, la technique des grands lavements huileux.

Complications. — Les complications que peut amener la constipation sont très importantes; nous signalerons surtout :

Les hémorrhoïdes,

L'entérite muco-membraneuse,

Les auto-intoxications,

L'obstruction intestinale et l'occlusion par torsion de l'*S* iliaque.

L'auto-intoxication sera étudiée plus loin à propos de l'antisepsie gastro-intestinale. L'obstruction et l'occlusion trouveront place dans les maladies de l'intestin. Nous ferons un exposé sommaire des autres complications de la constipation lorsque nous en viendrons à indiquer l'intervention thérapeutique qui leur convient.

Traitement. — Malgré la banalité du conseil, il n'est pas mauvais de répéter en tête de ce chapitre qu'il faut avant tout, autant que possible, supprimer les causes, fondamentales ou occasionnelles, de la constipation. Chez les neurasthéniques c'est la névropathie, chez les diabétiques la glycémie, chez les saturnins l'intoxication qu'il faudra tout d'abord faire disparaitre. Les causes occasionnelles les plus fréquentes sont du domaine de l'hygiène : alimentation vicieuse, absence d'exercice, etc.; il faudra donc toujours faire une enquête dans ce sens; elle amènera souvent à des prescriptions très importantes, plus importantes encore que la médication : car, et ceci est un principe qu'il faut toujours avoir présent à l'esprit, c'est de préférence par l'hygiène qu'il faut chercher à obtenir la guérison de la constipation. Les moyens physiques seront toujours préférables aux moyens médicamenteux, étant plus voisins des moyens hygiéniques.

Nous exposerons successivement :

a) Le traitement hygiénique,
b) Le traitement mécanique,
c) Le traitement médicamenteux,
d) Le traitement des complications.

a) *Traitement hygiénique*. — La constipation est volontiers amenée et en tout cas exagérée par une alimentation qui laisse peu de résidu, comme l'alimentation carnée, l'alimentation richement azotée d'une façon générale. Ce sont, en effet, à l'état normal, les résidus non digérés de la digestion qui, en excitant la sécrétion et la contractilité de l'intestin, empêchent les matières de se dessécher d'une façon trop marquée et amènent leur évacuation en exagérant le péristaltisme. De plus la cellulose végétale subit dans l'intestin la fermentation acide : or les acides organiques sont des excitants très actifs de la motilité de l'intestin; de là, en grande partie l'action si marquée des fruits verts. Le régime que l'on est souvent amené à prescrire aux dyspeptiques a donc l'inconvénient de produire facilement la constipation.

Les œufs agissent de la même façon que la viande; quant au lait, le public se figure bien à tort qu'il est relâchant. La vérité, c'est que les personnes qui n'y sont pas accoutumées, et qui prennent le lait par grandes quantités d'un coup, ont souvent, au début, une diarrhée passagère; mais neuf fois sur dix cela ne dure pas, et la constipation succède au relâchement : c'est même, parfois, un sérieux inconvénient du régime lacté. Les matières blanches, incolores, pâteuses, très riches en graisse, s'accumulent dans le gros intestin, et il est difficile de les en déloger. Les lavements aqueux ont peu de prise sur ces matières grasses. Les lavements huileux seraient plus utiles. Comme l'accumulation des matières à la partie inférieure du rectum s'oppose alors quelquefois à l'introduction de tout liquide, on en est amené à faire l'évacuation mécanique, à l'aide du doigt, d'une curette, d'une spatule.

Les eaux trop fortement calcaires paraissent favoriser aussi la constipation. Les eaux impures des rivières et de certains canaux, la Seine en particulier, provoquent volontiers la diarrhée, à cause de leur richesse en substances organiques et en microbes; mais ce n'est pas là une action thérapeutique utilisable, c'est une influence toxique, pathogène, qu'il faut éviter.

L'absence d'exercice, l'abus des travaux intellectuels, les préoccupations, l'existence trop sédentaire, tendent à provoquer, à maintenir et à aggraver la paresse de l'intestin.

Certaines personnes encore n'ont pas suffisamment le souci d'entretenir la régularité des évacuations intestinales : par négligence, par insouciance, par mauvaise habitude, elles retardent le moment de se présenter à la garde-robe.

Quand il s'agit de combattre la constipation, il est utile, au contraire, de recommander aux intéressés de se présenter régulièrement chaque jour à la garde-robe, à la même heure, qu'elles y soient ou non sollicitées par un besoin naturel. Il y a là un élément d'auto-suggestion dont l'influence n'est pas à dédaigner. En fait d'hygiène, les petits moyens ne sont pas les moins bons.

Il va de soi, naturellement, qu'il conviendra de recommander des pratiques exactement opposées à celles que l'on sait être de nature à maintenir la constipation.

En fait d'alimentation, il faut recommander les

aliments qui laissent en abondance des détritus non digestibles, pourvu toutefois que ces détritus ne soient pas trop volumineux, trop grossiers et de nature, partant, à irriter et à léser la muqueuse. A ce point de vue, les légumes et les fruits verts font bien l'affaire. Pour éviter une irritation exagérée et l'influence nocive sur l'estomac d'une quantité exagérée de détritus végétaux, il est bon souvent de faire cuire les fruits, et de réduire les légumes à l'état de purées. Le régime végétarien, si vanté par M. Dujardin-Beaumetz, sera utile chez les dyspeptiques constipés, à condition qu'ils n'aient ni hyperchlorhydrie, ni stase stomacale accentuée.

C'est ici aussi qu'il faut ranger les *graines inertes*, *la graine de lin mondée*, *la graine de moutarde blanche*, *la graine de Psyllium Plantago*. Ces graines peuvent être prises directement en nature par cuillerées à café (1 à 4) soit le matin à jeun, soit au commencement du repas, une ou deux fois par jour. On prépare aussi avec la graine de lin et de psyllium une eau mucilagineuse douée de propriétés laxatives.

Faire digérer pendant 5 à 6 heures dans de l'eau froide, ou mieux de l'eau tiède et passer :

Semences de psyllium ou graine de lin......	30 gr.
Eau tiède..............................	150 à 200 gr.

Traitement mécanique. — Sous cette rubrique, nous réunirons en réalité, à la fois, les moyens physiques et mécaniques. Ils comprennent :

La gymnastique,
Le massage,
L'hydrothérapie,
Les lavements,
Les douches ascendantes.

Les suppositoires,
L'électrisation.

Gymnastique (1). — Par gymnastique, il faut entendre ici, non seulement la gymnastique considérée en général, mais aussi une gymnastique spéciale, localisée, abdominale.

La gymnastique, à titre d'exercice corporel, est une chose excellente chez les arthritiques de vie sédentaire, en particulier chez ceux qui ont une tendance à l'obésité ou à la goutte. Inutile d'insister davantage. La gymnastique spéciale a pour but surtout de donner plus de force, en les exerçant, aux muscles de la paroi abdominale et de provoquer, en même temps, la contraction des tuniques musculaires de l'intestin. Le principe général est de produire des mouvements de flexion du tronc, étant debout ou couché, en surmontant un obstacle graduellement augmenté.

Par exemple, le sujet étendu sur un plan horizontal s'asseoit et se recouche successivement sans s'aider des mains. Dans le même ordre d'idées, citons encore l'exercice au mur de Dally. Le malade est debout le long d'un mur, les bras étendus verticalement, les mains touchant le mur au-dessus de sa tête. Il se penche en avant, fléchit le tronc de façon à toucher le sol des mains, se relève pour reprendre sa première position, et ainsi de suite. Une variante c'est que le tronc étant immobile, les membres inférieurs soient fléchis sur le bassin.

On peut encore faire faire alternativement aux cuisses des mouvements alternatifs de flexion forcée et d'extension sur le bassin. Il intervient ici un autre

(1) J. Lagrange, *Médication par l'exercice*, 1894.

élément : car la flexion forcée de la cuisse détermine une sorte de massage de l'abdomen ; l'exercice de la bicyclette peut agir un peu de la même façon.

Il y a d'autres exercices encore qui se font les uns sans les autres avec appareil.

On peut enfin faire faire des mouvements d'expiration forcée en se servant surtout des muscles de la paroi abdominale.

Massage. — Cette gymnastique particulière est, comme utilité, bien inférieure au massage (1).

D'après Berne, il conviendrait de procéder de la façon suivante : tout d'abord, pétrir les téguments abdominaux, puis les muscles abdominaux, presser doucement sur la région cœcale au moyen de l'extrémité palmaire des quatre derniers doigts ; ensuite, avec les poings fermés, exécuter un massage de tout le côlon. Ce massage doit être à la fois très doux et très profond. On aura soin, au préalable, de faire uriner le malade et de s'assurer qu'il n'y a ni tumeur abdominale ni calcul de la vésicule biliaire. La durée de chaque séance sera de quinze à vingt minutes. Il sera bon, ajouterons-nous, de faire, le long du côlon, des pressions successives dans le sens même du cheminement des matières du cœcum au rectum.

On a employé quelquefois aussi une méthode de massage à laquelle on pourrait donner le nom de *massage à la boule*. On se sert pour cela soit d'une boule en bois, semblable aux boules à jouer, recou-

(1) Dujardin-Beaumetz, *Hygiène thérapeutique*, p. 83, 1888. — Soulier, *Traité de thérapeutique*, t. II, p. 768. — Hirchsberg, Massage de l'abdomen. *Bulletin de thérapeut.*, 1887, p. 248. — Berne, *Traitement de la constipation par le massage abdominal*, 1887. Voir à la fin du volume une note du Dr Cautru, *sur la technique et les indications du massage de l'intestin*.

verte de laine, soit comme Sahli (1) d'un boulet de de canon de trois à cinq livres. Cette boule ou ce boulet sont roulés sur le ventre par le malade lui-même, dans la position couchée. Nous avons quelquefois employé ce moyen, il nous a paru pouvoir être utile, mais il ne réussit pas d'une façon certaine.

Le massage est excellent pour combattre la constipation opiniâtre, on le voit réussir alors qu'échouent les autres moyens. C'est du reste un des modes de traitement les plus puissants de l'atonie intestinale ; c'est contre les formes atoniques de la constipation qu'il convient surtout de l'employer.

Hydrothérapie. — L'hydrothérapie peut être utile indirectement : c'est ainsi que les douches en jet, chaudes ou froides, suivant les cas, en combattant la névropathie préalable, serviront du même coup à combattre la constipation. On en fait parfois aussi des applications locales ; si nous ne recommandons pas beaucoup les douches directement infligées sur l'abdomen, nous pouvons signaler les bons effets des applications humides, des compresses chaudes ou froides. Les larges cataplasmes agissent aussi dans le même sens.

Les grands bains sont utiles, surtout si on les combine avec le massage. Bien souvent le malade peut lui-même, dans le bain, se faire un pétrissage méthodique de l'abdomen.

Lavements. — Les lavements peuvent agir d'une façon purement mécanique, mais on peut y ajouter aussi des substances purgatives, ou des substances qui, sans être à proprement parler des purgatifs, exercent sur la muqueuse rectale une irritation qui

(1) *Centralbl., f. klin. Med.*, p. 280, 1888.

amène la contraction exagérée des tuniques musculaires du côlon, et une sécrétion glandulaire plus active.

Nous ne passerons pas ici en revue toute la série des lavements évacuateurs ou purgatifs, mais seulement ceux dont l'observation nous a démontré l'utilité. En effet, les lavements ont joui autrefois d'une réputation tout à fait extraordinaire ; on sait combien on en a usé et abusé à l'époque de Louis XIV. Les médecins et les apothicaires se sont ingéniés à en varier la formule. De notre temps, après un discrédit total, auquel des railleries, du reste très justifiées, de Molière ont beaucoup contribué, le lavement a repris une juste faveur. Sans avoir comme autrefois la folie du lavement, on y a souvent recours avec avantge, car c'est un des moyens les meilleurs et les plus inoffensifs de combattre la constipation. La formule s'est beaucoup simplifiée.

Technique des lavements. — Si de nos jours le lavement, injustement abandonné à cause des abus d'autrefois, a repris une partie de son crédit perdu, cela tient en grande partie à l'amélioration des instruments destinés à sonadministration. A la seringue — accessoire obligé des pièces médicales de Molière — a succédé l'irrigateur à ressort, le clysopompe inventé par Eguisier. Il a le grand avantage de permettre de prendre seul un lavement et de rendre inutile le concours indiscret d'une autre personne.

Toutefois cet instrument perfectionné a des inconvénients ; le modèle commun est d'une contenance trop restreinte et son nettoyage présente une certaine difficulté ; enfin il se prête assez mal à l'introduction très lente du liquide dans le rectum.

On a cherché à réduire encore le volume de l'instrument et on a inventé des injecteurs dans lesquels le réservoir est supprimé ; l'aspiration et la projection du liquide sont obtenues à l'aide soit d'une poire de caoutchouc, soit d'un petit corps de pompe. Cet appareil se nettoie moins bien encore que le clysopompe ; il est plus difficile de graduer la pression du liquide, assez souvent il y a injection d'air en même temps que de liquide.

Ce qu'il faut préférer pour la prise des lavements, c'est le bock à injection, qui se compose d'un réservoir qu'on peut élever plus ou moins de façon à modifier la pression du liquide, d'un tube en caoutchouc muni d'un robinet et d'une canule. C'est en somme l'entérocliseur dont nous donnons ailleurs le dessin, muni d'un anneau permettant de le suspendre ou de l'accrocher à la muraille à la hauteur voulue. Cet appareil a le grand avantage de ne renfermer aucun piston, aucune poire en caoutchouc et d'être ainsi d'un nettoyage facile.

Les lavements doivent être pris dans la situation horizontale, ce qui diminue la résistance du sphincter anal et rend la pénétration du liquide plus facile ; ils doivent être pris lentement sous une faible pression. Nous dirons plus loin que MM. Dauriac et Lesage arrivent à remplir complètement le gros intestin grâce à l'introduction fort lente du liquide sous une faible pression. Il convient de s'inspirer de cette idée pour la prise des lavements laxatifs.

Il est bon de reconnaître cependant que le lavement donné avec une pression un peu forte, rapidement, comme cela se fait avec le clysopompe d'Éguisier, réussit bien à certaines personnes ; c'est une sorte de douche rectale limitée, de douche ascendante restreinte. Toutefois l'excitation ainsi produite s'épuise asssez rapidement chez beaucoup de personnes, et il vaut mieux avoir recours au lavement pris sous pression faible, lentement et pénétrant, en conséquence, beaucoup plus profondément.

Le lavement est avant tout un laxatif mécanique; mais on peut y ajouter, pour augmenter son action, de la glycérine, de l'huile ou des substances purgatives.

Lavements simples. — On peut donner des lavements simples, à l'eau chaude ou froide — ceux-ci sont plus actifs, — ou des lavements émollients, à l'eau de son, à la racine de guimauve, à la décoction de farine de lin ou de psyllium, etc.

Les lavements aqueux agissent d'autant plus qu'ils sont plus volumineux. Pour un adulte, il faut employer au moins 400 à 500 grammes de liquide.

On peut, pour rendre l'action laxative des lavements plus marquée, y ajouter du sel marin, du miel, du miel de mercuriale; la substance la plus commode est la glycérine. Elle tend à détrôner toutes les autres.

Lavements glycérinés. — La glycérine est souvent ajoutée à l'eau des lavements, et avec beaucoup de succès. On peut simplement mélanger une à trois cuillerées à bouche de glycérine neutre à la quantité d'eau voulue pour un lavement.

On rend ces lavements plus actifs en les prenant de la façon suivante : la glycérine (2 à 3 cuillerées à bouche) est délayée dans une petite quantité d'eau (100 à 120 grammes, un demi-verre) et cette eau est prise en lavement. Ce petit lavement est gardé pendant 25 à 30 minutes. On donne alors un grand lavement d'eau tiède. Le premier lavement a provoqué une sécrétion plus ou moins abondante, les matières se sont délayées, et le grand lavement n'a plus qu'à les entrainer, mécaniquement en quelque sorte.

Lavements huileux. — L'huile peut remplacer la glycérine. On émulsionne, à l'aide d'un jaune d'œuf, 2 à 3 cuillerées à bouche d'huile, et cette huile peut être prise, soit dans un grand lavement, soit, comme il vient d'être dit pour la glycérine, dans un petit lavement, suivi au bout d'une demi-heure d'un grand lavement évacuateur.

Dans ces derniers temps surtout, on a recommandé vivement les grands lavements d'huile (1) que conseillait déjà Kussmaul. Le malade étant couché sur le dos, le bassin élevé par un coussin, on injecte lentement dans le rectum, à l'aide d'un irrigateur, 400 à 500 grammes d'huile chauffée à la température de 37° ou 38°. Il faut 20 minutes et plus pour faire pénétrer la quantité d'huile indiquée. Le malade, pour favoriser la pénétration, se couchera d'abord sur le côté gauche, puis sur le côté droit, de façon que l'huile coule dans le gros intestin, par le fait de la déclivité. Rarement le premier lavement pénètre jusqu'au cæcum, et, dans la première séance, on ne peut guère faire entrer plus de 100 à 250 grammes d'huile. Après chaque lavement, on n'obtient de selles qu'assez tardivement, au bout de plusieurs heures. Il faut plusieurs lavements semblables pour que le gros intestin soit complètement débarrassé des matières fécales; on voit alors apparaître des selles liquides colorées par la bile. Il importe d'employer de l'huile bien pure, M. Fleiner recommande l'huile d'olive vierge. L'huile d'amandes douces nous a paru bien préférable.

(1) W. Fleiner, *Berlin. klin. Wochenschr.*, 1893.

Nous avons dit déjà que cette méthode des grands lavements huileux s'appliquait surtout au traitement de la constipation spasmodique. Or la constipation spasmodique s'accompagne facilement d'entérite muco-membraneuse. Ainsi s'expliquent, sans doute, les bons effets des grands lavements huileux dans le traitement de l'entérite muco-membraneuse. Nous nous proposons de revenir plus tard à loisir sur ce point.

Il faut savoir toutefois que les lavements huileux sont parfois assez irritants, surtout lorsqu'on se sert de l'huile d'olive, et qu'on est alors obligé d'en suspendre assez rapidement l'emploi.

Il est bon de savoir que l'huile, introduite en grandes quantités, ne s'élimine pas d'un seul coup ; on en retrouve encore des traces au bout de deux ou trois jours.

Les petits lavements huileux chauds (50 à 60 gr.) peuvent être utiles, comme calmants ; c'est un but tout à fait différent de celui que visent les grands lavements de 300 à 500 grammes et plus.

Lavements purgatifs. — On peut ajouter à l'eau nécessaire pour un lavement ordinaire 15 à 20 grammes de sulfate de soude.

Ce lavement n'est guère plus actif, à la vérité, qu'un lavement à la glycérine. On en augmente beaucoup l'action en ajoutant le séné au sulfate de soude, que l'on fait dissoudre dans une décoction de 15 à 20 grammes de follicules de séné dans 400 grammes d'eau (1).

Les *douches ascendantes* très usitées dans certaines stations d'eaux thermales sont des lavements donnés

(1) Voir Appendice.

en jet ; à l'action du lavement ordinaire, ils joignent celle de la percussion de la muqueuse, comme dans la douche extérieure. Ces douches combattent la constipation, l'atonie du côlon, dont elles réalisent dans une certaine mesure l'antisepsie. Leur description est donnée plus loin au chapitre de l'*Antisepsie intestinale.*

Suppositoires. — Les suppositoires agissent quelquefois alors qu'échouent les lavements : c'est surtout lorsque les matières obstruant l'*S* iliaque et l'ampoule rectale empêchent la pénétration dans le gros intestin d'une quantité suffisante de liquide. Les suppositoires provoquent une sécrétion plus ou moins abondante, qui ramollit et lubréfie les matières, et amène leur expulsion.

Les suppositoires au beurre de cacao peuvent être utilisé dans ce sens. Lorsqu'il y a des douleurs anales, du ténesme, comme cela est fréquent chez les hémorrhoïdaires, on peut les additionner de 1 à 2 centigrammes de belladone.

Les suppositoires à la glycérine sont beaucoup plus actifs. On a fait d'abord des cônes creux de beurre de cacao remplis de glycérine liquide. Plus récemment, on a eu l'idée de solidifier la glycérine en l'incorporant à la gélose, et l'on a obtenu ainsi des suppositoires très faciles à manier, et d'un bon effet.

Les selles se produisent 2 ou 3 heures après leur emploi. Il vaut mieux les introduire pendant le séjour au lit.

Électrisation. — On peut, pour combattre la constipation, employer l'électricité sous ses trois formes :

Électricité statique,

Électricité faradique,

Courants continus.

Électricité statique. — Elle convient surtout chez les neurasthéniques (1). Le malade, placé sur un tabouret d'isolement, est mis en communication avec le pôle négatif d'une machine de Carré ou de Winshurst, à grands plateaux. Il suffit le plus souvent de tirer une série d'étincelles de la fosse iliaque gauche, pour obtenir une selle à bref délai (Vigouroux).

Électricité faradique. — Les courants induits peuvent être employés à l'extérieur ou en lavements électriques.

A l'extérieur, on fait, en somme, avec des courants d'une intensité moyenne, l'électrisation des muscles de l'abdomem. Cela peut être avantageux chez les malades qui présentent une certaine laxité, une certaine paresse des parois musculaires de l'abdomen. On a quelquefois obtenu de bons résultats par ce procédé d'une application fort simple : il ne faut pas toutefois trop compter sur son efficacité.

Quelquefois aussi, on a employé les courants induits à l'intérieur, un pôle étant introduit dans le rectum, et l'autre mis en communication avec la peau, soit dans la région épigastrique, soit à la région lombaire. On ne peut avoir, par l'emploi de ces courants, la crainte de produire une ulcération électrolytique de la muqueuse intestinale. Il est préférable cependant d'avoir recours aux courants continus, dont l'emploi se règle beaucoup plus facilement.

La technique du lavement électrique sera donnée à propos du traitement de l'occlusion intestinale.

Médication laxative. — La première recommanda-

(1) Vigouroux, *Appendice au Traité de Neurasthénie* de Levillain.

tion qui doive suivre ce titre est de n'user que le moins possible des médicaments dans le traitement de la constipation. Il vaut beaucoup mieux, toutes les fois que la chose est possible, en venir à bout par de simples moyens hygiéniques.

Un autre principe à inscrire en tête de ce paragraphe, c'est que, pour combattre la constipation habituelle, il ne faut pas avoir recours aux purgatifs agressifs. Les *drastiques* doivent donc être proscrits d'une façon générale. Ils doivent être réservés à d'autres cas, et ils ont leur indication spéciale.

Les *purgatifs salins* ont aussi leur inconvénient : la purgation qu'ils provoquent est suivie d'une constipation d'autant plus marquée que leur effet a été plus accentué. La chose est si vraie qu'on utilise souvent cette particularité en thérapeutique et que les purgatifs salins, artificiels ou naturels, sont un des meilleurs moyens de combattre la diarrhée. Lorsqu'on fait usage des sels contre la constipation habituelle, il faut donc en prendre sans cesse de nouveaux, et il n'y a pas de raison pour que l'on puisse sortir de ce cercle vicieux. A notre avis, les purgatifs salins, représentés par les sels eux-mêmes, par les préparations plus ou moins ingénieuses qu'en fait la pharmacie, ou encore par les eaux minérales, ne doivent être utilisés contre la constipation habituelle que d'une façon passagère. Lorsque les selles ont fait défaut depuis plusieurs jours déjà, on pourra avoir recours aux purgatifs salins, pour obtenir une évacuation première que les autres moyens amèneraient plus difficilement. Cette première évacuation pourra être facilitée par l'usage simultané des lavements ou des suppositoires, si les lavements ne peuvent pas être pris. Quand on aura obtenu cette désobstruction préalable, c'est à l'hygiène, aux lavements et, au besoin, aux divers laxatifs que nous allons passer en revue, qu'il faudra avoir recours.

Dans certaines conditions cependant, il peut être utile de donner pendant quelque temps les purgatifs salins tous les jours, de façon à obtenir une ou deux selles faciles. C'est un des meilleurs moyens de faire disparaître les maux de tête, l'inappétence, le malaise général que l'on constate assez souvent chez les constipés de vieille date. Cette méthode agit-elle en partie en amenant la désinfection de l'intestin et la diminution de l'auto-intoxication? C'est chose possible et probable.

On fait aussi de la même façon disparaître l'entérite muco-membraneuse lorsque celle-ci est peu prononcée. Dans les cas intenses d'entérite muco-membraneuse avec tendance à l'entéralgie, les purgations salines répétées donnent des résultats beaucoup moins satisfaisants ; ils sont beaucoup moins bien tolérés.

Il est aussi un ordre de faits assez communs dans lesquels la purgation saline à jet continu est d'une utilité très grande, c'est lorsqu'il y a des signes d'urémie fruste. M. Dieulafoy, dans une série de publications et de leçons, a insisté avec raison sur la fréquence de l'urémie fruste, du brightisme sans albuminurie. Un assez grand nombre de personnes déjà d'un certain âge, aux environs et au delà de 50 ans, plus ou moins arthritiques, plus ou moins artérioscléreuses, présentent des phénomènes qu l'on attribue volontiers à la dyspepsie ou à la neurasthénie : ils ont de la fatigue générale, de la paresse cérébrale, un peu de céphalie, de l'inappétence, quelquefois des vertiges, des étourdissements, quelquefois de petites attaques répétées d'angine de poitrine ou mieux de fausse angine de poitrine, quelquefois encore des intermittences cardiaques. Tout cela est probablement le fait d'une auto-intoxication, d'une petite urémie. Ils sont en même temps dyspeptiques et constipés. On fait disparaître tous ces accidents en les soumettant au régime lacté complet ou mixte, et aux purgatifs salins répétés à petite dose quotidienne.

On ne peut pas indéfiniment continuer cette médication. Au bout de 15 jours à 3 semaines, au maximum, il faut l'abandonner. On essaiera alors d'obtenir la régularité des selles par l'hygiène et les moyens physiques, le massage, l'électrisation ; malheureusement on n'y réussit souvent que difficilement.

En dehors de ces conditions particulières, c'est à la série des laxatifs augmentée, accrue incessamment par des substances ou des préparations nouvelles que l'on aura recours.

Comme l'accoutumance se fait assez facilement, il est bon de changer de temps à autre les moyens employés, en restant toujours dans la ligne générale de conduite que nous venons d'indiquer.

Il est bon de savoir aussi que, pour les purgatifs légers, il existe de véritables prédispositions personnelles, que l'expérience seule peut apprendre. Telle personne se trouve bien de l'usage d'une substance qui donne à telle autre des effets insuffisants ou des coliques insupportables. Il faut donc toujours tâter le terrain, au début d'un traitement de ce genre, et chercher souvent par tâtonnement ce qui convient le mieux dans un cas donné.

Magnésie. — La magnésie a, d'une façon générale, l'avantage d'être un laxatif doux, facile à prendre à cause de son absence à peu près complète de saveur. Elle est surtout indiquée lorsque conviennent les alcalins, et nous avons dit déjà, dans un autre endroit, qu'elle sature, à poids égal, deux fois plus d'acide que le bicarbonate de soude. Ses inconvénients sont son insolubilité et la facilité avec laquelle, au bout d'un certain temps, on s'accoutume à son action.

La magnésie est employée sous quatre formes : magnésie calcinée ordinaire, magnésie anglaise, hydrate de magnésie et hydrocarbonate ou magnésie blanche.

La *magnésie calcinée* convient surtout lorsqu'on cherche une action anti-acide autant qu'une action laxative.

La *magnésie anglaise*, ou *magnésie lourde*, s'obtient, soit en tassant fortement l'hydrocarbonate avant de le calciner, soit en se servant, pour sa préparation, d'un carbonate obtenu par précipitation dans l'eau bouillante. La magnésie anglaise « est certainement inférieure à la magnésie légère dont elle n'a ni le pouvoir absorbant ni la facile solubilité dans les acides (Patein) ». En revanche, elle a l'avantage de présenter à poids égal un beaucoup plus petit volume.

L'*hydrate de magnésie* est obtenu en faisant bouillir la magnésie calcinée avec vingt fois son poids d'eau ; elle renferme 37 0/0 d'eau. Son action est un peu plus douce que celle de la magnésie calcinée. Elle est peu employée.

La *magnésie blanche*, souvent prescrite, est chimiquement de l'hydrocarbonate de magnésie. Elle se présente sous la forme d'une poudre blanche, très légère, à peu près insoluble dans l'eau. Elle se dissout dans l'eau chargée d'acide carbonique en vertu de la production d'un bicarbonate.

Elle se donne à doses plus élevées que la magnésie calcinée, le double environ ; on s'en sert de préférence lorsqu'on recherche l'effet laxatif ou purgatif, plus que l'action anti-acide.

La magnésie est souvent mélangée à d'autres substances, au bicarbonate de soude, à la craie, au sous-nitrate de bismuth, lorsqu'on vise surtout la saturation des acides ; au salicylate de bismuth, au naphtol, lorsqu'on veut obtenir en même temps une action antiseptique ; à d'autres laxatifs, le séné, le soufre, le cascara-sagrada, dans la composition des poudres purgatives. On trouvera à l'appendice quelques formules souvent usitées ; nous nous contenterons d'indiquer ici l'emploi isolé de la magnésie ; étant données ses qualités, il sera facile de la combiner à son gré de façon à obtenir des nuances thérapeutiques.

La magnésie calcinée produit des effets purgatifs chez l'adulte à la dose de 10 à 20 grammes. Pour obtenir des effets laxatifs, il en faut de 2 à 5 grammes. On pourra la donner au début à la dose d'une demi-cuillerée à café et élever ensuite cette quantité jusqu'à ce qu'on ait obtenu l'effet désiré. Chez les enfants au-dessous d'un an, on en donnera 25 à 30 centigrammes deux fois par jour, 50 centigrammes à 2 grammes au-dessus de cet âge, en commençant par les doses les plus faibles.

L'effet purgatif de la magnésie est assez lent à se produire, comme du reste l'effet de presque tous les laxatifs que nous allons étudier ; aussi convient-il, d'une façon générale, de les faire prendre aux repas, ou le soir en se couchant pour obtenir une selle le lendemain matin. Cette dernière façon de procéder a l'avantage de produire l'effet voulu, précisément au moment où il convient le mieux d'engager les malades à se présenter à la garde-robe.

Le Codex indique, sous le nom de *médecine blanche*, la préparation *purgative* suivante :

Magnésie calcinée....................	8 gr.
Sucre blanc.........................	50 —
Eau................................	40 —
Eau de fleur d'oranger...............	20 —

On fait bouillir l'eau dans laquelle on a délayé la magnésie, on ajoute alors du sucre, l'eau de fleur d'oranger, que l'on peut remplacer par tout autre parfum, et l'on passe.

Il existe aussi dans le commerce des tablettes de chocolat à la magnésie, qui renferment 4 grammes de magnésie calcinée et 20 centigrammes de scammonée (prendre une ou deux tablettes) et de la magnésie granulée, qui contient un quart de son poids de magnésie (4 cuillerées à café comme purgatif, 1/2 à une cuillerée comme laxatif et anti-acide).

Nous employons souvent avec avantage une poudre à base de magnésie, dont la formule est due à G. Sée et qui donne d'excellents résultats.

Magnésie calcinée....................	aa 15 gr.
Crème de tartre.....................	
Soufre précipité....................	

De 1 à 3 cuillerées à café par jour dans un peu d'eau aux repas. L'insolubilité de cette poudre est son seul inconvénient. On peut y ajouter de la poudre de réglisse, et l'on obtient ainsi une poudre qui diffère surtout de celle qui est connue sous le nom de *poudre de réglisse composée*, en ce qu'elle renferme de la magnésie et pas de séné.

Chez les dyspeptiques atoniques, surtout avec flatulence, j'ajoute quelquefois une petite quantité de poudre d'ipéca à une poudre laxative analogue aux précédentes, par exemple :

Magnésie..........................	aa 20 gr.
Soufre précipité....................	
Crème de tartre.....................	
Poudre de réglisse..................	
Poudre d'ipéca......................	0 gr. 30

La *magnésie liquide* du Codex contient 20 grammes d'hydrocarbonate de magnésie pour 650 grammes d'eau saturée d'acide carbonique, c'est-à-dire 1 gr. pour 32 grammes de liquide.

On prépare aussi des tablettes qui renferment chacune 0 gr. 50 de carbonate de magnésie, et une poudre de magnésie effervescente, dont on fait prendre, à titre laxatif, une cuillerée à café dans un verre d'eau.

Podophyllin. — C'est le calomel végétal des Anglais, dénomination que lui a value son action cholagogue.

Le podophyllin est un bon laxatif, surtout associé à la belladone. On le donnera de préférence en pilules :

Podophyllin......................	aa 25 centigr.
Extrait de belladone.............	

pour 20 pilules.

En prendre de 1 à 3 le soir en se couchant, 1 le premier jour, 2 le lendemain si l'effet laxatif ne s'est pas produit, 3 au besoin le surlendemain ; les selles obtenues, il faut toujours revenir à une pilule, et recommencer la série, s'il y a lieu.

Ou encore :

Podophyllin......................	3 centigr.
Extrait de belladone.............	1 —
Extrait de réglisse..............	Q. S.

pour une pilule.

Une par jour, deux au besoin.

Belladone. — La belladone, que nous venons de montrer associée au podophyllin, est laxative par elle-même. Trousseau la recommandait vivement, il en donnait progressivement de 1 à 5 centigrammes, en pilules.

Extrait de belladone............	aa 1 centigr.
Poudre de belladone............	

pour une pilule.

On emploiera surtout la belladone chez les personnes qui ont, en même temps que de la constipation, de vives douleurs coliques.

Cascara sagrada. — La poudre d'écorce de cascara sagrada est un excellent laxatif, qui a l'avantage de ne pas donner de coliques, en général, et dont l'usage peut être longtemps continué sans inconvénient. On la donne en cachets de 25 centigrammes. Un cachet le soir en se couchant, un cachet matin et soir si cela ne suffit pas.

Chez les dyspeptiques atoniques avec hypochlorhydrie, il sera bon d'y associer un peu de magnésie. On sait que les alcalins à faible dose excitent la sécrétion de l'HCI.

On emploie quelquefois aussi l'*extrait fluide*, qui correspond à son poids d'écorce : 10 à 50 ou 60 gouttes dans du vin de Lunel, qui masque assez bien le goût nauséeux de la cascara.

On trouve dans le commerce des préparations nombreuses à base de cascara ou dérivés de la cascara.

Bourdaine. — L'écorce de bourdaine, non usitée en France, très usitée en Allemagne, serait un excellent laxatif (Patein) qui ne causerait pas de coliques.

En Allemagne on donne à titre de purgatif un décocté a la dose de 20 à 30 grammes d'écorce sèche pour un litre. On peut donner la poudre d'écorce sèche en cachets, à raison de 1 gramme à 1 gr. 50, le soir en se couchant.

Nous avons essayé de la poudre de bourdaine ; elle s'est montrée très infidèle.

Tamar. — De la gousse du *Tamarindus indica* on extrait une pulpe qui jouit de propriétés laxatives, et qu'on emploie soit en conserve, à la dose de 20 à 50 grammes (comme purgatif, à une dose plus faible comme laxatif), soit en tisane (20 grammes pour 1,000 grammes d'eau).

On trouve dans le commerce des bonbons de tamar qui sont d'un usage commode (un demi-bonbon ou un bonbon entier). Ils ont l'inconvénient de donner des coliques chez quelques personnes ; d'autres, les plus nombreuses, n'éprouvent pas cet inconvénient.

Rhubarbe. — Elle est purgative à la dose de 1 à 4 grammes de poudre, laxative à des doses moindres. On lui attribue, à faible dose, des propriétés stimulantes stomachiques, et on la donne surtout au commencement du repas, seule ou combinée à d'autres poudres : poudre de quinquina, de colombo. Il vaudrait mieux, dans ce but, la donner après le repas, à doses espacées : une demi-heure et une heure et demie après, par exemple.

On pourrait aussi, dans le même but, se servir du vin de rhubarbe et faire prendre, pur ou additionné de 5 à 15 gouttes de teinture d'ipéca, un verre à liqueur après le repas, chez les dyspeptiques, atoniques, flatulents et constipés.

La rhubarbe serait un excellent laxatif si elle n'avait pas l'inconvénient de provoquer des coliques chez beaucoup de personnes.

La poudre de rhubarbe entre dans la composition d'un grand nombre de poudres laxatives ou antidyspeptiques : nous considérons comme inutile d'en donner la formule ici. Elles sont du reste un peu en discrédit.

Manne. C'est un purgatif doux, que sa saveur sucrée rend d'un usage commode chez les enfants. On la donne aux enfants à la dose de 20 à 40 gramme dissoute dans de l'eau ou du lait ; pour les adultes, il en faut de 40 à 100 grammes.

Quand on veut la donner dans du lait ou de l'eau, on fait dissoudre à chaud.

Séné. — On emploie les follicules et les folioles ; les premiers sont plus actifs ; ils purgent à la dose de 3 à 5 grammes en provoquant des coliques. A une dose plus élevée (10 à 15 gr.), il y a des coliques plus vives et même des vomissements.

Le séné a été beaucoup plus usité autrefois qu'il ne l'est aujourd'hui ; il entrait dans la composition d'un grand nombre de médecines et de lavements purgatifs. Les coliques qu'il détermine ont fait quelque peu délaisser son emploi ; elles sont moins vives lorsque les follicules ont été préalablement passés à l'alcool, comme il est indiqué dans la formule de la poudre de réglisse composée que nous reproduisons plus loin.

Tous les *thés purgatifs* sont à base de séné. Voici la composition des *espèces purgatives*, d'après le Codex.

Feuilles de séné	2 gr.
Fleurs de sureau	1 —
Fruits d'anis vert	1 —
— de fenouil	0. 50
Bitartrate de potasse	0. 50

Mêlez. — Pour une tasse d'infusion.

D'après M. Dujardin-Beaumetz, la tisane purgative de l'hôpital Saint-Louis, souvent prescrite par Hardy, est une très bonne préparation.

Séné..............................	aa 8 gr.
Pensées sauvages..............................	

Faire infuser pendant une heure dans un litre d'eau bouillante, passer et édulcorer avec du miel. — Un grand verre le matin.

Le café masque très bien le goût du séné, on peut donc faire infuser les follicules de séné en même temps que le café, de façon à obtenir un café purgatif.

Voici, d'après Dujardin-Beaumetz, la formule de la poudre de réglisse composée qui est une excellente préparation :

Follicules de séné passés à l'alcool en poudre.	aa 6 gr.
Soufre sublimé..............................	
Fenouil en poudre..............................	aa 3 —
Anis étoilé en poudre..............................	
Crème de tartre pulvérisée..............................	2 —
Réglisse en poudre..............................	2 —
Sucre en poudre..............................	25 —

Cette poudre se prend par cuillerées à café (1 à 2) dans un peu d'eau, le soir en se couchant, ou encore à la fin du repas.

Scammonée. — La scammonée est un purgatif drastique, qui détermine des coliques assez vives; cependant elle entre à dose assez faible dans la composition de diverses préparations laxatives : chocolat, anisette, etc. On peut aussi donner directement la scammonée en poudre dans du lait : la dose moyenne est de 0 gr. 50 à titre de purgatif.

Aloès. — L'aloès est la base d'un grand nombre de pilules ou d'élixirs laxatifs. Son avantage est de purger sous un petit volume et surtout sous la forme pilulaire, particulièrement commode. Il a l'inconvénient de provoquer le gonflement des hémorrhoïdes : aussi l'a-t-on employé souvent dans un but thérapeutique pour rappeler le flux hémorrhoïdaire lorsque, celui-ci ayant disparu, certains accidents congestifs paraissaient s'être produits.

L'aloès congestionne du reste à peu près au même titre les organes du petit bassin ; de là une contre-indication particulière lorsqu'il existe quelque maladie inflammatoire de ces organes, lorsqu'il y a chez le vieillard, par exemple, des accidents prostatiques.

La dose laxative est de 5 à 15 centigrammes. L'effet ne se produit qu'assez tardivement, au bout de dix à vingt heures. Les coliques sont en général peu marquées. Avec 30 à 60 centigrammes on obtient une purgation plus énergique, qui peut aller, avec des doses plus élevées encore, jusqu'à produire des effets véritablement drastiques.

On attribue à l'aloès à faible dose une action apéritive et excitante de l'estomac, qui semble être très réelle ; de là son emploi presque traditionnel dans la dyspepsie. Son action irritante, congestionnante, vers le rectum, fait qu'on tend souvent à donner la préférence à des laxatifs qui n'ont pas cet inconvénient.

L'aloès est pris surtout sous forme de pilules, le nom de certaines d'entre elles est bien connu.

Les *pilules ante cibum* renferment 10 centigrammes d'aloès pulvérisé, et 5 centigrammes d'extrait de quinquina. On en donne une ou deux au commencement du repas.

Les *pilules écossaises* ou *pilules d'Anderson* renferment à la fois 10 centigrammes d'aloès et 10 centigrammes de gomme-gutte. La présence de la gomme-gutte, substance drastique, les rend notablement plus actives que les précédentes.

Le savon médicinal est un bon véhicule pour l'aloès :

Aloès pulvérisé	1 gr.
Savon médicinal	1

pour 10 pilules.

M. Lutz a donné la formule de pilules qui sont d'une excellente action et que nous recommandons :

Résine d'aloès	aa 1 gr.
— de scammonée	aa 1 gr.
— de jalap	aa 1 gr.
Lessive des savonniers	aa 1 gr.
Glycérine	0,50

pour 20 ou 25 pilules ; en prendre une le soir en se couchant. Nous savons qu'un certain nombre de personnes font usage de ces pilules depuis de longues années à leur entière satisfaction, et sans en éprouver le moindre inconvénient.

Huile de ricin. — L'huile de ricin donnée à faible dose, par cuillerées et même par demi-cuillerées à café, est un des meilleurs laxatifs que nous connaissions. Elle peut être prise pendant très longtemps sans inconvénient, elle n'amène pas de constipation consécutive.

Son goût désagréable peut être masqué par du café noir, du cassis, du jus d'orange. On peut aussi la prendre en capsules le matin. On trouve dans le commerce des capsules d'huile de ricin, de dimensions très variables. Elles sont très commodes pour ceux qui peuvent les déglutir.

Formes cliniques particulières. — Après avoir énuméré les divers moyens hygiéniques, physiques ou médicamenteux qui peuvent être usités contre la constipation, il convient d'indiquer quels sont ceux de ces moyens qu'il conviendra le mieux d'employer dans telle ou telle forme clinique.

Nous ne reviendrons pas sur les variétés atonique et spasmodique sur lesquelles nous avons suffisamment insisté plus haut.

Nous examinerons successivement ainsi :

1° La constipation par hygiène vicieuse;

2° La constipation chez les enfants;

3° La constipation chez les dyspeptiques gastro-intestinaux;

4° La constipation chez les entéroptosés et les obèses;

5° La constipation chez les vieillards.

Chemin faisant, il nous arrivera de recommander du reste, à propos de ces formes cliniques, des moyens thérapeutiques dont il n'a pas été question jusqu'à présent.

1° *Constipation par hygiène vicieuse.* — C'est celle qu'amène, surtout chez les prédisposés, l'abus des aliments azotés et l'absence d'exercice. C'est surtout au régime et aux moyens hygiéniques qu'il faut s'adresser; il faut faire entrer dans l'alimentation les légumes verts, les fruits, les pruneaux. On considère comme laxatives les substances suivantes : les graisses, les huiles, le pain de seigle, le pain d'épice, le café noir additionné de chicorée, le miel, le jus d'orange, le sucre de lait, le petit-lait. On pourra recommander encore l'emploi de la graine de lin ou de psyllium qui agissent à la façon des végétaux à résidu alimentaire plus ou moins considérable.

Dans ces conditions, surtout, il ne faut se servir que le moins possible des laxatifs artificiels.

Voici, à titre d'échantillon, la carte alimentaire que Rosenheim propose pour les constipés (1) :

Sept heures et demie, un verre d'eau froide.

Huit heures, 200 grammes de café au lait avec du sucre, 20 grammes de beurre, 200 grammes de pain.

Dix heures, 300 grammes de petit-lait.

Midi, 200 grammes de bouillon, 200 grammes de rôti, 250 grammes de légumes, 100 grammes de compote, 300 grammes de vin blanc.

Deux heures, une tasse de café.

Quatre heures, 300 grammes de képhir, avec 50 grammes de pain.

Sept heures, 120 grammes de viande, 30 grammes de beurre, 200 grammes de pain, fruits.

Neuf heures, un verre de bière.

En admettant que ce régime donne de bons résultats, il est certain qu'il ne convient pas à tous les constipés.

Du régime de ces derniers on éliminera le thé, les gâteaux, le vin rouge, le riz, le chocolat, le cacao, qui sont doués de propriétés resserrantes.

L'exercice, la gymnastique prendront tout naturellement place dans le plan du traitement, chez les constipés de cette catégorie.

Si tout cela ne suffit pas, force sera d'avoir recours aux lavements et aux laxatifs faibles : cascara sagrada, magnésie, tamarin, bourdaine, pilules de Lutz. Leur emploi ne sera continué que le moins longtemps possible, et on essaiera toujours d'en revenir aux simples moyens hygiéniques.

Dans les cas de constipation plus tenace, interviendront le massage, l'électricité, surtout chez les

(1) *Krankheiten des Darmes*, p. 511.

neurasthéniques et hystériques avérés, plus ou moins combinés aux divers laxatifs. L'huile de ricin est ici particulièrement recommandable.

Les purgatifs salins seront donnés d'une façon passagère, lorsqu'il y aura quelque signe d'embarras gastrique ou d'auto-intoxication, de façon à faire en quelque sorte l'antisepsie par un véritable balayage de l intestin.

2° *Constipation chez les enfants.* — Chez les tout jeunes enfants, la constipation est fréquente. Ces jeunes êtres ne pensent pas à aller à la selle, naturellement, et pour peu que le besoin s'émousse, ils sont constipés. Certains moyens usités par les nourrices agissent simplement en réveillant ce besoin émoussé. On introduit dans l'anus un corps uni, une petite tige de persil ou de cerfeuil, et le résultat cherché est obtenu. Les suppositoires au savon sont aussi très en faveur près des nourrices : on peut leur substituer avec avantage de petits suppositoires au beurre de cacao ou à la glycérine solidifiée. Quelquefois on devra donner de petits lavements, soit à l'eau bouillie, soit à la glycérine ou à l'huile émulsionnée.

Chez les enfants plus âgés, la constipation n'est pas rare non plus, surtout dans les villes. Il n'est pas très rare encore qu'elle amène des poussées d'entérite muco-membraneuse, avec débâcles pseudo-diarrhéiques. C'est la diarrhée que craignent et que combattent quelquefois la famille et le médecin, c'est en réalité la constipation qu'il faudrait viser. Il est donc bon de surveiller avec soin l'apparition du mucus dans les selles chez les enfants.

C'est encore aux lavements, c'est à la manne, à la magnésie, à l'huile de ricin à faible dose qu'on aura recours. On fera naturellement tout son possible pour que l'hygiène suffise pour faire disparaître la constipation.

En cas de débâcle, avec ou sans mucus, on pourra donner avec avantage du calomel, à la dose de 10 à 20 centigrammes dans du miel.

On fabrique des biscuits de calomel, qui sont chez les enfants difficiles d'un usage assez commode.

La purgation par le calomel ne peut, cela va de soi, être renouvelée qu'à des intervalles assez éloignés; on prendra, lorsqu'on fera usage du calomel, les précautions de rigueur.

3° *Dyspepsie gastro-intestinale.* — La constipation est fréquente dans les différentes formes de la dyspepsie. Les indications sont, d'une façon générale, celles que nous avons données à propos de la constipation par hygiène vicieuse. Cependant il y a quelques remarques particulières à faire. Chez les hypersécréteurs avec hyperchlorhydrie, il faudra réduire au minimum l'irritation de l'estomac; aussi l'aloès, le séné, la scammonée ne leur conviennent-ils guère. On ne peut pas non plus leur laisser manger une quantité considérable de légumes verts à cause de la stase qui existe ou tend à exister chez eux, et de l'excitation sécrétoire que produisent les résidus alimentaires.

Les dilatés avec stase permanente ne peuvent pas, pour la même raison, prendre de légumes verts ni de graines inertes.

La magnésie à dose un peu élevée convient aux hyperchlorhydriques; à dose faible, elle convient mieux aux hypochlorhydriques, parce que les alcalins à faible dose excitent la sécrétion de l'HCl.

D'après M. Hayem, l'usage prolongé du sulfate de soude amènerait une hypochlorhydrie et même une anachlorhydrie prolongées, sinon définitives : nouvelle raison pour ne pas abuser, chez les dyspeptiques surtout, des eaux purgatives.

4° *Constipation chez les entéroptosés et les obèses.* — Ce sont précisément les eaux salines purgatives que M. Glénard recommande dans l'entéroptose. Il est vrai qu'on peut se trouver là quelquefois dans des conditions semblables à celles qui se rencontrent chez les *obèses*, qui ont un degré plus ou moins marqué de pléthore abdominale. Les cures d'eaux minérales sont très usitées du reste dans le traitement de l'obésité à Brides en Savoie et, en Allemagne, à Tarasp-Schuls, à Marienbad, à Carlsbad, à Elster.

5° *Constipation des vieillards.* — Les vieillards sont très sujets à la constipation. C'est chez eux, surtout chez les femmes, qu'on observe le plus souvent des scybales indurées échelonnées le long du côlon. La constipation, en vertu de l'atrophie des tuniques musculaires de l'intestin, peut amener de véritables accidents d'obstruction (Thibierge). Nous nous en occuperons plus loin.

Quand l'hygiène seule ne suffit pas, il faut, aux vieillards, recommander les lavements, les suppositoires, l'huile de ricin à petites doses, et passagèrement les purgatifs salins, le massage.

Complications. — La constipation par viciation de la motricité intestinale, que nous avons eue surtout en vue, peut s'accompagner de complications très variées. La présence des fèces plus ou moins indurées, l'obstacle mécanique qu'elles apportent à la progression des matières, augmentent encore l'atonie et la flatulencence gastro-intestinale. Les matières fécales, lorsqu'elles sont dures, présentent peu de danger au point de vue de l'auto-intoxication, la résorption des substances toxiques étant ainsi rendue à peu près nulle. Mais il n'est pas rare que des poussées de diarrhée, d'origine inflammatoire, succèdent à la constipation : c'est alors qu'apparaissent les phénomènes d'embarras gastrique qui dérivent certainement de l'auto-intoxication. On sait, en effet, quelle est la richesse très grande des matières stercorales en substances toxiques.

Certaines autres complications sont surtout d'origine mécanique : les matières indurées provoquent par leur présence l'inflammation superficielle de la muqueuse, c'est là une des causes de la *colite chronique* et de l'entérite muco-membraneuse. Les matières ont tendance à s'accumuler surtout dans le cæcum et dans l'*S* iliaque : elles y provoquent des accidents différents, en rapport avec la conformation anatomique et le rôle physiologique de ces segments de l'intestin.

Les recherches récentes et surtout les laparotomies pratiquées sur le vivant ont démontré la rareté de la typhlite par engorgement stercoral du cæcum, et la fréquence de l'appendicite ulcéreuse. On en est arrivé à mettre en doute l'existence même de la typhlite par boudin cæcal. En tout cas l'appendicite est un accident à l'usage presque exclusif des constipés, et, le plus souvent, la cause de l'inflammation de l'appendice vermiculaire est une petite boulette de matière stercorale venue du cæcum.

L'accumulation des scybales dans l'*S* iliaque en amène la dilatation et quelquefois l'inflammation. (A. Mayor, de Genève.) De là un obstacle quelquefois insurmontable, et des accidents d'obstruction intestinale. Il arrive aussi que l'*S* iliaque distendue par les matières tombe en avant en tournant autour de son axe, et amène ainsi une occlusion par torsion de l'intestin.

Les efforts répétés que nécessite la défécation chez les constipés, la gêne de la circulation veineuse intestinale, l'irritation inflammatoire causée par le contact et le passage plus ou moins violent des matières, demeurent une cause d'*hémorrhoïdes*, qui, par un cercle vicieux, vont augmenter encore la constipation en opposant un obstacle mécanique à l'évacuation des matières.

Enfin la sortie violente de fèces indurées, volumineuses, amène quelquefois des *érosions* de l'anus et des *fissures* douloureuses : les fissures et les hémorrhoïdes coïncident souvent.

Nous allons, dans des chapitres particuliers, exposer le traitement médical des *hémorrhoïdes* et la thérapeutique de l'entérite muco-membraneuse.

Les *fissures anales* peuvent être traitées par les astringents, mais la dilatation forcée de l'anus amène seule la guérison radicale dans les cas graves, avec spasme très douloureux. Nous donnerons au formulaire l'indication d'une série de suppositoires calmants que l'on pourra utiliser dans tous les cas de douleur anale vive ; quelques-uns pourront agir aussi comme calmants généraux.

CHAPITRE III

Hémorrhoïdes.

Les hémorrhoïdes se montrent fréquemment chez les individus constipés ; il semble que la constitution qui prédispose à la constipation prédispose aussi aux hémorrhoïdes. Les efforts de défécation rendus nécessaires augmentent la turgescence des veines du rectum; d'autre part la saillie que forment les hémorrhoïdes, les douleurs qu'elles provoquent tendent à rendre encore plus difficile la défécation, à aggraver la constipation et ses conséquences. C'est là un cercle vicieux pathologique.

Pour certains auteurs, la cause principale des hémorrhoïdes est la congestion active des veines rectales; pour les autres, c'est la stase mécanique favorisée par la disposition anatomique des veines hémorrhoïdales, stase aggravée encore par les efforts de défécation auxquels sont obligés les constipés. Nous pensons, pour notre part, que tous ces éléments jouent un rôle dans la pathogénie des varices du rectum.

M. Quénu admet qu'il se fait une phlébite chronique qui fait perdre aux veines leur élasticité, ce qui n'enlève rien à la valeur des deux autres facteurs pathogéniques: la phlébite explique bien la persistance des dilatations veineuses dès qu'elles ont atteint un certain degré, et qu'elles ont duré un certain temps.

C'est par ce mécanisme que la dilatation veineuse d'aigüe devient chronique.

On divise les hémorrhoïdes en *internes* ou *externes*, suivant qu'elles se développent au-dessus ou au-dessous du sphincter anal ; les externes sont seules directement appréciables par la vue dans les conditions ordinaires.

Les varices externes peuvent être plus ou moins volumineuses ; elles peuvent être, comme les internes, le siège de poussées congestives ; elles sont alors tendues, turgescentes, bleuâtres. Quand elles sont vieilles, elles s'épaississent, se flétrissent, prennent un aspect cutané, passent en un mot à l'état de *marisques*.

Les hémorrhoïdes internes ne sont appréciables que par le toucher en dehors des périodes où elles sont chassées à travers l'orifice anal. Cela se produit lorsqu'elles se gonflent et sont poussées au dehors par le bol fécal. Elles peuvent *s'étrangler* à travers l'orifice sphinctérien ; leur réduction peut être des plus difficiles.

Parfois les hémorrhoïdes deviennent le siège d'un écoulement sanguin plus ou moins abondant qui se produit surtout après la défécation. La muqueuse rectale irritée donne souvent lieu aussi à un écoulement leucorrhéique. Il peut s'y faire des exulcérations, des fissures très douloureuses.

Les hémorrhoïdes peuvent causer des accidents plus ou moins sérieux : à un degré léger, de la pesanteur anale, de la difficulté plus grande de la défécation, du ténesme ; à un degré plus élevé, des douleurs vives, l'étranglement, l'exulcération de la muqueuse. Les hémorrhoïdes étranglées peuvent s'ulcérer, s'enflammer, s'abcéder, devenir par le mécanisme de la phlébite le point de départ d'abcès du foie, d'accidents d'infection purulente, etc.

Les hémorrhagies auxquelles elles donnent lieu peuvent être, par leur répétition et leur abondance, une cause d'épuisement et d'anémie.

Les hémorrhoïdes peuvent donc être une lésion des plus graves.

Quand elles sont peu accentuées, que leurs poussées congestives sont modérées, quand les hémorrhoïdes internes, sorties après la défécation, rentrent facilement, qu'elles ne sont pas trop volumineuses, que les hémorrhagies sont peu abondantes, le traitement médical suffit; quand, au contraire, les hémorrhoïdes sont volumineuses, difficilement réductibles, ou même complètement irréductibles, qu'elles sont une menace de grave inflammation, qu'elles donnent lieu à une perte de sang considérable, il faut avoir recours au traitement chirurgical.

Nous n'exposerons ici que le traitement médical.

Il convient avant tout de combattre la constipation qui, si elle n'est pas la cause première, suffisante par elle seule, des hémorrhoïdes, tend toujours à les exagérer. Il faut éviter également tout ce qui peut être une cause de congestion abdominable et d'irritation intestinale. Le régime aura, dans ce sens, une grande importance.

On donnera un régime mixte, dans lequel la viande et tout ce qui peut provoquer la constipation, comme les œufs, le riz, le chocolat, etc., ne tiendra pas une place trop considérable. On recommandera les légumes verts, les purées, les fruits, les compotes. On évitera les mets fortement épicés, les sauces de haut goût, les mets faisandés, les fromages forts, et, d'une façon générale, la cuisine savante. On supprimera les boissons alcooliques. L'eau pure serait pour les hémorrhoïdaires la boisson idéale.

On doit songer en effet, non seulement à combattre la constipation, mais à réduire au minimum la congestion du foie, et, en conséquence, la turgescence de la veine porte. Les mets fortement épicés ont le double inconvénient d'agir sur le foie, et d'apporter au contact de la muqueuse rectale des substances susceptibles d'en provoquer l'irritation, des grains de poivre ou d'épice en particulier.[1]

On a recommandé aussi de donner de petits repas, de réduire l'ingestion des aliments et des boissons à chacun de ces repas, de façon à ne pas augmenter brusquement la congestion dans le département de la veine porte.

Il convient, en tout cas, d'empêcher les hémorroïdaires de manger plus que de raison.

Si le régime ne suffit pas pour amener les malades à aller à la selle régulièrement, on aura recours aux divers moyens destinés à combattre la constipation : le massage, les lavements, les laxatifs.

Tous les laxatifs ne conviennent pas également bien. On rejettera ceux qui sont à base d'aloès, et, d'une façon générale, tous les drastiques. Ils ont l'inconvénient très grand, dans l'espèce, de provoquer la congestion des organes du petit bassin et, en particulier, la congestion veineuse des régions hémorrhoïdales.

Les laxatifs qui conviennent le mieux sont : la poudre composée de magnésie, de crème de tartre et de soufre précipité, la poudre de réglisse composée, l'huile de ricin à faibles doses, le podophyllin avec ou sans belladone. Les préparations soufrées ont joui pendant longtemps d'une grande réputation.

Les purgatifs salins ne conviennent que médiocrement comme laxatifs accoutumés chez les hémorrhoïdaires : cependant on leur fait quelquefois faire — et avec succès — des cures dans les stations d'eaux minérales purgatives, à Marienbad, et dans les stations similaires en France, à Brides, Châtel-Guyon. C'est moins alors les hémorrhoïdes elles-mêmes qu'il faut avoir l'intention de combattre par ces eaux que la pléthore abdominale et la congestion du foie, surtout chez les obèses. Ces cures ne seraient pas indiquées contre les hémorrhoïdes volumineuses pendant la crise hémorrhoïdaire elle-même. On peut conseiller dans le même sens la cure de raisin ou de petit-lait.

La cure de raisin a tout au moins l'avantage de donner une part — la plus importante peut-être — à la climatothérapie, à l'hygiène et au régime.

Ce qu'il faut obtenir chez les malades sujets aux hémorrhoïdes, c'est la régularité quotidienne des selles : il faut qu'ils aillent à la selle chaque jour une ou deux fois, sans effort, et que les selles soient, non pas diarrhéiques, ce qui serait dépasser le but à atteindre, mais molles et d'expulsion aisée. Cela seul suffit quelquefois pour obtenir et maintenir la guérison.

Que fera-t-on contre des hémorrhoïdes légères, peu volumineuses, avec pesanteur, ténesme léger, hémorrhagies peu abondantes. On combattra la constipation comme il vient d'être dit ; on pourra aussi donner deux ou trois fois par jour de petits lavements d'eau fraiche qui seront rendus presque immédiatement. Une bonne précaution consiste à donner un semblable lavement immédiatement avant ou après chaque selle.

Si la turgescence est plus marquée, si le bourrelet hémorrhoïdal est difficilement réductible, on pourra faire des applications d'eau très chaude, soit avec des compresses, soit avec une fine éponge. Un moyen assez souvent employé est de tenir une bouilloire pleine d'eau chaude à proximité de l'anus, le malade étant couché, le bassin légèrement soulevé. On peut donner aussi dans le même but des bains chauds, des grands bains de préférence, à cause de la situation que nécessite le bain de siège, des pulvérisations boriquées ou phéniquées. Le spray phéniqué chaud a été particulièrement conseillé par Verneuil.

Nous préférons beaucoup, pour notre part, les applications chaudes aux applications froides si souvent recommandées.

Nélaton conseillait avec raison aux hémorrhoïdaires d'aller à la selle le soir, en se mettant au lit, les hémorrhoïdes rentrant beaucoup plus facilement la nuit, dans le décubitus.

Quand il y a procidence, irréductibilité des hémorrhoïdes, voici comment il faut procéder. Le malade est couché sur le côté. On introduit dans l'orifice anal l'index de la main gauche enduit de vaseline boriquée ou iodoformée, après avoir lavé toute la région avec de l'eau bouillie ou de l'eau boriquée chaude. Avec la main droite on pratique le taxis et on fait glisser les hémorrhoïdes le long de l'index gauche servant de guide.

Pour favoriser la rentrée des hémorrhoïdes par le taxis en diminuant leur volume, on a fait tantôt des applications froides, tantôt des applications chaudes, on a donné des lavements froids ou chauds, on a fait des irrigations continues à l'aide d'appareils plus ou moins ingénieux.

Il ne faut pas oublier que l'irréductibilité des hémorrhoïdes tient souvent pour une grande part au resserrement du sphincter anal, resserrement dû lui-même aux phénomènes douloureux, à la présence d'érosion, de véritables fissures. On cherchera donc à calmer cette irritation de la sensibilité, en dernier terme on fera, si besoin, la dilatation forcée de l'anus.

On a conseillé, en cas d'irréductibilité complète, l'application de sangsues, les piqûres à la lancette : ce sont là des procédés dangereux, susceptibles de devenir le point de départ de l'inflammation des hémorrhoïdes et de la phlébite. Les piqûres de sangsues, rebelles à toute antisepsie, sont particulièrement dangereuses. En cas semblable il faut avoir recours à l'intervention chirurgicale.

Nous parlerons plus loin de certaines complications amenées quelquefois par l'irréductibilité et l'étranglement herniaire : l'inflammation, l'ulcération, la gangrène.

On attribue à certains médicaments la propriété de diminuer la congestion hémorrhoïdaire en amenant la rétraction des veines dilatées : citons l'hamamelis virginica, le capsicum, l'hysdrastis canadensis et l'ergot de seigle.

L'ergot de seigle est un médicament dangereux quand l'usage doit en être continué; il n'a pas sur les varices rectales d'action bien prononcée. Il vaut beaucoup mieux le laisser de côté.

Le capsicum annuum (piment) a été très vanté depuis quelques années; on parait en avoir exagéré les bons effets; il s'emploie sous forme de pilules ou en poudre à la dose de 75 centigrammes à 2 grammes par jour, ou bien à l'état d'extrait aqueux à la dose de 50 à 80 centigrammes, moitié le matin, moitié le soir (Dujardin-Beaumetz).

L'hamamelis virginica, tout au moins inoffensive, a la prétention de guérir toutes les varices, y compris les hémorrhoïdes. On donne la teinture à la dose de 10 à 30 gouttes (5 à 10 gouttes trois fois par jour). En Amérique, la préparation la plus employée est l'extrait fluide que l'on donne à la dose de 4 à 8 grammes dans du sirop. Un extrait sec, connu sous le nom impropre d'hamameline se donne à la dose de 5 à 6 centigrammes en pilules (Soulier).

On trouve dans le commerce, sous le nom d'hamameline, des solutions qui renferment surtout les produits résineux, seuls véritablement actifs d'après certains auteurs. Cette solution peut sans inconvénient se prendre à doses très élevées. Elle parait avoir, en tout cas, une action réelle en cas d'hémorrhagie.

L'extrait fluide d'hydrasties canadensis, dont l'action est comparée à celle de l'hamamelis virginica, se donne à la dose de 30 à 40 gouttes plusieurs fois par jour.

On a vanté encore la mille-feuille, la petite chélidoine et bien d'autres simples.

La présence des hémorrhoïdes, l'irritation de la peau anale et de la muqueuse rectale qui les accompagne, la survenue assez fréquente d'exulcérations ou de fissures, la congestion veineuse, l'inflammation même des tissus sont souvent la cause de douleurs vives qu'il faut combattre. Il s'y joint souvent, ce qui est un élément important d'aggravation, un certain degré de contracture du sphincter. Il y a donc lieu d'intervenir fréquemment pour calmer la douleur.

Les applications chaudes ou froides, chaudes surtout, y réussiront parfois. On pourra employer aussi les suppositoires calmants à la belladone, à l'extrait thébaïque, à la morphine, à la jusquiame (1). M. Reclus recommande tout spécialement les applications répétées d'eau très chaude (45-50°) et l'introduction dans l'anus de petits bourdonnets de ouate hydrophile imbibés de solution de cocaïne au 1/50. L'eau chaude tend à la fois à combattre la douleur et à amener la décongestion.

La cocaïne calme très bien la douleur : ce procédé très simple donne d'excellents résultats. Il facilite beaucoup la réduction en cas d'hémorrhoïdes procidentes et turgescentes.

Souvent en cas d'hémorrhoïdes, il y a une inflammation marquée de toute la région, et cela se traduit en particulier par un écoulement leucorrhéique plus ou moins abondant, des démangeaisons plus ou moins intenses, de la cuisson et même des douleurs vives. Il faut toujours chercher à empêcher cette irritation de s'établir, la combattre lorsqu'elle existe. Comme moyens préventifs, il faut surtout recommander les soins minutieux de propreté. Il faut que les malades tiennent toute la région dans un état aussi parfait que possible de netteté. Ils doivent se laver après chaque selle : le papier habituel ne suffit plus dans ces conditions spéciales, il a même des inconvénients sur lesquels il est utile d'insister.

Il sera bon que ces lotions soient faites avec des solutions légèrement antiseptiques ; mais l'eau bouil-

(1) Voir le formulaire.

lie est suffisante ; elle a l'avantage de ne pas être irritante.

En cas d'irritation plus vive, de suintement marqué, on aura recours aux lavages et aux injections astringents (tanin à 1/2 ou 1 0/0). Rosenheim recommande les instillations de nitrate d'argent à 0,5 ou 1 0/0. Extérieurement, on peut appliquer des pommades siccatives ou astringentes, à l'oxyde de zinc, au tanin, avec ou sans sel avec ou sans adjonction d'extrait de belladone ou d'extrait thébaïque.

Rosenheim indique la formule suivante :

Lanoline........................	20 gr.
S. N. de bismuth	2 —
Extrait d'opium....	0 3

On a fait sur les hémorrhoïdes les applications les plus variées ; on peut surtout essayer le dermatol, le calomel, les préparations iodées.

Reissmann (1) les touche avec de la glycérine iodée, tout d'abord avec une solution faible :

Glycérine	35 gr.
Iode........	0 20 centigr.
KI	2 gr.

et plus tard avec une solution plus concentrée :

Glycérine	35 gr.
Iode............	1 —
KI...............................	5 —

Sous l'influence de ces attouchemenets, on verrait rapidement les hémorrhoïdes diminuer de volume, les ulcérations se cicatriser ; la guérison serait obtenue en deux ou trois semaines même dans les cas les plus graves?

(1) Cité par OZENNE in *Hémorrhoïdes.* Biblioth. Charcot, Debove.

Les *hémorrhagies* sont une des complications des hémorrhoïdes qui réclament le plus souvent l'intervention thérapeutique.

Ces hémorrhagies peuvent être légères, intenses ou graves. Des hémorrhagies relativement peu graves par elles-mêmes, si on les considère isolement, prennent de la gravité par leur répétition. Elles sont de nature à amener une anémie qui peut devenir extrême ; elles nécessitent alors l'intervention chirurgicale et la cure radicale.

Les hémorrhagies légères peuvent être traitées à l'intérieur par l'hamamelis virginica ou l'hydrastis canadensis, localement par des lavements froids, des applications froides, ou, mieux encore, des applications d'eau très chaude. On pourra faire des applications locales et des injections internes de solutions astringentes : tanin à 1-2 0/0 ; alun 1 à 3 0/0, nitrate d'argent 0,50 à 1 et même 3 et 5 0/0, dans les cas plus graves.

On pourra encore essayer des injections de solution d'antipyrine à 1/20, des instillations de solution d'hamamelis. (Hamaméline du commerce.)

Unna et Kossobudskji ont recommandé vivement la chrysarobine. On enduit plusieurs fois par jour le bourrelet hémorrhoïdal avec la pommade suivante :

Chrysarobine	0 80 centigr.
Iodoforme....................	0 30 —
Extrait de belladone..............	0 60 —
Vaseline....................	15 gr.

Contre les hémorrhoïdes internes, on emploie des suppositoires.

Chrysarobine	0 10 centigr.
Beurre de cacao............. 2 à	3 gr.

On y ajoute, au besoin :

Tanin	0 06	centigr.
Iodoforme	0 20	—
Extrait de belladone	0 02	—

ou

Extrait d'opium	0 02	—

L'emploi prolongé de la chrysarobine amènerait non seulement la disparition des hémorrhagies, mais la diminution de l'irritation et même la régression des hémorrhoïdes.

En cas d'hémorrhagie plus grave, on fera le tamponnement avec du coton ou de la gaze iodoformée. Le perchlorure de fer a été souvent préconisé en solution de 1/15 à 1/20, mais là, comme partout, il a de grands inconvénients, il vaut mieux ne pas s'en servir.

Landowski (1) a réussi à arrêter une hémorrhagie hémorrhoïdale très abondante en plongeant le malade dans un bain qui de 35° fut porté à 45°; l'anus était maintenu béant par un spéculum à claire-voie.

Les hémorrhagies par ulcérations sont rapidement graves, elles réclament l'application du fer rouge ou la ligature.

L'*inflammation* des hémorrhoïdes est une de leurs complications les plus graves : elle peut amener la production d'abcès, d'ulcérations, de phlébite, de pyléphlébite, les abcès du foie, la pyohémie ; elle est souvent liée à l'étranglement et à l'irréductibilité.

On devra combattre cette inflammation au début par les applications de glace, les bains de siège, les applications et les injections chaudes. Autrefois, en

(1) *Revue de Chirurgie*, p. 500. 1881.

cas semblables, on appliquait volontiers des sangsues. Cette pratique a causé de nombreux accidents, les piqûres de sangsues devenant le point de départ d'une phlébite. Si l'on voulait se servir quand même de sangsues, il faudrait les placer non sur le bourrelet hémorrhoïdal lui-même, mais à distance, sur la région fessière. Les calmants précédemment indiqués seront naturellement de mise.

Tels sont les éléments du traitement médical des hémorrhoïdes.

Dans certaines conditions on devra recourir au traitement radical, et le médecin passera la main au chirurgien, à moins qu'il ne soit lui-même doublé d'un chirurgien. Il ne nous appartient pas de dire ici en quoi devra consister l'intervention chirurgicale, quelles seront les indications respectives de la dilatation forcée et de la cure radicale, ni de discuter la valeur des différentes méthodes préconisées. On trouvera tous les renseignements voulus dans la partie chirurgicale de cette collection.

CHAPITRE IV

Diarrhée (1).

Il ne peut pas être question de faire ici l'histoire complète de la diarrhée ; une semblable étude, comprenant l'étiologie, la physiologie et la séméiologie de ce syndrome réclamerait une place dont nous ne disposons pas. Elle sortirait du reste du plan de cet ouvrage.

Nous nous bornerons à des indications générales sur la thérapeutique de la diarrhée.

Cependant, les principes d'intervention thérapeutique que nous formulerons, à propos *de la diarrhée* considérée en général, pourront trouver leur application dans le traitement *des diarrhées* considérées en particulier et nous aurons l'occasion d'y renvoyer dans d'autres chapitres.

Définition. — La diarrhée consiste essentiellement dans l'élimination par l'intestin d'une quantité d'eau venue de l'intestin grêle notablement supérieure à la normale.

Lorsque l'eau vient exclusivement du gros intestin, il y a une *fausse diarrhée*, comme dans certains cas de colite muco-membraneuse et dans la dysenterie.

(1) Ce qui concerne le traitement de la diarrhée ne peut pas être complétement séparé de l'antisepsie intestinale. On trouvera donc plus loin, sous ce dernier titre, des données complémentaire d'une grande importance.

Cette eau peut provenir directement de l'alimentation et être éliminée par un péristaltisme excessif de l'estomac et de l'intestin, ou résulter d'une sécrétion exagérée du tube digestif ou de ses annexes. L'eau ainsi rejetée entraîne avec elle un mélange le plus souvent complexe de substances de nature et d'origine dissemblables. La prédominance de telle ou telle de ces substances, la bile par exemple, peut donner à la diarrhée une qualité prédominante : ainsi se caractérisent certaines variétés séméiologiques.

Nous allons passer rapidement en revue les facteurs principaux de l'étiologie et de la pathogénie de la diarrhée; nous nous étendrons peu sur ce point, mais il est impossible de faire une étude générale du traitement, si on n'a pas une idée suffisante des causes et du mécanisme de ce phénomène pathologique.

Étiologie générale de la diarrhée. — Il y a, d'une façon générale, quatre grandes causes de maladie :

1° Les actions extérieures d'ordre physique ou mécanique (traumatisme, chaleur, froid, etc.);

2° L'infection;

3° L'intoxication;

4° Le mode de réaction vitale particulier à telle ou telle catégorie d'êtres vivants et, surtout, l'excitabilité morbide du système nerveux (arthritisme, nervosisme).

Assez souvent plusieurs de ces causes combinent leur action de telle sorte que, dans un cas particulier, les éléments étiologiques demeurent très complexes, et toujours entre en jeu le mode particulier de réaction des individus, en présence de telle ou telle cause morbide.

Chacune des catégories générales de facteurs étiologiques que nous avons énumérées peut être la cause première ou principale de la diarrhée, et, en se plaçant à ce point de vue, on pourrait distinguer :

1° Des diarrhées de causes physiques (froid, chaud, etc.);

2° Des diarrhées infectieuses;

3° Des diarrhées toxiques;

4° Des diarrhées diathésiques (diarrhée nerveuse).

Il faut donc savoir reconnaître la nature de ces facteurs, l'importance de leur rôle dans tel ou tel cas, et apprendre à les supprimer ou tout au moins à les combattre d'une façon particulière.

Mais c'est là une vérité banale que, dans toute maladie, il faut supprimer les causes, et il est tout aussi important, pour faire œuvre louable de thérapeutique, de rechercher quel est le *mécanisme* de la diarrhée; ici nous rencontrons une question des plus discutées, qui se confond avec cette autre : Quel est le mécanisme de la purgation?

Deux camps opposés sont en présence : pour les uns il y a sécrétion exagérée du liquide intestinal, et, pour les autres, l'intestin chasse et expulse trop rapidement les aliments, les liquides fournis par la boisson et les sécrétions, de telle sorte que la résorption n'a pas le temps de se faire, et que le contenu de l'intestin ne peut pas subir, avant son expulsion, le dessèchement progressif auquel il est soumis dans les conditions physiologiques. C'est là un mécanisme très simple.

Ceux qui invoquent en première ligne l'hypersécrétion intestinale l'expliquent d'une façon différente : il y aurait, pour les uns, une véritable inflammation catarrhale plus ou moins marquée de la muqueuse intestinale, pour les autres sécrétion exagérée par turgescence vaso-motrice réflexe, pour d'autres enfin exhalation de cause physique par exosmose.

Peut-être y a-t-il du vrai dans tout cela, et la question est-elle surtout de déterminer le facteur prépondérant de la diarrhée dans tel ou tel cas. L'hypersécrétion semble se joindre assez souvent à l'exagération de la motricité.

Motilité excessive, vaso-motricité troublée, ce sont les deux éléments fondamentaux. Il est probable que le premier se traduit surtout par des *coliques ;* il en résulte que ces douleurs ont une importante signification au point de vue de l'intervention thérapeutique. C'est par les calmants et surtout par l'opium qu'on les combattra.

Recherchons donc comment les causes générales agissent pour produire la diarrhée, quel est le mécanisme par lequel elles la provoquent; cela nous donnera des indications sur le traitement qui leur convient.

Parmi les causes physiques, le *froid* est le plus important. Il agit certainement par voie réflexe, de façon à stimuler soit la motilité, soit, par suite d'un trouble vaso-moteur, la sécrétion intestinale.

Le froid agira d'autant plus facilement que la susceptibilité personnelle sera plus grande. Son effet est surtout marqué chez les nerveux et les arthritiques que Landouzy appelle si justement les neuro-arthritiques. Certaines personnes ont, du reste, une prédisposition particulière à la diarrhée; elles ont, comme on dit, l'intestin sensible, et c'est par la diarrhée que se traduit chez elles l'effet d'un refroidissement tout aussi bien que d'une émotion. Il y a là une équation personnelle dont il faut tenir grand compte.

En parlant des *purgatifs*, nous avons, en somme, dit des *causes toxiques* tout ce que nous voulions en dire ici. Nous ajouterons seulement qu'en dehors des toxiques d'origine infectieuse dont nous allons parler, il y a des substances purgatives fournies par l'organisme lui-même. C'est ainsi que la bile est, comme on dit, un laxatif physiologique et que l'hypersécrétion biliaire s'accompagne presque forcément de diarrhée. La diarrhée n'est pas rare non plus dans l'urémie, et elle parait due à l'élimination par l'intestin de substances auto-toxiques : c'est donc une diarrhée qu'il faut respecter.

Le mécanisme par lequel les *infections* provoquent la diarrhée est certainement très complexe.

Il faut distinguer dans les diarrhées infectieuses, deux grandes catégories de faits :

1° L'agent infectieux reste localisé dans l'intestin. Il provoque son irritation, son inflammation, directement ou par les produits toxiques qui résultent de sa présence.

2° L'agent infectieux pénètre lui-même dans l'organisme et amène une infection générale comme cela a lieu dans la fièvre typhoïde.

Dans le premier cas, les substances toxiques, produites par l'agent infectieux ou sous son influence, peuvent agir à peu près exclusivement sur l'intestin, ou bien, si elles ont été résorbées, si elles ont échappé à l'action destructive du foie, elles donnent lieu à des manifestations générales de nature purement toxique. C'est le cas dans ces états morbides qu'on appelle du nom commun d'embarras gastrique. Il conviendrait, dans ces conditions, d'éliminer par voie rectale le poison qui se trouve formé dans l'intestin, de détruire l'agent zymotique qui lui a donné naissance, de favoriser l'élimination par les urines du poison résorbé, pour amener la guérison de la maladie, si toutefois il ne s'est pas fait une entérite trop intense.

Dans le second cas, les mêmes indications se posent encore, mais ici il intervient un autre élément. La bactérie pathogène continue son évolution dans l'organisme, et c'est son existence qui règle surtout la marche et la durée de la maladie. Les phénomènes intestinaux passent en seconde ligne : c'est le cas dans la fièvre typhoïde.

Toutes les fois, en tout cas, que la diarrhée reconnaît pour cause un élément infectieux ayant pénétré dans l'intestin, il faut favoriser son évacuation et sa destruction. Le détruire, ou tout au moins réduire sa pullulation au minimum, c'est précisément là le but de l'*antisepsie intestinale*, à laquelle nous consacrerons une étude particulière. Ceci explique, en tout cas, qu'on unisse si souvent les antiseptiques aux antidiarrhéiques directs, qui, eux, ne s'adressent qu'à l'hyperpéristaltisme et à l'hypersécrétion.

L'élément névropathique peut, par son action isolée ou prédominante, produire la diarrhée : c'est la *diarrhée nerveuse*, qui peut être passagère, comme à la suite d'une émotion, d'une peur, ou persistante. Cette dernière forme se voit chez des malades atteints d'une lésion de la moelle, comme les tabétiques, chez lesquels elle a été bien étudiée par le professeur Fournier, ou chez de simples névropathes, maladie de Basedow, neurasthénie, arthritisme, hystérie.

L'élément névropathique général, nous l'avons dit déjà, intervient souvent, dans une certaine mesure, dans la production des flux diarrhéiques de divers ordres.

Nous n'avons tenu compte jusqu'à présent que de l'élément physiologique et pathogénique; il ne faut pas oublier qu'il peut s'y ajouter un élément anatomique, qu'il peut se faire de l'*entérite aiguë* ou *chronique* suivant que les causes seront plus ou moins persistantes. L'entérite deviendra par elle-même un facteur de diarrhée, et, après avoir lutté contre la cause première, il faudra lutter contre la lésion de l'intestin qu'elle a laissée derrière elle.

Ce n'est pas tout, et le plan général de campagne contre la diarrhée que nous venons de tracer n'est pas suffisant; il faut, de plus, pour pouvoir y remédier, connaître les *conséquences nuisibles* de la diarrhée pour l'organisme tout entier.

Par le fait d'une diarrhée abondante et persistante, les *substances alimentaires* sont éliminées sans avoir été digérées : de là une cause de véritable *inanition*, à laquelle le régime devra se proposer d'obvier.

Lorsque la diarrhée est très abondante, l'*élimination de l'eau* en quantité énorme peut amener des dangers particuliers, et se traduire par des *phénomènes cholériformes* : l'anurie, la faiblesse du pouls, le refroidissement général, la cyanose. Il faut dire, il est vrai, qu'à l'élément mécanique se joint souvent un élément différent d'auto-intoxication; il n'en faut pas moins tenir grand compte de la perte d'eau subie dans ces conditions, et agir contre cet élément morbide : de là les ingestions d'eau faites dans le choléra par voie veineuse ou hypodermique.

Maintenant que nous avons exposé quelles sont les indications générales de la thérapeutique anti-diarrhéique, il nous faut passer en revue les agents qui peuvent permettre de remplir ces indications.

Nous devrons successivement examiner :

1° Le régime anti-diarrhéique ;

2° Les médicaments qui paraissent agir surtout pour diminuer l'hyperpéristaltisme ;

3° Les médicaments qui paraissent agir surtout pour diminuer l'hypersécrétion ;

4° Les moyens propres à combattre les effets fâcheux produits par une déperdition excessive d'eau.

Un chapitre particulier sera consacré à l'antisepsie intestinale, nous n'avons donc pas à lui donner place ici.

1° **Régime.** — L'indication générale est de diminuer la masse alimentaire dans l'intestin, de diminuer surtout les résidus rebelles à la digestion, qui, comme la cellulose végétale, excitent plus ou moins vivement la contractilité intestinale, soit directement soit indirectement, par les produits auxquels leur décomposition donne naissance. Il faut donner une alimentation très nourrissante, sous un petit volume, ce qui élimine les légumes verts. Il faut user de préférence de certains aliments qui jouissent de propriétés astringentes, et proscrire ceux qui jouissent de propriétés contraires. Il y a, à ce point de vue, des idiosyncrasies dont il faut tenir grand compte.

Enfin, il faut tâcher, par la qualité et la quantité des aliments ingérés, de diminuer les fermentations intestinales et la quantité de toxines apportées déjà toutes fabriquées par les aliments eux-mêmes.

Lorsque la diarrhée est passagère, qu'elle résulte d'un simple embarras gastrique, on remplit pour le mieux toutes ces indications en mettant le malade à une diète relative, et en ne donnant, par exemple, que des œufs, du lait, des potages, peu ou pas de viande, peu de boisson.

Dans toute diarrhée, il faut interdire les viandes fortement faisandées, les fromages forts qui apportent dans l'intestin des produits toxiques déjà fabriqués et les éléments d'une fermentation ultérieure. Les aliments à résidu abondant rendent ces fermentations intestinales plus abondantes et plus faciles encore en augmentant et en divisant la masse alimentaire. Ce sont là des indications en rapport avec la théorie de l'antisepsie intestinale (Voir plus loin).

En principe, d'une façon générale, la *boisson* des diarrhéiques doit être limitée. Il convient cependant de tenir compte de certains éléments particuliers. Cette diminution de l'eau ingérée n'a aucune importance lorsque la diarrhée est modérée, ou qu'elle ne représente qu'un épisode passager. Quand elle est très intense, comme dans les diarrhées cholériformes, le malade est tourmenté par une soif intense. Quelquefois, on se trouvera bien de mettre les malades momentanément à une diète alimentaire totale ou de ne leur donner en boisson que de l'eau pure ou de la limonade lactique. C'est la meilleure façon de diminuer les fermentations intestinales, en réduisant leur substratum à leur limite extrême. Si cette eau ou cette limonade sont elles-mêmes rejetées, et qu'il y ait tendance au collapsus par déshydratation excessive, il conviendra de remplacer par voie artificielle l'eau soustraite à la circulation; nous y reviendrons tout à l'heure.

Le *lait* peut rendre de grands services dans le traitement de beaucoup de diarrhées. C'est un aliment complet, liquide, peu putrescible. On peut donc prescrire, suivant les cas, soit le régime lacté complet, total, soit le régime lacté partiel. Le lait stérilisé a paru dans bien des cas donner, chez les enfants surtout, de meilleurs résultats que le lait naturel.

Les *œufs* sont souvent employés avec raison : ils sont très nourrissants sous un petit volume. On donne souvent aussi en boisson de l'eau albumineuse, dont le mode d'action. très réel, n'est du reste pas suffisamment expliqué.

La *viande crue* est employée avec succès dans les diarrhées chroniques, surtout chez les enfants. C'est que, dans sa préparation, en la hachant, en la grattant, en la pilant, on élimine tous les détritus non susceptibles d'être digérés. On peut la faire prendre dans du bouillon de viande, dans du tapioca, ou avec de la confiture : c'est sous cette dernière forme que les enfants l'acceptent le plus volontiers.

La *poudre de viande*, additionnée de craie préparée, de sels de bismuth, peut être employée aussi avec avantage, en particulier chez les phtisiques.

Parmi les substances alimentaires antidiarrhéiques, il faut citer encore : le riz, les coings, l'amidon, que l'on utilise aussi sous forme de décoction, de lavements ou d'autres préparations pharmaceutiques.

Les coings jouissent en particulier d'une grande réputation : on prépare une décoction de pépins (10 à 30 grammes par litre d'eau), qui doit peut-être son action au mucilage autant qu'au tanin, et du sirop, qui, à la dose de 50 à 100 gr., peut être donné en nature ou servir à édulcorer des mélanges plus ou moins complexes.

L'amidon est donné en décoction, soit par la

bouche (10 à 20 grammes par litre d'eau) soit en lavement (10 à 20 grammes pour 500 grammes d'eau).

2° **Médication antipéristaltique.** — C'est en même temps la médication de la douleur : les coliques paraissent en effet traduire symptomatiquement la contraction exagérée des intestins, et surtout du côlon. Les douleurs d'origine inflammatoire sont calmées par les mêmes moyens. En première ligne, mettons le traitement hygiénique. Il faut soustraire les malades, surtout s'ils sont nerveux ou arthritiques, à l'influence du froid. Il faut bien leur recommander de se vêtir chaudement ; ils porteront des vêtements de laine, de la flanelle, et surtout de la flanelle sur le ventre. Le refroidissement de l'abdomen plus encore que le refroidissement général, est une cause de coliques et de diarrhée.

L'*opium* et la *morphine* sont, par excellence, les médicaments antipéristaltiques de l'intestin

L'opium peut être employé sous forme de poudre, d'extrait, de laudanum, de gouttes noires, d'élixir parégorique. Il entre dans des formules nombreuses.

Une des plus vieilles est le *diascordium*, dont l'usage a résisté au temps. Le diascordium est en réalité une combinaison d'opium et de substances astringentes très variées, d'une formule un peu trop complexe, pour notre époque de simplification et de clarté thérapeutiques. 1 gramme de diascordium correspond à 6 milligrammes d'extrait thébaïque. Le diascordium se donne à la dose de 4 à 7 grammes, soit seul, par bols de 0 gr. 50, soit uni à une quantité égale de sous-nitrate de bismuth.

Bouchardat a voulu remplacer le diascordium complexe de Fracastor par une composition plus simple et il a proposé la formule suivante :

Chlorhydrate de morphine..........	0,03 centigr.
Tanin..........................	0,50 —
Teinture de baume de tolu..........	10 gr.
Conserves de roses................	6 —
Phosphate de chaux................	3 —

1 gramme de ce mélange correspond à 2 milligrammes de morphine.

Le laudanum, la poudre d'opium brut, l'extrait d'opium entrent dans la constitution d'un grand nombre de préparations antidiarrhéiques. Nous ne croyons pas très utile de les reproduire ici.

Le *chlorhydrate de morphine* peut être substitué à l'opium. Il trouve son indication principale dans l'impossibilité de donner l'opium par la bouche, ou dans l'intensité extrême des douleurs. C'est ainsi qu'on pourra l'employer chez les malades qui ont, en vertu d'ulcérations intestinales, des douleurs très vives.

On a quelquefois remplacé les opiacés par d'autres préparations calmantes, et on a vanté leurs bons effets contre la diarrhée. On a donné le chanvre indien, sous forme de teinture, dans la diarrhée des pays chauds (10 à 30 gouttes de teinture).

Dans les mêmes conditions, on a employé aussi la *chlorodyne*, préparation anglo-américaine, très usitée dans les pays de langue anglaise, dont la composition est tenue secrète (1).

3° **Médication de l'hypersécrétion.** — Deux ordres de médicaments peuvent prendre place ici sous cette

(1) De Santi, *De l'entérite chronique paludéenne ou diarrhée de Cochinchine*, p. 193.

On a donné, il est vrai, de la chlorodyne des formules approximatives que nous reproduisons ailleurs (V. Appendice).

rubrique : les poudres inertes et les astringents.

Certaines poudres paraissent agir comme obstruants mécaniques; on ne peut tout au moins expliquer leur rôle autrement que par une simple action mécanique, leur action chimique étant nulle. En réalité, les explications que l'on a données de leur effet antidiarrhéique ne sont pas très satisfaisantes. Il semble que ces poudres, parvenues en quantité assez considérable dans le gros intestin, s'y agglomèrent et forment en quelque sorte un bouchon qui arrête et retarde l'évacuation des matières intestinales. On dit aussi que leur présence en couches minces, à la surface de l'intestin et surtout de ses ulcérations, le garantit à la façon d'un vernis contre les causes d'irritation.

Quoi qu'il en soit, l'utilité des poudres inertes est incontestable. On peut comprendre sous cette dénomination le sous-nitrate de bismuth, la craie préparée, l'oxyde de zinc, le silicate de magnésie (talc). Voyons quels sont les avantages et les inconvénients de ces substances.

Le *sous-nitrate de bismuth* a eu une histoire bien curieuse. Orfila, sous l'influence d'expériences sur le chien, l'avait déclaré très toxique. Il est vrai qu'il liait l'œsophage des animaux mis en expérience, et que cette ligature était ce qui amenait leur mort. Il fallut les publications répétées de Bretonneau, de Trousseau, de Monneret, pour faire revenir les médecins sur cette impression décourageante. Monneret déclare qu'il faut le donner à très haute dose; pour lui, on peut aller sans inconvénient jusqu'aux doses énormes de 70 et 100 grammes (1). Cependant

(1) Soulier, *Traité de Thérapeutique*, t. II, p. 64.

on ne tarda pas à découvrir que le sous-nitrate de bismuth était souvent impur, qu'il renfermait du plomb (Carnot) ou de l'arsenic.

Divers travaux signalent des accidents toxiques, quelquefois graves, dus au sous-nitrate de bismuth (Dalché et Villejean)(1). Cependant ces accidents n'ont guère été constatés que lorsqu'on s'est servi du bismuth extérieurement comme pansement antiseptique, et qu'on l'a répandu en grande quantité à la surface de larges pertes de substance. Son usage interne ne présente pas de danger, à condition qu'on ne dépasse pas des doses assez faibles. Soulier estime que la dose de 10 grammes par jour ne doit pas être dépassée. Cependant il ne faut pas oublier que les poudres inertes doivent être prises en quantité suffisante; elles n'agissent que si elles présentent une certaine masse.

Nothnagel et Rossbach (2), qui avaient autrefois considéré le bismuth comme complètement inutile, reconnaissent qu'à des doses suffisantes (et celles qu'ils indiquent sont faibles, 3 à 5 grammes) il a une excellente action contre la diarrhée lorsqu'il existe de l'entérite ulcéreuse. Traube, pour expliquer cette action favorable, pensait que la poudre de bismuth, en s'étalant à la surface des ulcérations, protégeait les extrémités nerveuses contre l'action irritante des matières fécales.

Actuellement, le sous-nitrate de bismuth tend à être beaucoup moins employé que d'autres sels de bismuth, en particulier le salicylate, vanté surtout par MM. Vulpian, Desplats et Dujardin-Beaumetz, à

(1) *Bulletin de Thérapeutique*, 1888.

(2) *Nouveaux éléments de matière médicale et de thérapeutique*, p. 243. 1889. (Traduct. française.)

cause des propriétés antiseptiques qu'il devrait à son acide. On le donne à la dose de 3 à 10 grammes par jour souvent en combinaison avec le naphtol (Bouchard) ou mieux le benzonaphtol.

Signalons à ce propos une formule d'Ewald qui nous a donné d'excellents résultats :

Salicylate de bismuth..........	ãa 0 gr. 50
Benzonaphtol....	
Résorcine pure................	

pour un cachet. — Trois par jour, espacés dans la journée.

Deux fois nous avons vu les urines devenir noires après l'emploi de ce mélange, comme cela se voit avec l'acide phénique ou la créosote; il y a donc lieu d'en surveiller l'action et de ne pas en exagérer la dose.

Le borate de bismuth, proposé par Delpech, n'a pas rencontré le même succès (2 à 4 grammes par jour). L'acide borique est cependant moins irritant pour le tube digestif et les reins que l'acide salicylique.

Il sera question plus loin du gallate de bismuth ou dermatol.

La *craie préparée* est une substance antidiarrhéique d'une réelle activité; elle doit être donnée à une dose élevée, 10 à 25 grammes (2 à 5 cuillerées à café dans la journée). On la fait assez facilement prendre dans du lait ou de l'eau sucrée. Elle peut être aussi, naturellement, administrée en cachets; souvent on la mélange à d'autres substances, au sous-nitrate de bismuth, au bicarbonate de soude, etc.

La craie préparée jouit de propriétés alcalines qui la rendent particulièrement indiquée dans certains cas, dans l'hyperchlorhydrie par exemple.

L'*eau de chaux* est surtout usitée contre la diarrhée des enfants, où elle agit surtout, sans doute, en tant qu'alcalin.

Le *talc* (silicate de magnésie) a été recommandé à dose très élevée par Debove (1) contre la diarrhée chronique, et surtout la diarrhée des tuberculeux ; il le fait prendre à la dose énorme de 100 à 600 grammes dans du lait. On met de 100 à 200 grammes de talc dans un litre de lait. C'est évidemment le dernier mot de l'obstructionnisme intestinal; on en obtient de bons effets. Ce sel, qui n'a pas de saveur appréciable, est facilement absorbé par les malades. Nous n'avons jamais, pour notre part, dépassé 150 grammes par jour; mais nous n'avons eu qu'à nous louer de son emploi.

L'*oxyde de zinc* a été vanté par Gubler : on en donne par jour 3 grammes ou 3 gr. 50 avec 0 gr. 50 de bicarbonate de soude en quatre prises.

Le type des astringents antidiarrhéiques est le tanin : beaucoup de substances vantées contre la diarrhée n'agissent du reste que par le tanin qu'elles renferment.

Le tanin est habituellement donné en pilules de 10 à 20 centigrammes à la dose de 0 gr. 50 à 2 grammes par jour. On peut également le donner en solution, dans un peu de grog : c'est un mode d'administration que nous employons volontiers et que nous recommandons.

On le donne en lavement dans les cas où l'on veut agir sur des lésions ulcéreuses de la partie inférieure du gros intestin, à la dose de 1 à 2 grammes dans 300 à 500 grammes d'eau, avec ou sans addition de laudanum (6 à 12 gouttes).

(1) *Société médic. des hôpitaux*, 8 juin 1888.

Le *ratanhia* est un astringent très usité, qui renferme 20 à 40 pour 100 de tanin. L'extrait de ratanhia est la préparation la plus souvent employée à la dose de 0 50 gr. à 5 grammes en potion ; de 5 à 10 grammes en lavement. Le sirop du Codex renferme 0 gr. 50 d'extrait pour 20 grammes de sirop.

On fait aussi une tisane de ratanhia :

Racine de ratanhia..................	20 gr.
Eau..................................	1 litre
Sirop de ratanhia....................	50 gr.

Le *cachou* agit également par son tanin. Le sirop est surtout usité, il renferme 0 gr. 50 d'extrait pour 20 grammes ; on en donne de 20 à 100 grammes.

Le tanin en nature, le ratanhia et le cachou, les deux premiers surtout, sont les astringents tanniques le plus souvent ordonnés comme antidiarrhétiques. On peut citer encore toute une série de substances qui doivent au tanin une valeur constipante plus ou moins marquée : le fraisier, la bistorte, la tormentille, la potentille, les feuilles de noyer, les roses de Provins, la benoite, etc.

Récemment Alexéievsky, cité par de Maurans, a vivement vanté l'infusion de roses de Provins. Une pincée de pétales de roses de Provins est mise dans un verre d'eau chaude ; on laisse infuser pendant deux heures, dans un endroit chaud. En prendre 2 ou 3 verres par jour ; au-dessous de 5 ans, un verre seulement en plusieurs fois dans le courant de la journée. Cet auteur aurait obtenu d'excellents effets de cette très simple médication dans des cas de diarrhée chronique rebelles à tous les autres traitements.

Comme dérivé d'une substance très voisine du tanin, nous citerons ici le *dermatol*, qui est un gallate basique de bismuth. Il se donne par prises de 0,25 à 0 gr. 50, à la dose quotidienne de 1 à 2 grammes. On peut l'associer à d'autres substances, en particulier à l'extrait thébaïque, en cas de coliques. On pourrait l'unir aussi au benzonaphtol et à la résorcine, à la façon du salicylate de bismuth dans une formule donnée plus haut.

D'autres substances ont été données comme astringents antidiarrhéiques : le nitrate d'argent, l'acétate de plomb, le perchlorure de fer (10 à 20 gouttes par jour) le coto, le paracoto et leurs dérivées, la cotoïne et la paracotoïne.

L'*acétate de plomb* pourrait être de quelque utilité dans les cas où il y a des ulcérations intestinales (Nothnagel et Rossbach) : on le donnerait en poudre, en pilules ou en solution à raison de 1 centigramme à 5 et même 10 par dose, jusqu'à 50 par jour.

L'écorce de *coto* et de *paracoto* n'est plus employée ; on l'a remplacée par la cotoïne et la paracotoïne, que vante Burkart, d'après Nothnagel et Rossbach, dans le cas de catarrhe intestinal subaigu. La *cotoïne* se donnerait à la dose de 5 à 10 centigrammes, en poudre ou en émulsion gommeuse, en une ou deux fois, la *paracotoïne* à la dose de 10 à 20 centigrammes, toutes les deux ou trois heures sous forme de poudre mêlée à du sucre, à cause de sa faible solubilité.

Nous aurions pu placer ici la série des antiseptiques si souvent usités, et usités avec succès, dans le traitement de la diarrhée. Pour ne pas faire inutilement double, nous renverrons au chapitre consacré à l'antiseptie intestinale ; on le trouvera plus loin.

4° Remplacer l'eau perdue par l'organisme. — Lorsque la déperdition de l'eau subie par l'organisme est trop considérable, il peut en résulter des accidents très graves, dus surtout au collapsus cardiaque et à la diminution, sinon à la disparition de la sécrétion urinaire. C'est ce que l'on voit d'une façon très marquée dans le choléra et dans les diarrhées cholériformes.

L'ingestion de l'eau par le tube digestif ne suffit pas pour remplacer l'eau éliminée, car cette eau est elle-même presque immédiatement rejetée. C'est pourquoi on a pensé à la faire pénétrer soit par la voie veineuse, soit par la voie hypodermique.

Les *transfusions veineuses* ont été très vantées en France par Hayem et ses élèves. Elles ont été très employées dans la dernière épidémie à Hambourg et à Paris (1). Elles donnent lieu à de véritables résurrections momentanées, et on a pu leur attribuer un certain nombre de guérisons définitives. C'est une opération à réserver aux cas graves, lorsque le collapsus est très marqué et le pouls radial insensible.

On ne doit pas attendre toutefois ce danger extrême pour rendre de l'eau à l'organisme, et, bien avant que l'on en soit arrivé à la disparition du pouls radial, il faut faire des injections sous-cutanées de sérum artificiel (solution de chlorure de sodium à 5 pour 1000, dans l'eau distillée et stérilisée).

L'injection sera faite profondément sous la peau à l'aide d'une longue aiguille, en se servant d'un vase élevé uni à l'aiguille par un tube en caoutchouc, d'une seringue stérilisée qu'on rechargera à plusieurs reprises, ou mieux encore d'un des appareils que Burlureaux a fait construire spécialement. On peut injecter ainsi facilement en une séance 150 à 200 gr.

(1) Galliard. Traitement du choléra. *Gaz. des hôpitaux*, février, 1893.

de sérum artificiel. J'ai, pour ma part, injecté à des cholériques jusqu'à 1200 grammes de liquide, en me servant de deux appareils de Burlureaux mis simultanément en batterie, l'un à gauche et l'autre à droite. On injecte ainsi sans difficulté 200 grammes de sérum en 20 minutes. La boule d'œdème disparaît rapidement.

Ce n'est pas seulement aux cholériques vrais qu'est applicable cette méthode. Elle peut être mise en œuvre dans tous les cas où une perte d'eau abondante devient une cause de danger, dans les diarrhées cholériformes de tout ordre, chez les enfants comme chez les adultes, dans les diarrhées chroniques très abondantes, diarrhées palustres ou autres, telles qu'on les observe fréquemment dans les pays chauds, exceptionnellement dans nos régions.

Le phosphate de soude qui, d'après Luton, Crocq, Peter, paraît jouir de propriétés analeptiques remarquables, pourrait être adjoint au sérum artificiel, chloruré sodique, ordinairement employé.

En terminant cette étude générale, nous devons nous demander s'il convient de traiter et de supprimer indistinctement toutes les diarrhées.

Non, il ne faut pas supprimer toutes les diarrhées, il en est qu'il faut savoir respecter. M. Bouchard a vu certaines personnes ayant une diarrhée habituelle, physiologique en quelque sorte, se trouver fort mal de sa suppression. Elle leur rendait, sans doute, le service d'éliminer des substances toxiques qui, retenues et absorbées, devenaient une cause de danger.

Il ne faut pas supprimer la *diarrhée des urémiques*. Chez eux, le flux intestinal est salutaire, il élimine les substances nocives auxquelles est dû le développement des accidents urémiques. Cette diarrhée bienfaisante, il convient même de la rappeler, de l'appeler au besoin.

Nous devons nous borner ici aux indications générales que nous avons données sur le traitement de la diarrhée ; aborder la thérapeutique des différents types cliniques nous conduirait trop loin ; c'est un volume tout entier qu'il faudrait consacrer au développement des éléments très complexes de la question.

Du reste, on trouvera ailleurs, dans d'autres volumes de la collection ou dans ce volume même, des indications sur certaines formes de diarrhée.

La diarrhée des enfants, qui se présente en clinique d'une façon si particulière, qui réclame un traitement si spécial, sera étudiée comme il convient dans le volume attribué au traitement des maladies des enfants.

A propos de l'*indigestion* et de l'*embarras gastro-intestinal*, on trouvera plus loin, au chapitre qui porte ce titre, l'indication de ce qu'il convient de faire contre les diarrhées symptomatiques de ces états morbides.

Au chapitre de l'*entérite*, à propos surtout de l'*entérite chronique*, nous serons amené à donner des indications qui tendront à compléter celles qui précèdent.

Le traitement de la diarrhée des maladies aiguës, de la fièvre typhoïde et des autres maladies fébriles, aiguës, de l'impaludisme, devra être cherché dans les volumes où sont étudiés ces états morbides.

Nous ne retiendrons ici que les *diarrhées nerveuses* et la *diarrhée du matin*.

Diarrhées nerveuses. — Il faut en distinguer plusieurs types.

Une personne impressionnable, plus ou moins névropathique, neurasthénique, éprouve une vive émotion morale, une contrariété, une grande déception, un grand chagrin. Cela pourra se traduire chez elle par une poussée subite de diarrhée. Il est, à ce point de vue, des personnes d'une sensibilité particulière ; sous l'influence d'une cause qui amènerait chez d'autres un flux de larmes, elles ont un flux diarrhéique.

La *diarrhée tabétique*, si bien étudiée par le Pr Fournier, est un autre genre de diarrhée nerveuse. Les besoins de défécation impérieux, urgents, se répètent 10 ou 20 fois par jour, d'une façon monotone. Le malade souvent, en se présentant à la garde-robe ne rend qu'une fort petite quantité de matières liquides. Cette diarrhée, très rebelle au traitement, dure ainsi pendant de longues années. Nous avons publié l'observation d'un malade chez laquelle elle durait depuis dix-sept ans !

La *diarrhée nerveuse* (1) chronique a été bien étudiée par Nothnagel.

Les cas qu'il a cités sont, en réalité, des exemples de véritables diarrhées psychiques. Il s'agit de personnes qui, à l'idée de sortir de chez elles, de se trouver éloignées de tout water-closet, sont prises, chaque jour, à plusieurs reprises, coup sur coup, de besoins impérieux de défécation. C'est véritablement de l'agoraphobie à forme diarrhéique.

La diarrhée persistante n'est pas rare dans la neurasthénie. Nous avons vu un neurasthénique avéré qui, depuis plusieurs années, ne pouvait tolérer aucune espèce de viande. L'alimentation carnée, sous

(1) *Ueber nervöse Diarrhœ.*

quelque forme qu'elle fût présentée, déterminait immédiatement chez lui de la diarrhée. C'est à la suite de graves ennuis d'ordre financier que ces accidents avaient débuté.

Trousseau a cité le cas d'un malade atteint de diarrhée chronique qui devait cet accident à l'usage du thé. Le thé supprimé, la diarrhée disparut.

La *diarrhée nerveuse* aiguë, passagère, disparaît le plus souvent, à très peu de frais, sous l'influence de la cessation des causes qui lui ont donné naissance. Quelques précautions hygiéniques, un peu d'opium suffisent pour amener la guérison.

La *diarrhée tabétique* est rebelle à tout traitement.

Quant à la diarrhée nerveuse psychique, elle dépend tout autant d'un traitement moral destiné à amener le malade à reprendre en lui-même sa confiance perdue, que d'un traitement médicamenteux.

Il en est à peu près de même pour les *neurasthéniques*. On se conformera aux principes généraux de l'antisepsie gastro-intestinale pour régler leur alimentation ; on emploiera, avec modération, les calmants et les antiseptiques médicamenteux, mais surtout et avant tout on traitera chez eux la neurasthénie par l'hydrothérapie, l'électrisation, le massage, la climatothérapie, le repos mental. On cherchera autant que possible à rendre aux malades confiance en eux-mêmes ; le traitement moral a ici encore une très grande importance.

M. Guéneau de Mussy, Ollive [de Nantes] ont signalé particulièrement un type clinique de diarrhée que nous avons eu nous-même l'occasion d'observer : c'est *la diarrhée du matin*. Des malades ont chaque matin plusieurs selles diarrhéiques qui ne se renouvellent pas dans la journée. Cette diarrhée persiste ainsi d'une façon indéfinie.

Chose semblable s'observe assez souvent chez les hyperchlorhydriques ; mais c'est là un cas spécial qui réclame avant tout le traitement de l'hyperchlorhydrie.

C'est en première ligne au régime qu'il faut demander la guérison de la diarrhée du matin. Il faut diminuer la quantité des liquides ingérés, supprimer le vin rouge, donner surtout comme alimentation des viandes rôties ou grillées, des œufs et, en petite quantité, du laitage, des purées de légumes secs, des compotes de fruits. Souvent il conviendra de diminuer notablement la quantité des aliments pris au repas du soir.

Si les selles sont fétides, on fera l'antisepsie gastro-intestinale : on pourra essayer l'eau chloroformée saturée, étendue d'une quantité égale d'eau, à haute dose, la limonade lactique de Hayem, le naphtol et le salicylate de bismuth, le benzonaphtol. C'est à ce dernier agent que, pour notre part, nous donnerions la préférence en cas semblable.

Le dermatol mérite aussi d'être essayé en cas semblable : il paraît être un bon agent médicamenteux, à la fois antiseptique et astringent.

CHAPITRE V

Antisepsie intestinale

Le fait de l'auto-intoxication d'origine intestinale et l'utilité thérapeutique de l'antisepsie du tube digestif sont bien connus. Depuis les travaux de M. Bouchard et de ses élèves, les publications de MM. Le Gendre, Dujardin-Beaumetz, Huchard et de beaucoup d'autres, cette notion est devenue presque banale. L'antisepsie intestinale est en quelque sorte, à l'heure actuelle, une des bases de la thérapeutique : tout le monde a eu la prétention de la réaliser; mais les procédés proposés, bientôt classiques, grâce à la vogue des théories nouvelles, n'ont pas toujours, bien loin de là, la valeur très grande que leur accordent leurs auteurs, et, à leur exemple, les praticiens.

En réalité, il reste beaucoup à faire encore, beaucoup à chercher et à apprendre, en théorie et en pratique. En attendant que l'expérience et l'observation viennent compléter des notions qui, à l'heure actuelle, sont encore rudimentaires, il importe de ne pas s'illusionner sur la valeur des méthodes thérapeutiques mises en œuvre.

Nous allons résumer rapidement ce que l'on sait, en physiologie et en pathologie générale, des auto-intoxications intestinales.

La *possibilité* de cette auto-intoxication est démontrée par l'existence de substances toxiques dans les aliments ingérés, l'influence de la décomposition, de la putréfaction, et par la présence de toxines de propriétés analogues dans les matières fécales.

Il a été prouvé par toute une série de travaux que les aliments, surtout les aliments azotées, donnent lieu, par la putréfaction, à la production de produits toxiques analogues par leur action aux alcaloïdes végétaux les plus puissants : ce sont les ptomaïnes étudiées successivement par Gaspard, Panum, Brieger, Selmi, Gautier, Brouardel et Boutmy, Bouchard, etc. Les ptomaïnes ingérées avec les viandes qui leur ont donné naissance donnent lieu aux accidents graves décrits sous la dénomination commune de *botulisme.* De plus, on ingère souvent en même temps des agents figurés dont la pullulation se continue dans l'intestin, et sous l'influence desquels des toxines continuent à se produire ; ainsi s'expliquent les maladies de longue évolution, très analogues par leur aspect à la fièvre typhoïde, que l'on a pu voir, en cas de botulisme collectif, se produire au même titre que des accidents d'intoxication pure caractérisés, ceux-là, par la rapidité de leur apparition et de leur évolution. Donc, en un mot, sous l'influence de viande en voie de putréfaction, des accidents possibles d'*intoxication* et d'*infection*.

Nous ne retenons pour le moment que les accidents d'intoxication.

La nature a pourvu l'organisme de moyens de défense contre ces intoxications. Tout d'abord nous trouvons l'acide chlorhydrique dans l'estomac. Il est certain que l'acide chlorhydrique jouit de propriétés antiseptiques accentuées. Il ne faut pas, cependant, lui attribuer dans l'estomac une importance trop considérable. Comme nous l'avons dit déjà, dans le premier volume, l'antisepsie stomacale n'est jamais complète et il pénètre dans l'intestin une quantité considérable de germes, de microbes, d'agents de fermentation et de putridité qui ont échappé à l'action antiseptique du suc gastrique. Les recherches de Strauss et de Wurtz ont bien montré que le suc gastrique du chien, très riche en HCl est susceptible de se stériliser complètement, lorsqu'on l'abandonne à lui-même *pendant une huitaine de jours* dans un vase. Ce sont là des conditions de laboratoire qui ne se réalisent pas dans la nature.

Le contenu de l'estomac ne séjourne pas dans cet organe pendant huit jours à l'état normal. Du reste, lorsqu'il y a stase stomacale, les fermentations gastriques ne sont pas arrêtées, même lorsque la richesse de l'estomac en HCl est très grande, supérieure notablement au taux physiologique. La preuve en est fournie surabondamment par les hypersécréteurs hyperchlorhydriques avec stase stomacale chez lesquels il y a toujours une quantité d'acides organiques de fermentation supérieure à la normale. Il est assez curieux de constater, du reste, que les hyperchlorhydriques sont les seuls chez lesquels on ait démontré directement l'existence d'une toxine produite dans l'estomac. Il est vrai que MM. Bouveret et Devic pensent qu'il s'agit alors d'une peptone de mauvaise qualité, d'élaboration vicieuse : ce n'en est pas moins une substance toxique. C'est elle qui donnerait naissance à la tétanie, très fréquente chez les hyperchlorhydriques.

Evidemment la présence d'une quantité d'HCl même minime doit tendre à restreindre le processus de putréfaction et de fermentation ; mais il n'y faut pas trop compter : le point le plus important, c'est que les aliments ne séjournent pas trop longtemps dans l'estomac, que bien divisés, intimement pénétrés par un suc gastrique de constitution normale, ils soient versés dans l'intestin dans les délais physiologiques. La stase dans l'estomac est, pour la genèse des auto-intoxications, beaucoup plus importante que la pauvreté du suc gastrique en HCl. Pour la même raison, le lavage de l'estomac est le procédé le meilleur d'antisepsie stomacale.

Ce n'est pas à dire cependant que la présence de l'HCl n'ait pas une certaine valeur. Mieux vaut certainement être dans les conditions physiologiques à ce point de vue. Wasbutzki a constaté l'augmentation des acides sulfo-conjugués dans l'urine chez les hypochlorhydriques (1). Ses conclusions ont, il est vrai, été contestées par von Noorden (2), qui n'a pas trouvé plus de produits de putréfaction des substances azotées chez les hypochlorydriques; il les a au contraire trouvées en quantité exagérée chez les hyperchlorhydriques, chose assez inattendue et contraire à la théorie.

R. von Pfungen n'a pas vu les acides sulfo-conjugués être autrement influencés par l'HCl que par le bicarbonate de soude (3). En réalité ces recherches devraient être reprises et poursuivies pendant un temps suffisamment prolongé sur un nombre suffisant de sujets.

Lorsque la masse alimentaire est parvenue dans l'intestin, y rencontre-t-elle quelque élément suscep-

(1) *Arch. f. experimentelle Pathol. u. Pharmacologie*, Bd. XXXI, p. 133.

(2) *Lehrbuch der Pathologie der Stoffwechsels*, p. 245.

(3) *Ztschr. f. Klin. Medic.* Bd. 21, p. 118-1892.

tible de s'opposer à la fermentation, à la putréfaction et, par conséquent, à la genèse des toxines d'origine digestive?

La bile et le suc pancréatique n'ont pas d'influence directe à ce point de vue, semble-t-il. Ils ont évidemment une influence indirecte : car il est certain que, si la digestion et l'absorption se font rapidement, il reste dans l'intestin d'autant moins de matière propre à la décomposition.

Contrairement à ce qu'on a cru pendant longtemps, le milieu intestinal aurait à l'état normal une réaction non pas alcaline mais acide (Gley et Lambling.)

A. Macfadyen, Nencki et Sieber ont étudié une femme de 62 ans, atteinte d'une fistule intestinale située à la partie inférieure de l'intestin grêle (1).

Ils ont toujours trouvé les matières intestinales acides à leur arrivée dans le cæcum, cette acidité était de 1 pour 1000 environ. Ewald (2) avait fait déjà une constatation semblable. Sur une femme atteinte d'une fistule placée également à l'extrémité inférieure de l'intestin grêle, il n'a jamais rencontré à ce niveau de matières fécales alcalines : elles étaient neutres ou légèrement acides.

Cette acidité est due sans doute à des acides de fermentation. Aussi retrouve-t-on dans les cendres des matières fécales, comme l'a vu J. Grundzach (3), une notable quantité de bases alcalines unies à des acides de fermentation ou à de l'acide carbonique. Il pense que, dans le gros intestin où les matières se durcissent, il se fait une sécrétion alcaline abon-

(1) *Arch. f experiment. Pathologie et Pharmacologie*, p. 311. 1891.
(2) *Virchow's Arch.*, Bd 75. 1878.
(3) *Ztschr. f. Klin. Medic.*, p. 70. 1893.

dante qui sature les acides de fermentation. Il admet, il est vrai, que la plus grande partie de ces acides se produisent dans le gros intestin, sous l'influence de la pullulation des germes dans les matières fécales qui y subissent une certaine stase. Le gros intestin serait donc le foyer principal de production des toxines intestinales : c'est là un argument important en faveur de l'antisepsie mécanique, par entéroclyse.

Cette acidité du contenu de l'intestin grêle est de nature à limiter les fermentations et la putréfaction dans son intérieur. L'acidité modérée serait donc une excellente chose; trop marquée, elle provoquerait de la diarrhée. D'après J. Grundzach, l'administration d'HCl et d'acide lactique amènerait dans les fèces u   diminution de la quantité des bases combinées aux acides organiques de fermentation, précisément parce que ces acides, en augmentant l'acidité du milieu intestinal, diminueraient la production des acides organiques. C'est une explication physiologique des bons effets de l'acide lactique dans le traitement de la diarrhée.

On rencontre, dans les matières fécales, toute une série de substances toxiques qui résultent de la putréfaction des matières albuminoïdes (indol, scatol, paracrésol, etc.). Ces substances ne se trouvent pas dans la partie supérieure de l'intestin grêle ainsi que l'a constaté Baumann (1) sur une femme atteinte d'un anus contre nature, situé dans cette région, la partie inférieure de l'intestin restant complètement imperméable. C'est donc dans la partie inférieure de l'intestin qu'elles se produisent. C'est peut-être sur-

(1) *Ztschr. f. physiol. Cheme*, Bd. 10. p. 123. 1886.

tout dans le cæcum et le côlon, d'après ce que nous avons dit plus haut. Une certaine quantité de ces substances toxiques est absorbée, traverse le foie sans y être détruite, et apparait dans les urines où sept d'entre elles ont pu être caractérisées (Baumann). Elles sont éliminées en combinaison avec l'acide sulfurique : de là un moyen indirect de déterminer l'intensité de l'auto-intoxication d'origine intestinale. On dose dans l'urine les acides sulfo-conjugués, c'est-à-dire l'acide sulfurique combiné à l'indol, au scatol, etc., et on établit sa proportion relativement à l'acide sulfurique combiné aux bases alcalines. Cette méthode, due à Baumann, a donné déjà des résultats très intéressants.

La réalité de l'auto-intoxication intestinale est *indirectement* démontrée encore par l'influence de l'antisepsie. Bouchard a vu la toxicité urinaire tomber de plus de la moitié chez un homme atteint d'embarras gastrique.

Charrin (1) a fait une constatation analogue. « Chez trois malades atteints d'entérite chronique, j'ai réussi, grâce au naphtol β administré dans la proportion de 4 grammes en 24 heures, à supprimer un tiers de la toxicité des urines. »

Haagen et Gaffi (2) ont recherché l'acide kynurique, un des produits d'origine putride qui se rencontrent dans l'urine du chien. Ils ont vu cet acide diminuer sensiblement après la stérilisation des aliments par l'ébullition et par différents antiseptiques.

Les chiens alimentés avec de la viande bouillie pendant plusieurs heures, au lieu de 406 milligrammes

(1) *Poisons de l'organisme* (Collection Léauté).
(2) Cités par Charrin eod. loco.

d'acide kynurique, n'en présentaient plus que 24 centigrammes par jour : c'est une diminution de 40,9 pour 100.

Avec le salol, l'acide kynurique a diminué de 32 pour 100, avec la naphtaline de 54 pour 100. L'action de l'iodoforme a été à peu près nulle.

Comme ces produits toxiques sont d'origine azotée, on doit s'attendre à ce qu'ils augmentent sous l'influence d'un régime riche en viande, et diminuent dans les conditions contraires : c'est ce qu'a constaté Hirschler (1) sur un chien.

Parmi les conditions susceptibles d'augmenter l'auto-intoxication d'origine intestinale, il faut citer la stase des matières fécales, la constipation.

R. v. Pfungen (2) a examiné d'une façon suivie, pendant des semaines, une femme atteinte de constipation en conséquence d'une myélite avec paraplégie. Il a vu les acides sulfo-conjugués augmenter sous l'influence d'une période de rétention fécale, diminuer, au contraire, dès que l'usage des laxatifs avait amené des évacuations régulières.

L'intestin, à l'état normal, renferme constamment un nombre considérable de microbes : ce sont eux qui donnent lieu à la production de ces substances toxiques. La quantité et la toxicité de ces substances peuvent varier suivant l'abondance plus ou moins grande des aliments ingérés, suivant qu'il y a ou non stase intestinale, suivant aussi, sans doute, le nombre de germes présents dans l'intestin, et la nature de ces germes. Nous n'avons pas à passer ici en revue la série des microbes pathogènes susceptibles de pullu-

(1) Cité par v. Pfungen, *Ztschr. f. Klin. Medic.* Bd. 21, p. 124.
(2) Loc. cit.

ler dans l'intestin, d'y donner naissance à des toxines, de pénétrer plus ou moins rapidement dans l'économie par la muqueuse du tube digestif, et de susciter ainsi des accidents morbides variés. Cela n'aurait d'importance que s'il existait des antiseptiques spécifiques, s'adressant plus particulièrement à tel ou tel microbe, à telle ou telle maladie : malheureusement il n'en est pas ainsi, et, à l'heure actuelle, nous ne possédons que des méthodes générales de désinfection intestinale.

Les *indications* d'avoir recours à l'antisepsie intestinale sont extrêmement fréquentes. Elles se rencontrent toutes les fois qu'il y a stase intestinale, constipation, dans un grand nombre de cas de diarrhée, toutes les fois que le complexus embarras gastrique figure dans l'ensemble morbide, toutes les fois encore qu'il y a de l'entérite ou des phénomènes infectieux, dont le point de départ, la porte d'entrée, le foyer principal d'origine se trouve dans l'intestin. Il est indiqué encore de procéder le mieux possible à la désinfection du tube digestif toutes les fois qu'il y a une maladie destructive du foie et des reins. C'est qu'en effet le foie est chargé de modifier au passage les toxines venues par la veine porte et de les détruire en partie, et que le rein est chargé de l'élimination de celles qui ont échappé à l'action du foie et à l'oxydation dans l'organisme. Il faut ajouter encore que l'auto-intoxication peut devenir une cause de complication dans beaucoup d'états morbides auxquels elle vient se surajouter. Par ces considérations, on se rend parfaitement compte de l'importance considérable qu'a prise en thérapeutique l'antisepsie du tube digestif. Ce n'était pas une idée absolument nouvelle, car l'ancienne médecine qui cherchait à évacuer les humeurs peccantes, avait attribué aux purgatifs une place si large dans la médication qu'il en était résulté de ridicules abus. La science moderne, en donnant à l'auto-intoxication gastro-intestinale un point de départ moins hypothétique, n'a fait, ici comme souvent, que revivifier et consacrer une doctrine ancienne. Pour combattre cette auto-intoxication, elle a fait appel à des substances nouvelles; mais la purgation n'en reste pas moins une des meilleures, sinon la plus puissante des méthodes destinées à réaliser la désinfection du tube digestif, non pas complètement, cela n'est ni réalisable ni désirable, mais dans une mesure utile.

Depuis quelques années, on a recherché et on a souvent trouvé les amibes, les protozoaires dans l'intestin. Il paraît démontré que ces parasites peuvent y jouer un rôle pathogénique important, qu'il y a, en particulier, des diarrhées causées par leur présence. Y a-t-il lieu d'employer contre ces protozoaires des médications particulières destinées à les tuer et à les expulser? Nous ne pourrions pas le dire encore, et, dans l'histoire de l'antisepsie intestinale, nous ne pourrions pas ouvrir dès maintenant un chapitre spécial à la désinfection amibienne, contre laquelle on a, d'instinct, en quelque sorte, employé avec prédilection le calomel auquel on attribuait, à côté de ses propriétés purgatives, un certain pouvoir parasiticide. Nous dirons du reste, à propos des parasites animaux de l'intestin, ce que l'on sait actuellement de la question.

Nous allons rechercher maintenant par quels procédés thérapeutiques on pourra chercher à réaliser l'antisepsie intestinale.

D'une façon générale, on pourra, pour cela, avoir recours :

a) A l'hygiène alimentaire :

b) A des moyens mécaniques ;

c) A des moyens médicamenteux.

a) **Hygiène alimentaire.** — Le régime a une très grande importance lorsqu'il s'agit de diminuer les fermentations et surtout les putréfactions intestinales, cela n'a pas besoin d'être plus amplement démontré.

Il faudra dans la mesure du possible :

α) Eliminer du régime les substances en voie de décomposition, chargées déjà de microbes ou de toxines.

β) Réduire au minimum la masse alimentaire et le résidu intestinal susceptibles de fermentation et surtout de putréfaction.

Pour remplir la première de ces deux indications, on rejettera toutes les substances en voie de putréfaction, les viandes faisandées, les fromages forts, le poisson qui ne serait pas absolument frais, le poisson de mer ayant, par exemple, subi un assez long trajet en chemin de fer.

La cuisson peut, au besoin, tuer les bacilles et les spores et, dans une certaine mesure, dénaturer les toxines déjà produites : les aliments suspects seront donc bien cuits. Certains d'entre eux, le lait en particulier, peuvent être soumis à une stérilisation méthodique. La surveillance ne portera pas seulement sur les aliments solides, mais aussi sur les boissons : on connaît le rôle des eaux impures dans la pathogénie de certaines diarrhées, de la fièvre typhoïde, du choléra et d'un grand nombre d'intoxications et d'infections d'origine gastro-intestinale.

γ) Dans certains cas limités, la seconde des indications précédentes sera réalisée de la façon la plus radicale par la suppression complète de toute alimentation solide. Cela, naturellement, ne peut se faire que d'une façon passagère, momentanée. Ne sait-on pas qu'une diète à peu près absolue est la meilleure façon de combattre les accidents aigus d'embarras gastro-intestinal, la diarrhée par indigestion intestinale, par exemple?

Cela n'est plus applicable dès qu'il s'agit d'une maladie de quelque durée, et force est bien alors d'alimenter le malade. L'idéal serait de lui donner un régime qui, renfermant exactement les éléments de la ration d'entretien, se digère facilement, s'absorbe complètement et ne laisse dans le titre digestif qu'un minimum de résidu fécal.

Le *régime lacté* correspond admirablement à ces desiderata. Il n'introduit que fort peu, une quantité insignifiante, de toxines et d'agents bactériens, il ne laisse qu'un minimum de déchets rebelles à la digestion; il est facilement élaboré, facilement absorbé. De plus il provoque la polyurie. De là ses bons effets dans les cas de diarrhée, d'entérite, etc. Il tient à juste titre la première place dans l'alimentation dans tous les cas où l'élément auto-intoxication gastro-intestinale joue un rôle important dans l'ensemble morbide.

Des recherches récentes de MM. Gilbert et Dominici (1) sont venues confirmer et expliquer les bons effets du lait dans l'antisepsie du tube digestif et donner en quelque sorte l'expression mathématique de son action favorable. Ils ont vu le nombre des microbes diminuer dans les fèces dès le premier jour de l'emploi du régime lacté; au bout de cinq jours de ce régime, le nombre des microbes était devenu

(1) *Société de biologie*, 17 mars 1894.

soixante-dix fois plus faible qu'avant qu'il ne fût commencé. Le lait stérilisé ne leur a pas paru l'emporter notablement sur le lait non stérilisé.

Chez le lapin ils sont parvenus à réaliser presque complètement l'aseptie du tube digestif.

Dans cette action du lait, ils attribuent une part à plusieurs facteurs : le lait laisse peu de résidu, il excite la sécrétion chlorhydrique de l'estomac, il peut donner naissance à une certaine quantité d'acide lactique (1), enfin il n'apporte lui-même dans l'intestin qu'un nombre restreint de microbes d'action relativement bénigne.

Le lait peut servir cependant lui-même de véhicule à des microbes pathogènes, au colibacille, comme l'a démontré Lesage, au bacille de la fermentation lactique qui, d'après les recherches de R. Würtz et de Leudet, donne lieu à des toxines par son action sur les substances albuminoïdes. C'est pourquoi le lait doit être frais, soustrait autant que possible aux causes de fermentation, et provenir d'animaux sains.

Le *lait stérilisé* représenterait l'aliment idéal : on sait du reste qu'il donne d'excellents résultats dans le traitement de la diarrhée, surtout chez les enfants, et il tend à juste titre à prendre place dans la pratique médicale courante.

Nous avons vu cependant que, dans le travail que nous venons de citer, Gilbert et Dominici n'avaient pu constater, par la numération des microbes dans les fèces, la supériorité du lait stérilisé sur le lait ordinaire. Il faut toutefois s'assurer que le lait dont on se

(1) Il y aurait lieu de rechercher, chose très possible, si cet acide lactique en exagérant l'acidité du milieu intestinal n'a pas un rôle important dans l'antisepsie.

sert est de bonne qualité et qu'il n'a pas été adultéré, additionné, par exemple, d'une eau suspecte.

L'emploi du lait stérilisé, dans les villes, rend plus facile de se procurer du lait d'origine et de qualité connues. Du reste, en clinique le lait stérilisé a donné d'excellents résultats, et l'expérience faite en grand sur les nourrissons par Budin et d'autres a bien autant de valeur qu'une simple expérience de laboratoire.

Budin, on le sait, se servait d'un lait stérilisé par l'ébullition dans de petits flacons spéciaux, analogues à ceux qu'a préconisés Soxhlet. On trouve aussi dans le commerce du lait pasteurisé, ou, ce qui lui est préférable, du lait stérilisé par la vapeur sous pression.

L'action antiseptique du lait sur le contenu de l'intestin serait démontré aussi par la diminution des acides sulfo-conjugués dans l'urine (Bernatzky).

MM. Lapicque et Marette ont constaté, il est vrai, une augmentation de la toxicité urinaire sous l'influence du régime lacté (1). Cette élévation a son maximum le troisième jour de la mise au régime; elle peut s'expliquer, il est vrai, par une élimination plus active des substances toxiques. Ils ont du reste constaté, eux aussi, une diminution des acides sulfo-conjugués qui paraissent mesurer indirectement l'intensité de la putréfaction des substances albuminoïdes dans l'intestin.

Mais tous les malades chez lesquels il y a lieu de veiller à l'antisepsie gastro-intestinale ne peuvent pas être mis uniformément au lait; beaucoup d'entre eux vivent de la vie commune, et, pour bien des raisons, il serait excessif et impossible de les soumettre

(1) *Société de biologie*, 21 juillet 1894.

en masse au régime lacté exclusif. Le lait, en tout cas, sera toujours un excellent élément dans un régime alimentaire mixte.

Les aliments azotés sont certainement de beaucoup les plus dangereux au point de vue de l'auto-intoxication, parce qu'ils fournissent des matériaux à la putréfaction : ils seront donc en quantité modérée, sous une forme très divisée, de façon à se digérer le mieux et le plus rapidement possible. Ils seront dépouillés de tous les résidus indigestes. La viande crue finement hachée et la poudre de viande fraiche sont, à ce point de vue, les modes de préparation les plus parfaits. On sait du reste que la viande crue a été souvent donnée pour combattre la diarrhée. On l'a donnée dans ces conditions exactement de la même façon que le lait.

Par crainte de la décomposition putride de la viande, on en est arrivé à proposer d'en supprimer complètement l'emploi.

Le *régime végétarien*, très prôné par Dujardin-Beaumetz, donne le moyen de restreindre au minimum l'introduction des substances azotées et de les donner sous une forme favorable : il consiste essentiellement en lait, laitages, œufs et purées de légumes. L'alimentation est ainsi finement divisée et exempte de tout excès de particules indigestes.

Les aliments de nature végétale, par leur fermentation, sont surtout capables de donner lieu à des acides organiques. Or nous avons vu que le contenu de l'intestin grêle paraissait être normalement légèrement acide, grâce à ces acides organiques, et que cette acidité avait une réelle valeur antiseptique.

On a constaté une diminution marquée des acides

sulfo-conjugués sous l'influence d'un régime exclusivement végétal (A. Pœhl).

Il ne faudrait pas toutefois, tomber dans l'excès contraire et introduire dans le tube digestif une quantité excessive de substances d'origine végétale. En effet, il est possible que l'albumine végétale prenne part à la putréfaction; la présence d'une grande quantité d'aliments végétaux nuit à l'absorption; les résidus se trouvent considérablement augmentés, la matière azotée très divisée, et ce sont des conditions qui, jointes à la stase, rendent de nouveau les décompositions plus faciles, et la production des toxines plus abondante.

Le volume des aliments doit donc être modéré, leur division parfaite; ils doivent être autant que possible dépouillés de toute gangue, de toute charpente rebelle à la digestion.

Chez les dyspeptiques, cela est utile encore pour des raisons que nous avons dites dans le volume consacré à l'estomac.

b) **Antisepsie mécanique**. — L'antisepsie mécanique, c'est l'antisepsie par purgation ou par lavage, dans les deux cas par expulsion mécanique des microbes ou des toxines.

L'antisepsie peut être du reste à la fois mécanique et médicamenteuse; en effet on peut faire le lavage de certaines parties du tube digestif avec des solutions antiseptiques, on peut donner pour obtenir la purgation des substances capables en même temps de produire un effet antiseptique. On a souvent recours à l'une ou à l'autre de ces deux méthodes mixtes. Il n'en reste pas moins que par elle seule l'antisepsie mécanique donne très souvent d'excellents résultats.

Voyons d'abord l'antisepsie par *lavage*. Par l'orifice buccal, on peut pratiquer le lavage de la bouche elle-même et de l'estomac. Le lavage de la bouche n'est pas à dédaigner, car la salive renferme toujours des microbes, toujours même des microbes pathogènes. La bouche, l'interstice des dents, les cavités dentaires deviennent facilement le siège de la décomposition putride. La propreté minutieuse de la bouche et des dents est un élément qui compte certainement dans l'antisepsie générale du tube digestif. Nous ne reviendrons pas sur le *lavage de l'estomac;* nous avons dit d'ailleurs ce qu'il convenait d'en dire. Nous le considérons comme le procédé de beaucoup le plus important d'antisepsie stomacale, et, si l'on a parfois abusé en théorie pathologique et pathogénique de l'influence de l'auto-intoxication stomacale directe, il ne faut pas oublier que l'état de l'estomac peut, au point de vue infectieux et toxique, influencer l'état de l'intestin de plusieurs façons, directement ou indirectement. Directement en y déversant d'abondantes colonies microbiennes; indirectement en ne fournissant à l'intestin qu'un chyme insuffisamment élaboré, peu ou trop imprégné d'acide chlorhydrique, d'une acidité insuffisante ou excessive. Tout cela peut retentir sur l'état microbien et la toxicité du contenu intestinal, en rendant ce contenu plus ou moins acide, plus ou moins apte à la pullulation des microbes, en accélérant ou en retardant la progression des matières.

Pour la technique même du lavage de l'estomac, nous renverrons au précédent volume.

Le tube digestif est accessible aussi par l'orifice anal et le lavage du gros intestin, depuis longtemps partiellement exécuté par les lavements, donnés il est vrai surtout à titre de laxatifs, tient à prendre dans la thérapeutique une importance de plus en plus considérable grâce aux théories régnantes, et, surtout à une technique perfectionnée.

L'*entéroclyse* inventée par Cantani, a été préconisée par plusieurs auteurs, et, en particulier, en France, par Dujardin-Beaumetz. Nous donnons ici le dessin d'un appareil spécial qu'il a fait construire par Galante.

Cantani avait surtout recommandé de faire dans le choléra l'entéroclyse avec une solution de tanin. Il donnait aussi de grands lavements allant jusqu'à deux litres. Bourcy, dans la dernière épidémie de choléra, s'est servi lui aussi de l'entéroclyse ; il a porté la quantité de liquide injecté jusqu'à 6 litres, et s'est déclaré très satisfait des résultats obtenus (1). Il se servait d'eau bouillie.

Quel était le degré de pénétration des grands lavements de Cantani? Pénétraient-ils dans l'intestin grêle? franchissaient-ils la valvule de Bauhin, la fameuse barrière des apothicaires? La chose était restée douteuse.

Or voici que MM. Dauriac et Lesage (2) viennent de démontrer que, grâce à une technique particulière, on pouvait exécuter un lavage total de l'intestin de bas en haut, de l'anus à l'œsophage. Voici le manuel opératoire tels qu'il le décrivent (3).

(1) *Société médicale des hôpitaux*, 1892.

(2) Des grands lavages de l'intestin grêle. — Contribution à l'étude de l'antisepsie intestinale. *Gaz. des hôpitaux*, 17 octobre 1893.

AUGERAULT, *Des grands lavages de l'intestin*. Thèse de Paris, 1894.

(3) Un médecin allemand, M. de Genersich, était, de son côté, parvenu en même temps à des conclusions analogues à la suite d'expériences semblables. *Progrès médical*, 30 septembre 1893.

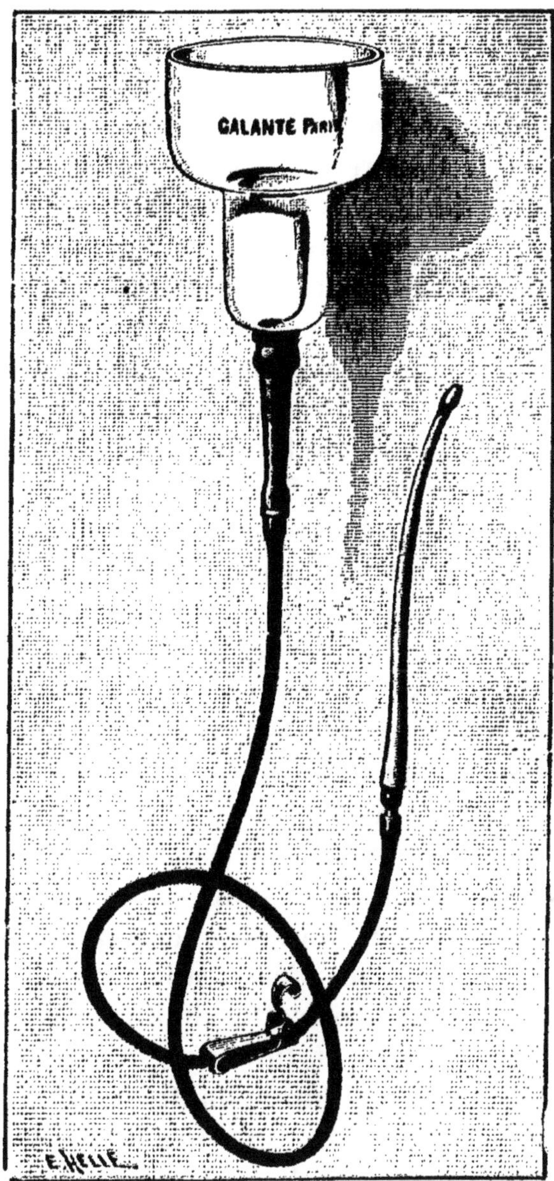

Fig. 1. — Entéroclyseur de Galante.

« Le malade est placé horizontalement sur le lit, la hanche gauche légèrement relevée par un coussin, de façon à mettre le cæcum dans une situation déclive. Cette position spéciale a pour but de permettre au liquide de chasser du cæcum les gaz qui s'y accumulent en grande abondance. Ceci fait, on introduit dans le rectum une sonde en caoutchouc, telle que la sonde de Debove, jusqu'au milieu du côlon transverse. On peut sentir par la palpation à cet endroit l'extrémité mobile de la sonde qui vient buter contre la paroi abdominale. L'autre extrémité de l'instrument en dehors de l'anus est réunie, par un tube de caoutchouc d'un mètre muni d'un robinet, à un bock rempli de 8 à 10 litres de liquide chauffé à 40° environ. Ce réservoir est élevé à peine au-dessus du plan horizontal du malade (de 20 à 30 centimètres environ) On laisse couler le liquide qui, *doucement*, et sous une *très faible pression*, vient remplir le cæcum, ainsi que le colon transverse. Il est évident que, pour éviter la sortie du liquide par l'anus, on devra obturer complètement cet orifice à l'aide d'un tampon de coton, ou d'un appareil approprié que l'un de nous fait construire actuellement chez Galante. »

« Lorsque 3 litres se sont écoulés, l'aide qui tient le bock (placé à 20 ou 30 centimètres de hauteur) regarde le niveau d'eau. Si le niveau continue à baisser, il maintient cette situation ; si, au contraire le niveau reste stationnaire, il élèvera doucement le bock, et d'une faible hauteur, pour augmenter un peu la pression, et ainsi de suite jusqu'à l'écoulement du liquide. Il faut, en effet, suivre attentivement à l'aide du niveau d'eau les variations de l'hydrostatique intestinale. La pénétration du liquide dans l'intestin ne se fait pas aussi facilement qu'on pourrait l'imaginer : il faut tenir grand compte de la présence du gaz. Dans chaque anse intestinale, le liquide vient occuper la partie déclive, et les gaz la partie culminante. En suivant les indications données par le niveau d'eau, *on attend* la répartition spontanée du liquide dans tout l'intestin grêle. Dès que celui-ci se remplit, on voit apparaître la matité sur le côté droit et au-dessus de la vessie, puis sur les côtés du ventre. Au contraire, autour de l'ombilic, l'abdomen proémine légèrement et devient sonore. Ceci est dû au refoulement des gaz qui viennent former un *coussinet aérien périombilical*. Par suite de la situation horizontale du malade, le liquide s'étale dans tout l'intestin grêle et cela sans le distendre, si bien que, à partir du sixième litre, le liquide pénètre dans l'estomac. Immédiatement, le malade a des nausées ou des vomissements qui consistent en le rejet du liquide injecté, souillé plus ou moins de matières fécales. »

En introduisant un tube œsophagien par la bouche, cette fois, on peut l'amorcer et le liquide parvenu dans l'estomac est ainsi évacué d'une façon continue : la circulation du liquide est complète de l'anus à la bouche, le lavage de l'intestin peut être ainsi réalisé dans toute son étendue.

Les auteurs en expérimentant sur le cadavre avec du liquide coloré se sont rendu plus nettement compte du mode de répartition du liquide, de sa pénétration progressive dans le cæcum, l'intestin grêle, puis, enfin, dans l'estomac. La tension produite ne serait pas très considérable; ils insistent beaucoup, il est vrai, sur la nécessité de procéder très lentement, avec une faible pression. Le liquide injecté ne doit pas pénétrer de force, il doit s'étaler doucement, en s'écoulant progressivement du réservoir dans le tube digestif.

A partir de *deux litres*, le liquide pénètre dans l'intestin grêle ; à partir de six litres, il parvient dans l'estomac. Voilà des chiffres qu'il faut en tout cas retenir. Quel est l'avenir de cette méthode? Nous l'ignorons, il faut attendre les résultats d'une expérimentation clinique qu'il y aura lieu de faire avec prudence.

Nous avouons ne pas être sans prévention contre le grand lavage de l'intestin grêle, de l'anus à la bouche, et nous ne voyons pas sans une certaine appréhension les matières fécales ainsi ramenées de bas en haut, à contre-sens.

Peut-être la véritable indication du *remplissage* de l'intestin grêle serait-elle l'occlusion intestinale par iléus. Peut-être aussi y aura-t-il avantage à faire pénétrer, dans quelques cas, des liquides antiseptiques dans l'extrémité inférieure de l'intestin grêle. Ce que nous trouvons pour le moment de plus précieux dans les recherches de Lesage et Dauriac, c'est qu'ils nous apprennent exactement comment il faut s'y prendre pour laver convenablement le gros intestin. Il faut, en se servant d'une faible pression (20 à 30 centimètres), en agissant très lentement, injecter deux litres de liquide, l'anus étant maintenu fermé. On peut alors, l'anus étant débouché, laisser s'écouler le liquide et recommencer.

Les douches ascendantes, telles qu'elles sont données dans certaines stations minérales (Plombières, Aix-les-Bains, Luxeuil, etc.), ne sont, en somme, qu'une variété d'entéroclyse. Pour la douche ascendante, le malade est assis sur un siège machiné *ad hoc*, une canule est introduite dans le rectum, et on ouvre progressivement le robinet d'un tube qui amène l'eau d'un réservoir élevé. Au bout d'un certain temps, le liquide en surplus s'échappe entre le sphincter et la canule, et il se fait ainsi une irrigation continue du gros intestin, ou tout au moins de la partie inférieure du gros intestin. Il est douteux en effet que l'eau de la douche ascendante pénètre très loin dans le côlon à cause de la situation assise du patient et de l'intensité de la pression du jet d'eau. On s'explique ainsi que la douche ascendante ramène encore au bout de plusieurs jours des matières dures non expulsées dès les premières séances.

La douche ascendante doit avoir l'avantage de stimuler la motricité du gros intestin, mais elle est certainement inférieure à l'entéroclyse au point de vue de l'antisepsie.

L'entéroclyse peut être purement mécanique, on emploiera alors l'eau bouillie, ou à la fois mécanique et chimique. On l'a pratiquée avec de l'eau naphtolée (0 gr. 20 à 0 gr. 25 de naphtol pour 1000 d'eau. — Dujardin-Beaumetz), avec de l'eau saturée de sulfure de carbone (eau sulfo-carbonée du même auteur), avec des solutions faibles de permanganate de potasse et de nitrate d'argent 0, 10 à 0, 50 et même, dans certains cas, 1 pour 1000). Cantani, comme nous l'avons dit déjà, a employé dans le choléra l'entéroclyse avec une solution de tanin.

Tanin............................	3 à 6 gr.
Gomme arabique	50 —
Eau distillée......................	2.000 —

Quelquefois il ajoutait un peu de teinture d'opium.

Dujardin-Beaumetz contre l'entérite muco-membraneuse a conseillé l'eau iodée (10 grammes de teinture d'iode pour un litre d'eau) et l'eau naphtolée.

L'eau boriquée a été souvent aussi employée. Bouchard la considère, avec raison, croyons-nous, comme irritante pour la muqueuse du gros intestin, et il met en garde contre son emploi trop prolongé.

Quand les lésions siègent surtout à la partie inférieure du gros intestin, il n'est pas besoin de porter bien loin l'agent modificateur; on peut alors employer des lavements moins abondants et des solutions plus concentrées; c'est ce qui a lieu pour la dysenterie, au traitement de laquelle un chapitre particulier sera consacré plus loin.

La réalité de l'antisepsie intestinale par purgation est rendue vraisemblable par quelques expériences de laboratoire, et quelques observations cliniques dans lesquelles on a vu les acides sulfo-conjugués diminuer dans les urines après l'administration des purgatifs.

Les résultats obtenus ne sont cependant pas exclusivement positifs. Il semble résulter des faits publiés que l'antisepsie n'a lieu que lorsque la purgation est suffisante. L'ingestion d'une quantité de substance purgative insuffisante pour amener une évacuation abondante, a pu, au contraire, amener une élévation des acides sulfo-conjugués : il en a été ainsi particulièrement avec l'huile de ricin. (Morax, Bartoschewitsch.)

L'action antiseptique antitoxique des purgations suffisantes ne peut faire aucun doute pour le clinicien. On sait quelle heureuse influence a souvent un purgatif dans les cas d'embarras gastrique avec ou sans diarrhée. On sait aussi les bons effets d'une purgation énergique et répétée dens le traitement de l'urémie. Il suffit souvent, à l'aide de drastiques, (scammonée, eau-de-vie allemande) de provoquer une diarrhée assez abondante, sans être excessive, pour que les accidents urémiques, comateux ou convulsifs diminuent ou même disparaissent complètement. Cette influence presque constante de la purgation sur l'urémie est une des choses qui démontrent le mieux tout ensemble, et l'origine intestinale du poison urémique, d'une partie notable de ce poison tout au moins, et l'influence antiseptique de la purgation.

Dans les cas d'embarras gastrique et de diarrhée, ce qui réussit le mieux, ce sont les purgatifs salins. On sait que les purgations salines sont souvent suivies de constipation et qu'elles représentent un des moyens les meilleurs de combattre la diarrhée, surtout la diarrhée par indigestion intestinale. Au contraire, contre l'urémie, les drastiques valent mieux, sans doute parce qu'ils provoquent une évacuation liquide plus abondante.

Certaines substances paraissent être à la fois purgatives et antiseptiques ; c'est l'idéal, en théorie tout au moins. Le calomel et le salicylate de magnésie remplissent ces conditions ; dans quelle mesure réalisent-ils l'antisepsie intestinale ? Cela reste incertain encore.

Le *calomel* est à la fois un purgatif et un sel de mercure. Il donne naissance dans le tube digestif à une petite quantité de bichlorure et à une quantité plus considérable de sulfure ; le bichlorure et le sulfure sont des antiseptiques. On a donc pensé tout naturellement que le calomel était le purgatif de choix lorsqu'il s'agit de refréner les fermentations intestinales. Il faut ajouter à cela que son usage commode chez les enfants, les bons effets qu'il produit contre leur diarrhée avaient prévenu favorablement les médecins en sa faveur.

D'après Morax (cité par R. v. Pfungen), le calomel ne diminuerait les fermentations intestinales chez le chien que lorsque cet animal serait mis à la diète.

D'après Baumann (1), au contraire, par des purgations *successives* par le calomel, on arrive à supprimer complètement les fermentations intestinales chez le chien et à faire disparaitre les acides sulfoconjugués de l'urine.

D'après Bartoschewitsch (2), les acides sulfo-conjugués diminuent dans l'urine lorsqu'il y a diarrhée, et même diarrhée par purgation. Ils diminuent beaucoup plus lorsqu'il y a purgation par le calomel que par l'huile de ricin.

En présence de ces résultats positifs, les résultats négatifs annoncés par d'autres auteurs perdent certainement de leur valeur. Il est probable que, pour que le calomel produise une action antiseptique perceptible sur l'intestin, il est nécessaire que les évacuations alvines aient été suffisamment copieuses, suffisamment répétées. On peut se demander, dans ces conditions, si le calomel agit autrement que mécaniquement, et si l'antisepsie chimique, due à la formation d'une petite quantité de sublimé, entre pour quelque chose dans son action; la chose est possible et même vraisemblable.

C) **Antisepsie médicamenteuse.**

A ce point de vue les recherches de M. Bouchard font époque.

Au congrès de Copenhague, il a donné la formule générale de ce que devait être l'antisepsie gastro-intestinale; il a indiqué les qualités que doit posséder un bon antiseptique.

(1) *Ztschr. f. physiolog. Chemie*, Bd. X p. 123. 1876.
(2) *Ztschr. f. physiolog. Chemie*, Bd. XVII. Hft. 1.

1° Il doit être insoluble.

2° Il doit être donné en poudre impalpable.

3° Il sera donné par doses fractionnées.

Il sera *insoluble*, ou tout au moins fort peu soluble, de façon à n'être résorbé qu'en minime proportion et à ne pas pouvoir causer d'accidents toxiques; il sera divisé en *poudre impalpable*, de façon à pénétrer dans tous les replis de la muqueuse, et à se mélanger entièrement à la masse des matières fécales; il sera donné par *doses fractionnées*, de façon à se répartir aussi également que possible sur toute la longueur du tube digestif.

Ce n'est pas qu'il n'existe des antiseptiques solubles, susceptibles d'être donnés sous une forme liquide, qui n'aient quelque valeur; nous en citerons tout à l'heure des exemples. Cela n'enlève rien à la portée de la théorie générale des antiseptiques pulvérulents et insolubles de M. Bouchard.

Cet auteur a successivement essayé un nombre considérable d'antiseptiques avant de s'arrêter au naphtol-β et au salicylate de bismuth, qui sont ses agents préférés.

Il n'a rien obtenu avec les sulfites, les hyposulfites, l'acide phénique, la créosote, l'acide borique. L'eau sulfocarbonée de Dujardin-Beaumetz aurait une valeur plus grande. Le salicylate de bismuth avait été préconisé par Vulpian, la naphtaline par Rossbach, le sulfure noir de mercure par Serres et Becquerel. On a conseillé encore l'acide chlorhydrique, l'acide lactique, le salol, le thymol, le bétol, l'eucalyptol, l'iodoforme, le dermatol, la résorcine, le benzonaphtol, le charbon végétal..... et la liste n'est pas complète.

Il nous faut faire un choix et mettre quelque peu d'ordre dans cette énumération.

Éliminons d'abord, avec M. Bouchard, deux substances dangereuses par leur toxicité : le *sulfure noir de mercure*, susceptible d'être résorbé en proportion nocive, et la *naphtaline*, qui donne lieu volontiers à des accidents d'irritation vésicale et uréthrale.

Un certain nombre de substances doivent leur propriété antiseptique à l'acide salicylique libre ou combiné ; ce sont :

Le salicylate de bismuth,
Le salicylate de magnésie,
Le salol,
Le bétol,
L'eucalyptol.

On leur fait un reproche commun : l'acide salicylique serait irritant pour la muqueuse, capable de produire des accidents sérieux chez les malades dont les reins ne fonctionnent pas bien.

Le *salicylate de bismuth*, préconisé par Vulpian, se dédouble en acide salicylique et en oxyde de bismuth. C'est une substance d'une réelle utilité, souvent employée isolément ou unie à d'autres substances antiseptiques ou antidiarrhéiques. On le donne à la dose de 2 à 10 grammes par jour, par prises successives de 0,50 à 1 gramme.

Nous avons recommandé déjà un mélange de salicylate de bismuth, de benzonaphtol et de résorcine pure, dû à Ewald, qui nous a donné de bons résultats dans le traitement de la diarrhée.

Salicylate de bismuth............	ãa 0 gr. 50
Benzonaphtol....................	
Résorcine pure..................	

pour un cachet. Trois par jour espacés.

Nous avons vu deux fois les urines devenir noires sous l'influence de ce mélange ; il faut donc en surveiller l'action et ne pas trop en prolonger l'administration.

Le *salicylate de magnésie* est souvent joint au naphtol lorsqu'il y a constipation, de même qu'on y joint le salicylate de bismuth lorsqu'il y a diarrhée : on le prescrit à la dose de 2 à 5 grammes. Il a été recommandé par Huchard dans le traitement de la fièvre typhoïde.

Le *salol* est formé par la combinaison du phénol et de l'acide salicylique; il se dédouble dans l'intestin, sous l'influence du suc pancréatique; il atteindrait l'intestin sans avoir été attaqué; cependant, pour Reale et Grande, il serait déjà décomposé dans l'estomac. Le salol est souvent employé comme désinfectant de l'intestin. Il a donné de bons résultats dans un certain nombre de cas de diarrhée infectieuse.

Il se donne à la dose de 1gr 50 à 3 et 4 grammes par jour, par prises espacées, de 0gr25 à 0gr 50. On a quelquefois dépassé ces doses. Il faut ne le faire qu'avec prudence à cause de l'apparition possible de phénomènes toxiques.

Le *bétol* est, en somme, du salicylate de naphtol complètement insoluble dans l'estomac. Il se décompose dans l'intestin en naphtol et en acide salicylique. D'après Hayem, il produit momentanément, au début de son emploi, un abaissement de l'acide chlorhydrique libre et combiné, et retarde l'évolution du chimisme stomacal. D'autre part, il donne lieu par dédoublement dans l'intestin à de l'acide salicylique, aussi doit-on lui préférer le benzonaphtol, dont nous parlerons tout à l'heure.

L'*eucalyptol* n'est qu'un mélange d'acide salicylique, d'acide phénique et d'essence d'eucalyptus.

Acide salicylique		6 gr.
Acide phénique	} àà	1 —
Essence d'eucalyptus		

Sa richesse en acide salicylique, sa saveur brûlante, en font un assez mauvais antiseptique du tube digestif. On le donne à la dose de 5 à 6 grammes par jour.

Le *charbon végétal* est un bon antiseptique, que M. Bouchard a assez longtemps employé dans le traitement de la fièvre typhoïde. Il obtenait avec lui la désodoration complète des matières fécales, ce qui est l'indice certain d'une réelle action antiputride. Il le donnait à la dose de 100 grammes par jour, additionné d'iodoforme (1 gramme) dans la glycérine. Son auteur avoue lui-même qu'il fallait un réel courage pour avaler cette mixture ; aussi y a-t-il renoncé malgré ses qualités antiseptiques.

Le *naphtol-β* est l'antiseptique qu'a le plus vivement préconisé M. Bouchard ; grâce à lui, il est rapidement entré dans la pratique, il y tenait le premier rang ; le benzonaphtol tend à l'en déposséder.

Voici la formule habituellement prescrite par M. Bouchard :

Naphtol-β	15 gr.
Salicylate de bismuth	7 gr. 50

Mêlez et divisez en 30 cachets. En prendre de 3 à 12 dans 24 heures.

Pris de cette façon, le naphtol amène aussi très bien la désodoration des matières fécales. Il porte son action à la fois sur l'intestin et sur l'estomac ; mais ce ne serait pas un avantage d'après les expériences de M. Hayem. Pour lui, le naphtol exerce sur l'estomac une action irritante des plus vives. d'où, au début, exagération de la sécrétion chlorhydrique, et, plus tard, épuisement de la muqueuse et tendance à l'anachlorhydrie. Le naphtol serait donc absolument interdit chez les hyperchlorhydriques ; chez les autres il ne devrait être donné qu'avec précaution, d'une façon peu prolongée.

Nous avons dit plus haut que le naphtol était souvent associé au salicylate de bismuth ; il peut être donné aux mêmes doses, suivant l'effet que l'on veut obtenir, mélangé au bicarbonate de soude, à la craie préparée, à la magnésie, au salicylate de magnésie, à la rhubarbe etc.

La naphtol-α, moins toxique encore, jouirait de propriétés antiseptiques plus accentuées.

La *résorcine* est vantée comme antiseptique gastro-intestinal par quelques médecins ; elle se donne en solution à la dose de 2 à 5 grammes par jour.

Menche formule le mélange suivant pour l'antisepsie gastro-intestinale :

Acide chlorhydrique pur .... }	ãã 2 gr.
Résorcine .... }	
Sirop d'écorces d'oranges......... ...	20 —
Eau	180 —

Une grande cuillerée à bouche toutes les 2 ou 4 heures (1).

Le *benzonaphtol* préparé pour la première fois par Maikopar, en 1869, a été de nouveau étudié par Yvon et Berlioz en 1891 (2). A peu près insoluble dans l'eau, il traverse l'estomac sans être modifié et se décompose dans l'intestin en naphtol et en acide benzoïque. L'acide benzoïque ajoute son action antiseptique à celle du naphtol ; il est beaucoup moins

(1) *Centralbl. f. Klinik Medic.*, 1891.
(2) *Société de Thérapeut.*, 11 novembre 1891.

irritant que l'acide salicylique, de là un avantage sur le bétol. L'acide benzoïque s'élimine du reste en grande partie par les urines à l'état d'acide hippurique.

D'après une intéressante étude de M. Gilbert (1) le benzonaphtol n'exerce aucune espèce d'action sur la sécrétion gastrique; c'est sur le naphtol une supériorité marquée. A la dose de 4 à 5 grammes par jour, en cachets de 0,50, il ne provoque aucune espèce d'action nocive, il n'entrave nullement la digestion, et il produit sur le contenu de l'intestin une action antiseptique égale à celle que l'on obtient avec 2 gr. 50 de naphtol. Ce serait par excellence l'antiseptique de l'intestin. On pourrait sans inconvénient dépasser la dose de 5 grammes.

M. Le Gendre (2) est du même avis : ayant de son côté expérimenté un certain nombre de substances antiseptiques, il a été amené à donner parmi elles la première place au benzonaphtol, dont il a du reste obtenu les meilleurs résultats dans toute une série de maladies de l'intestin.

Nous l'avons employé nous-même dans le choléra asiatique, le choléra nostras, les diarrhées estivales, la dysenterie, dans des poussées aiguës d'entérite muco-membraneuse, et nous n'avons eu qu'à nous en louer.

Quand il s'agit avant tout de réaliser l'antisepsie intestinale, c'est donc du benzonaphtol qu'il faut se servir de préférence.

Tous les auteurs cependant n'ont pas sur cette substance une opinion aussi favorable. Fr. Kuhn (3),

(1) *Société médicale des Hôpitaux*, 6 mai 1892.
(2) *Soc. médic. des Hôpit.*, 13 mai 1892.
(3) *Deutsche medic. Wochenschr.*, n° 19, 1893.

qui l'a étudié expérimentalement, résume son travail en disant que, d'après ses recherches sur l'action antifermentescible du benzonaphtol et sur ses applications cliniques en tant qu'antiseptique dans les maladies de l'estomac, il lui a paru d'une valeur négative. Nous en appelons de ce jugement, qui nous paraît trop sévère et qui ne cadre pas avec ce que nous croyons avoir vu nous-même en clinique.

L'*acide lactique* est considéré par M. Hayem comme un excellent antiseptique gastro-intestinal. Après avoir, avec M. Lesage, constaté ses bons effets dans la diarrhée verte des enfants, il a été amené à l'employer successivement, avec succès du reste, dans des diarrhées de nature très variable (1). Il prescrit :

Acide lactique..................	10 à 15 gr.
Sirop de sucre..................	200 —
Eau...........................	800 —

Cette limonade, facile à prendre, a été beaucoup employée dans la dernière épidémie de choléra. La plupart des auteurs qui s'en sont servis, sans lui attribuer une importance capitale, ont été satisfaits de son emploi. On l'administre par demi-verres.

Il résulte des recherches récentes que l'acide lactique, comme les autres acides, tend à ralentir et même, à doses un peu élevées, à arrêter la sécrétion de l'acide chlorhydrique et la digestion stomacale.

On sait au contraire que les alcalins peuvent exciter cette sécrétion. Peut-être est-ce à cela que serait attribuable, indirectement, la diminution légère des acides sulfoconjugués que Baumann a constatée après l'ingestion de bicarbonate de soude et de craie.

(1) *Centralbl. f. Klin. Medic.* 2 jul. 1892.

Même résultat, d'après ce même auteur, après la prise d'une certaine quantité d'HCl.

Au contraire, l'effet du sous-nitrate de bismuth a été à peu près nul ; cependant s'il ne diminue pas les acides sulfo-conjugués, la constipation qu'il provoque ne les augmenterait pas comme les augmente la constipation spontanée.

Avec un autre alcalin, le *salicylate de soude*, il n'y aurait d'après Rovighi, comme avec l'acide salicylique, qu'une diminution très légère des acides sulfo-conjugués, et cela seulement lorsque l'ingestion de ces médicaments a été continuée pendant plusieurs jours.

Parvenu à la fin de cette étude, nous devons nous demander si l'antisepsie gastro-intestinale est justifiée, si elle donne des résultats appréciables.

Indépendamment de l'amélioration accusée par les malades, on a matériellement constaté par divers procédés la réalité de l'antisepsie du tube digestif.

On a vu disparaître ou diminuer d'une part la mauvaise odeur des matières fécales ; d'autre part on a constaté la diminution du pouvoir toxique des urines (Bouchard, Charin, Gilbert, etc.), de leur richesse en produits d'origine putride, et en particulier des acides sulfoconjugués, de l'acide kynurique (van Haagen).

L'antisepsie intestinale est donc une réalité palpable, susceptible d'être constatée et mesurée.

Cependant on l'a mise en doute.

Stern (1) fait remarquer que les acides sulfo-conjugués ne correspondent qu'au seul processus de putréfaction, qui n'est pas tout dans la pathogénie infectieuse et toxique de l'intestin.

(1) *Zeitschr. f Klin. Med.*, Bd. XII.

Jamais on ne stérilise complètement les matières fécales par l'antisepsie interne ; elles donnent toujours lieu à des cultures positives sur des milieux nutritifs. Enfin, lorsqu'on fait ingérer à des animaux des cultures pures du *bacillus prodigiosus*, on a beau employer les antiseptiques les plus énergiques à doses élevées, on le retrouve toujours dans les fèces.

A cela on peut répondre que l'antisepsie intestinale ne peut pas être totale, cela ne serait pas conciliable avec la vie ; les processus digestifs seraient tout d'abord suspendus. Il ne s'agit donc pas de stériliser l'intestin, mais de diminuer son pouvoir d'auto-intoxication dans la mesure du possible. Il n'y a pas de doute que les purgatifs, les lavages de l'estomac et du gros intestin, le régime et l'administration raisonnée des antiseptiques ne puissent permettre d'obtenir dans ce sens des résultats très réels.

CHAPITRE VI

Indigestion. — Embarras gastro-intestinal.

Par ces termes, on désigne des choses certainement très différentes; elles ont cependant, au point de vue de la séméiologie et de la pathogénie, des points communs qui justifient la confusion faite dans l'emploi de ces dénominations. L'indigestion et l'embarras gastrique, ou mieux l'embarras gastro-intestinal, entre lesquels il n'y a pas de limite appréciable, sont des complexus symptomatiques qui correspondent souvent à des phénomènes d'auto-intoxication d'origine digestive.

Il conviendrait peut-être de mettre à part ce qu'on pourrait appeler l'indigestion nerveuse, qui est à l'estomac ce que la diarrhée nerveuse est à l'intestin.

Sous l'influence d'une émotion, d'une secousse morale ou physique, une personne surprise pendant son repas ou quelque temps après est prise de malaise, de pâleur, de sueurs froides, de nausées, d'étourdissements, et cela aboutit rapidement au vomissement, qui met fin à cette scène. Tout peut être fini de la sorte, mais il est possible aussi que des phénomènes d'embarras gastrique succèdent à cet épisode.

Dans d'autres cas, il n'en est plus de même : ce n'est pas immédiatement, mais après un certain temps qu'éclatent les accidents.

Après un repas plus ou moins copieux, on s'est

couché et on s'est endormi sans difficulté. Puis, au bout de quelques heures, on se réveille avec un malaise très grand, de la pesanteur gastrique, des nausées, un malaise extrême, de la lourdeur de tête, de l'oppression. Souvent la face est pâle, quelquefois couverte de sueur, le pouls petit, précipité. Tout cela est assez marqué parfois pour inspirer au malade et à son entourage des craintes véritables. Tout peut se terminer par des vomissements abondants, quelquefois par de la diarrhée, une évacuation de selles copieuses, fétides assez souvent. Le calme se rétablit après que la matière peccante a été évacuée; mais ici encore l'embarras gastrique peut succéder à ce début aigu.

Parfois l'*embarras gastrique* s'installe d'une façon subaiguë, ou même lentement progressive. Il se caractérise par du malaise général, de la courbature, de la pesanteur de tête ou une céphalée véritable; il y a de l'anorexie, du dégoût pour les aliments, la langue souvent est saburrale.

A ces phénomènes du début peuvent succéder des manifestations plus directement intestinales, des coliques, de la diarrhée.

Parfois il existe de la fièvre, *embarras gastrique fébrile*, et cette fièvre peut être assez accentuée pour que l'on croie au début d'une fièvre typhoïde, et très souvent le diagnostic différentiel présente de sérieuses difficultés. Il faut suivre l'évolution de la maladie pour affirmer le diagnostic.

Dans certains cas, les phénomènes intestinaux l'emportent sur les phénomènes gastriques; cela se traduit soit par du ballonnement du ventre avec de la constipation, soit par de la diarrhée et, assez souvent, de la diarrhée fétide.

Actuellement c'est à l'intoxication d'origine alimentaire, d'origine intestinale, qu'on rapporte cet ensemble symptomatique. Le complexus séméiologique s'explique dans des cas différents par un mécanisme pathologique analogue, l'auto-intoxication.

Les causes et la nature de cette auto-intoxication sont du reste très différentes suivant les cas.

Tantôt les aliments ont été ingérés en excès, l'estomac et l'intestin ne suffisent pas à leur élaboration ; de là des fermentations anormales et l'auto-intoxication. Parfois, ce n'est pas la quantité qui était excessive, mais la qualité qui laissait à désirer. Les aliments ingérés sont en voie de putréfaction, et ils servent de substratum et de véhicule à des poisons tout formés et à des agents microbiens qui vont devenir la cause de fermentations anormales.

L'intoxication simple donnera lieu à des accidents passagers ; l'infection à un état morbide prolongé, souvent accompagné de fièvre. Les intoxications et les infections susceptibles de produire l'embarras gastro-intestinal sont très variées ; très variés aussi sont les ensembles cliniques auxquels ils donnent naissance ou dont ils font partie.

Tous ne sont pas égaux devant les causes d'embarras gastro-intestinal. Il y a des prédispositions individuelles très singulières, des incompatibilités inexplicables. C'est ainsi que telle personne ne pourra manger du canard sans avoir presque immédiatement des coliques ou de la diarrhée, que telle autre ne pourra manger de poisson froid sous peine d'embarras gastrique, etc. Les mêmes toxines ne produisent pas sans doute le même effet chez des individus différents ; il est possible aussi que, mis en présence des mêmes aliments, des individus fabriquent des toxines différentes.

La viciation de la motricité gastro-intestinale prédispose certainement à l'embarras gastro-intestinal. On observe chez certains dyspeptiques atoniques, avec tendance à la stase gastrique, soit des crises d'embarras gastrique à répétition, soit un état morbide presque permanent qui est certainement très analogue. Il y a, chez eux, comme un embarras gastro-intestinal chronique.

Chez d'autres, c'est l'atonie intestinale qu'il faut surtout accuser, il y a chez eux constipation, rétention des fèces, auto-intoxication. De là les accidents fébriles ou non que l'on constate, en particulier, chez les malades atteints de colite chronique et surtout de colite muco-membraneuse.

Comme tous ces éléments peuvent se combiner en proportions variables, on voit combien seront nombreuses et différentes entre elles les diverses possibilités cliniques.

Cette étude sommaire de clinique et de pathogénie a l'avantage de montrer d'emblée quels seront les indications générales du traitement. Dans tous les cas d'embarras gastro-intestinal, il faudra :

1° Éliminer aussi rapidement que possible les substances nuisibles de l'estomac ou de l'intestin;

2° Réduire à son minimum l'intoxication d'origine alimentaire;

3° Faire l'antisepsie du tube digestif;

4° Aider l'élimination des toxines absorbées.

On va voir que la médication classique de l'embarras gastro-intestinal remplit très bien, d'une façon générale, les indications dont les recherches récentes sur les auto-intoxications ont permis de donner une formule plus scientifique.

1° *Éliminer aussi rapidement que possible les substances nuisibles de l'estomac et de l'intestin.* — Le vomissement et la diarrhée mettent si souvent fin spontanément à l'indigestion et à l'embarras gastrique, que le médecin n'a eu à ce point de vue qu'à copier la nature : il a provoqué le vomissement dans les cas où l'estomac était ou paraissait surtout en cause, la purgation lorsque c'était l'intestin. Parfois, par l'emploi des éméto-cathartiques on a appelé à la fois le vomissement et la diarrhée.

C'est le traitement traditionnel de l'embarras gastrique et intestinal : il n'y a aucune raison d'y renoncer, tout le monde sait qu'il donne le plus souvent des résultats aussi bons que rapides.

Quelles sont les raisons qui amèneront à se décider plutôt en faveur du vomitif ou du purgatif? L'état nauséeux, l'inappétence, la langue saburrale, sans diarrhée, appellent surtout le vomitif classique. La constipation, surtout avec tendance aux débâcles diarrhéiques, le tympanisme abdominal, la diarrhée fétide indiqueront de préférence les purgatifs.

Ce sont les purgatifs salins qu'il faut employer en cas semblables : le sulfate de soude, le sulfate de magnésie, le citrate de magnésie, sont à juste titre les plus usités. On peut se servir aussi des eaux minérales purgatives; on n'a à ce point de vue que l'embarras du choix. (Voir l'Appendice.)

Il faut cependant signaler quelques cas particuliers : l'embarras gastrique peut se reproduire avec une fréquence anormale chez certains malades, chez ceux surtout qui ont tendance à l'atonie et à la stase gastriques et chez ceux qui ont de la constipation habituelle. Il est évident, dès lors, que c'est l'atonie gastrique et l'atonie intestinale qu'il conviendra avant tout de traiter. Il faudra souvent aussi viser l'état de névropathie protopathique, la neurasthénie en particulier.

2° *Réduire à son minimum l'intoxication d'origine alimentaire.* — Le régime lacté pourvoit admirablement à cette indication. L'alimentation sera, du reste, réduite à son minimum et composée de mets d'une digestion facile, les œufs à la coque sont très utiles en cas semblable. A propos du régime et de l'antisepsie gastro-intestinale, nous avons donné ailleurs des indications auxquelles nous ne pouvons que renvoyer.

3° *Faire l'antisepsie du tube digestif.* — Les vomitifs, les purgatifs la réalisent déjà mécaniquement; dans certains cas, on pourrait y adjoindre le lavage de l'estomac chez les dilatés atoniques. Quand il y a tendance marquée aux vomissements, on pourra donner de l'eau chloroformée. Contre l'hypochlorhydrie et les fermentations organiques de l'intestin, lorsqu'il y a des aigreurs, des vomituritions acides, de l'odeur acide ou fétide de l'haleine, on donnera de la limonade chlorhydrique ou de la limonade lactique. Par les alcalins, on arriverait sans doute à un résultat analogue en les donnant à faible dose et de préférence à jeun. On sait qu'on donne souvent, dans ces conditions, les alcalins sous forme d'eaux minérales ajoutées au lait : il est possible que leur utilité s'explique précisément parce qu'ils rappellent la sécrétion momentanément tarie de l'HCl. On a vu du reste que, d'après les recherches de von Pfungen que nous avons précédemment citées, le bicarbonate de soude tend à restreindre la formation des acides sulfo-conjugués qui mesurent dans l'urine les putréfactions intestinales.

La diarrhée, et surtout la diarrhée fétide, appellera, après la purgation, une désinfection plus directe de l'intestin par le salol, le naphtol, le salicylate de bismuth et de préférence encore, pour les raisons données ailleurs, par le benzonaphtol.

4° *Aider l'élimination des toxines.* — Ce n'est pas tout que d'empêcher de se produire des toxines nouvelles par le régime et l'antisepsie gastro-intestinale, que d'évacuer physiquement celles qui séjournent dans le tube digestif : il faut aider à l'élimination par les reins de celles qui ont pénétré dans l'organisme. Il faut donc provoquer la polyurie. Le lait, les eaux alcalines, remplissent très bien cette indication, et c'est une raison nouvelle qui justifie leur emploi. Il n'est pas besoin d'avoir recours à d'autres diurétiques.

Telles sont les indications principales du traitement de l'embarras gastrique et de l'embarras gastro-intestinal. Pour terminer, nous ajouterons encore quelque chose.

Parfois les vomissements qui mettent naturellement fin à l'embarras gastrique, ont tendance à prendre une intensité excessive, ou à durer plus qu'il ne serait utile. Dans ces conditions on les combattra par la glace, les boissons glacées, la classique et parfois si utile potion de Rivière, par l'eau chloroformée, la cocaïne, le menthol.

L'embarras gastrique est quelquefois suivi d'une anorexie plus ou moins prolongée. Il conviendra alors d'avoir recours aux teintures amères, à la teinture de noix vomique, et surtout aux teintures inoffensives, non toxiques (teinture de gentiane, de colombo, etc.).

additionnées d'une faible dose de teinture d'ipéca. C'est après le repas, pendant la digestion, beaucoup plus qu'à jeun, comme on le fait habituellement, que nous faisons prendre ces teintures.

L'usage exclusif des boissons chaudes aux repas est souvent très utile chez les personnes qui ont tendance à l'atonie nervo-motrice de l'estomac.

CHAPITRE VII

Entérite muco-membraneuse.

Cette affection, encore incomplètement étudiée, a été observée depuis longtemps : c'est la diarrhée glutineuse de Van Svieten (1). Elle a du reste reçu des divers auteurs des dénominations en rapport avec l'idée très variable qu'ils se faisaient de sa nature.

On retrouve dans les ouvrages anciens, dans Morgagni et dans Fernel, des observations qui se rapportent évidemment à des faits d'entérite muco-membraneuse. Plus récemment l'attention a été plus spécialement attirée sur cette affection par les communications et les travaux de Perroud, Siredey, Guyot, Vanebroucq, Lasègue, G. Sée, Potain, Dujardin-Beaumetz, et de plusieurs auteurs anglais et américains (2).

Voici, au point de vue clinique, en quoi consiste l'entérite pseudo-membraneuse, qu'il vaut mieux appeler, avec G. Sée, entérite muco- ou mucino-membraneuse.

(1) *Diarrhée glutineuse* (Van Svieten). *Entérite glaireuse* (Nonat). *Diarrhée tubulaire* (Good). *Affection muqueuse de l'intestin* (Witehead). *Entérite membraneuse* (Da Costa). *Affection membraneuse de l'intestin* (Goss). *Affection douloureuse de l'intestin* (Powell). *Croup intestinal* (Clemens). *Herpétide exfoliatrice* (Gigot-Suard). *Colique muqueuse* (Nothagel). *Diarrhée fibrineuse* (Granthaus). *Entérite interstitielle* (Wanebroucq). G. Lyon, in *Gazette des hôpitaux*, p. 494, 1889.

(2) Voir pour la Bibliographie les *Comptes rendus médicaux de la guerre de Sécession d'Amérique*.

Au début, et dans les cas les plus légers, l'affection est caractérisée simplement par l'apparition, avec les selles, chez les constipés de mucus transparent, glaireux, qui se montre surtout dans la dernière partie des matières expulsées.

Ainsi se présente l'entérite muco-membraneuse dans sa forme la plus simple, en dehors des poussées aiguës et des formes chroniques graves dont nous parlerons plus loin.

Dans d'autres cas, le mucus se concrète, et prend l'aspect soit de frai de grenouille, soit de fragments d'albumine de l'œuf à demi cuit. Parfois encore c'est une couche blanchâtre étalée à la surface des matières ou des fragments blanchâtres, irréguliers ou membraneux. Ils peuvent ainsi simuler le tænia, les lombrics, et l'erreur a été assez souvent commise, non seulement par les malades, mais même par les médecins. Plus rarement ce sont des fragments tubulaires pris souvent pour des morceaux de la muqueuse sphacélée et détachée, soit pour des fausses membranes croupales

L'examen histologique et chronique a montré qu'il y avait dans les matières glutineuses ou membraneuses expulsées surtout du mucus, des débris épithéliaux, une énorme quantité de microbes, surtout des colibacilles, une certaine proportion d'albumine mais pas de fibrine (Kitawaga) (1).

L'absence de fibrine indique qu'il ne s'agit pas d'une production inflammatoire croupale (dans le sens allemand du mot). C'est une sécrétion catharrhale avec hypersécrétion muqueuse du gros intestin ne correspondant pas à une lésion profonde, dans

(1) *Ztschr. f. Klin. medic.*, Bd XVIII, p. 9.

les cas récents tout au moins; du reste il n'y a que rarement du sang en quantité notable dans les matières évacuées : on en trouve cependant au moment des poussées dysentériformes chez quelques malades.

La sécrétion fournie par l'intestin est probablement constituée par des glaires muqueuses; leur dessèchement par résorption de l'eau qu'elles renferment leur donne l'aspect glutineux, puis membraneux.

Dans quelques cas, cependant, on a signalé une inflammation plus profonde, interstitielle, susceptible de devenir réellement ulcéreuse (Vanebroucq, Cornil); mais on est à se demander s'il s'agit bien de la même maladie, et si cette colite ulcéreuse, pseudo-membraneuse, n'appartient pas à des variétés morbides différentes : cela paraît assez vraisemblable.

Dans l'entérite muco-membraneuse vraie, l'inflammation est tellement superficielle que son existence a été souvent mise en doute et qu'on s'est demandé s'il ne s'agissait pas surtout d'une névrose spasmodique et secrétoire.

Dans plusieurs autopsies, l'intestin a été trouvé complètement exempt de toute lésion inflammatoire ou ulcéreuse.

L'entérite muco-membraneuse se rencontre souvent chez les personnes de tempérament nerveux dont les troubles intestinaux exagèrent encore la névropathie. Elle est en tout cas liée intimement à la constipation et plus particulièrement encore à ces formes de constipation dans lesquelles on constate une contracture spasmodique du côlon, surtout du côlon ascendant et du côlon descendant. Assez souvent, au moment des poussées aigues ou subaiguës, en particulier des débâ[illegible] glaireuses, on rencontre dans les selles des boules dures de matière fécale ou des fragments de scybales ovillées. Ces boules et ces fragments de boules caractérisent une constipation que masque parfois une apparente diarrhée. Faute de reconnaitre leur présence et de leur attribuer leur signification réelle, on traite comme diarrhéiques des malades qui sont en réalité des constipés. La chose est fréquente en particulier chez les enfants.

Les malades atteints d'entérite muco-membraneuse sont sujets du côté de l'abdomen à des manifestations douloureuses dont la signification est assez souvent méconnue. Après le repas ils ont fréquemment de la pesanteur, du gonflement, des renvois gazeux, de la pesanteur gastrique. Trois ou quatre heures après le repas, ils sont pris, au voisinage de l'ombilic, vers la partie inférieure du creux épigastrique, de sensations plus ou moins pénibles qui suivent parfois d'une façon manifeste la direction du côlon transverse. C'est une sensation de colique, de brûlure, de tension, de tortillement, que les malades définissent et décrivent assez difficilement; quelquefois ils éprouvent en même temps une sensation de nausée, de vide abdominal, de vertige, de malaise général. Quelques-uns d'entre eux accusent une constriction pénible en ceinture. L'état nauséeux masque assez souvent, chez les femmes surtout, la faim et les besoins de défécation.

Chez certains malades, les douleurs se montrent la nuit, surtout de 1 heure à 3; elles les réveillent et les tiennent éveillés.

Par l'examen du ventre on constate souvent l'existence de la corde colique ascendante, transverse ou descendante. Le spasme du côlon est tantôt localisé, surtout au cæcum et à l'S iliaque, tantôt presque généralisé. La pression exercée sur le trajet du côlon provoque parfois de la douleur ; elle dévoile de temps à autre l'existence de scybales isolées ou disposées en chapelet. Plus nous allons, plus nous sommes persuadé que ce spasme du gros intestin joue un rôle important dans la physiologie pathologique de cette singulière affection.

La maladie est sujette à des exacerbations plus ou moins accentuées. Chez certaines personnes elle est réellement continue, et il n'y a que des rémissions incomplètes. L'existence et la persistance de ces sensations pénibles dans l'abdomen retentissent d'une façon fâcheuse sur la santé générale et sur le système nerveux, surtout chez les neurasthéniques.

Les malades perdent le sommeil, ils maigrissent, ils se tourmentent, s'absorbent dans l'analyse de leurs malaises, dans l'interprétation des symptômes de leur maladie ; ce sont de vrais hypochondriaques.

Parfois surviennent des poussées aiguës qui modifient singulièrement l'aspect de la maladie. Après une période prolongée de constipation, surviennent les *crises dysentériformes*, bien décrites par Lasègue. On les a prises souvent pour de la dysenterie sporadique : selles fréquentes, douloureuses, épreintes, ténesme, matières sanguinolentes, rien ne manque pour rendre la ressemblance plus complète. Entre les grandes crises dysentériformes et la constipation avec mucosités il y a, du reste, tous les intermédiaires, et, en particulier chez les enfants, les débâcles consécutives à la constipation s'accompagnent volontiers d'un peu de ténesme et du rejet de quelques glaires sanguinolentes.

Les malades atteints d'entérite muco-membraneuse

sont encore sujets à d'autres accidents. Ils ont, avec des douleurs intestinales plus ou moins vives et de la diarrhée, des poussées fébriles qui ont fait penser parfois à la fièvre typhoïde. C'est le résultat de la désagrégation de matières riches en substances toxiques, et dans lesquelles pullulent les bactéries : y a-t-il, en cas semblable, simplement intoxication par absorption des substances chimiques, ou pénétration de bacilles, du colibacille peut-être, par la muqueuse érodée ? On l'ignore. Toutefois la nature infectieuse de ces accidents et leur point de départ colique ne sont point douteux.

Assez souvent, chez les enfants surtout, ces poussées aiguës sont annoncées par du malaise général, de l'anorexie. La langue devient blanche, il y a des sueurs nocturnes, de la fièvre.

Certaines *formes chroniques* sont véritablement *graves*. Il y a chaque jour d'une façon continue, ou par séries de plusieurs jours, plusieurs selles liquides, muqueuses, chargées de peaux, de pellicules, de membranes, de détritus blanchâtres comparés souvent à de la lavure de chair. Les coliques, les douleurs abdominales sont réveillées par chacun des repas. Les malades, très hypochondriaques, maigrissent notablement, leur peau prend parfois une teinte terreuse. Leur aspect cachectique fait volontiers penser au cancer lorsque la fièvre fait défaut, à la tuberculose lorsqu'elle se montre. L'apparition de fragments de matières stercorales ovillées vient souvent démontrer qu'il y a en réalité non pas diarrhée, mais stase stercorale et constipation. Le tableau clinique présenté par la maladie peut donc être très variable. Dans les *cas bénins* extrêmement fréquents, elle passe à peu près inaperçue. Les matières sont enveloppées par du mucus ou plus ou moins mélangées de glaires ; plus souvent encore une petite quantité de mucus est rejetée après les matières. Dans ces conditions la constipation compliquée de ce léger degré d'entérite muco-membraneuse n'est guère plus grave que la constipation simple.

Chez d'autres malades apparaissent des périodes d'exacerbation avec douleurs abdominales, dépression générale, anorexie, tendance à la neurasthénie. Chez d'autres encore ces crises aiguës se dessinent plus nettement : elles sont d'aspect *dysentérique* ou *typhique*.

Enfin, dans les cas les plus graves la colite est véritablement *chronique ;* jamais elle ne disparaît complètement. Les malades ne cessent presque jamais entièrement de souffrir ; ils maigrissent, se cachectisent, et on l'on en arrive à se demander s'ils ne sont pas atteints de cancer ou de tuberculose de l'intestin. Entre ces différents types tous les intermédiaires se peuvent rencontrer.

L'entérite ou mieux la colite muco-membraneuse est, avons-nous dit, d'observation très commune ; elle se voit plus souvent encore chez la femme que chez l'homme. La femme y est prédisposée par sa constipation habituelle, par son nervosisme fréquent, par les lésions inflammatoires de l'utérus et de ses annexes. L'entérite muco-membraneuse n'est pas très rare chez les enfants, surtout les enfants des villes, ce qui paraît attribuable à leur alimentation trop richement azotée, à la constipation qu'elle entraîne, au manque d'exercice au grand air.

Cette affection accompagne souvent les diverses formes de la dyspepsie gastro-intestinale ; on la rencontre avec des états tout à fait opposés de chimisme gastrique. Elle coïncide volontiers avec des phénomènes de dyspepsie nervo-motrice, avec un mélange plus ou moins intime de spasme et d'atonie. Le spasme vers le côlon se traduit alors par l'existence d'une corde colique très accentuée. Les neuro-arthritiques et les neurasthéniques y sont surtout prédisposés. Dans les cas graves, la neurasthénie est encore exagérée par les manifestations abdominales.

L'entérite muco-membraneuse accompagne souvent aussi l'entéroptose. Si l'on veut se faire une idée exacte de l'entérite muco-membraneuse dans son ensemble, il ne faut pas perdre de vue ces relations, ne seraient-elles même que des relations de coïncidence pathologique.

Comment donc faut-il traiter les malades atteints de colite muco-membraneuse?

Les indications à remplir d'après l'exposé de séméiologie et d'étiologie qui précède sont assez nombreuses. Il faut :

1° Combattre la constipation ;

2° Combattre l'infection et l'auto-intoxication d'origine colique ;

3° Combattre la colite, chercher à modifier l'hypersécrétion muqueuse ou muco-membraneuse ;

4° Instituer un régime alimentaire et une hygiène convenable ;

5° Calmer les douleurs, s'il y a lieu ;

6° Modifier, améliorer l'état général ;

7° Traiter les complications ou les coïncidences morbides.

Voyons donc comment on pourra chercher à remplir ce programme.

Constipation. — En dehors des crises, des débâcles passagères, la constipation est un phénomène constant dans l'entérite muco-membraneuse. La constipation se révèle souvent, dans les formes graves surtout, par l'apparition de scybales ovillées ou de fragments plus ou moins irréguliers, des éclats de petites boules fécales dures.

Cela va très bien avec la constipation spasmodique que Fleiner (1) oppose à la constipation atonique. La constipation spasmodique résulterait d'un véritable resserrement, une véritable contracture du gros intestin. Tantôt les selles sont moulées et comme passées à la filière, tantôt elles sont ovillées; c'est ce qui se rencontre le plus souvent dans l'entérite muco-membraneuse. Il y aurait du reste souvent alternative d'atonie et de spasme sur des segments différents de l'intestin, alternative de zones contractées, resserrées et de zones relâchées.

Le spasme du gros intestin se traduit à l'exploration par l'existence de la corde colique dont Glénard fait, à tort selon nous, un des signes de l'entéroptose. Or, dans l'entérite muco-membraneuse on rencontre souvent la corde colique ; elle occupe des segments plus ou moins étendus du gros intestin ; les parties contracturées sont souvent douloureuses à la pression, ce qui est encore un argument en faveur du spasme colique.

Un autre argument peut être aussi invoqué en faveur de ce spasme intestinal. On a remarqué depuis longtemps que les fausses membranes rejetées pouvaient avoir l'aspect d'un véritable cylindre creux ou plein : or ce cylindre est souvent très inférieur

(1) *Berliner Klin. Wochensch.*, n° 3, 1893.

comme diamètre au diamètre normal de l'intestin, contracté et revenu sur lui-même.

On doit donc, pensons-nous, considérer comme certain que, dans les formes accentuées de l'entérite muco-membraneuse tout au moins, il y a spasme du côlon ; ce spasme se rencontre surtout au niveau de l'S iliaque et du cæcum.

De la constatation de ce spasme on peut déduire pour le traitement des indications importantes. On comprend en effet que les moyens irritants tels que le massage, l'électrisation, les lavements trop froids ou trop chauds, les purgatifs drastiques ne manqueraient pas d'exciter encore cet intestin trop excité déjà, d'augmenter le spasme, de rendre la constipation plus tenace et d'augmenter l'hypersécrétion mucineuse.

La façon dont il convient de combattre la constipation dans les cas d'entérite muco-membraneuse, variera du reste d'après la forme clinique et l'intensité des manifestations.

Dans les cas légers, dans lesquels la constipation est le phénomène principal, dans lesquels l'hypersécrétion muqueuse est peu marquée, il suffira souvent d'un régime alimentaire plus rationnel et de moyens laxatifs fort simples pour faire disparaître à la fois la constipation et les glaires. La vie au grand air, l'exercice physique, une alimentation plus riche en légumes ou en fruits suffisent quelquefois pour amener la guérison. Cet heureux résultat est facilement obtenu chez les enfants, même lorsqu'ils ont des poussées assez intenses de colite. Il est vrai de dire que, sous l'influence du retour au régime qui avait amené la constipation, la colite muco-membraneuse se reproduit chez eux avec une grande facilité.

Dans les mêmes conditions, on pourra user aussi des laxatifs doux : poudre de réglisse composée; magnésie, crème de tartre et soufre précipité en quantités égales; podophyllin; euonymin; cascara sagrada, tamar. Peut-être faut-il se défier un peu plus de ce dernier, qui nous a paru quelquefois augmenter la sécrétion glaireuse. On exclura en tout cas l'aloès et les drastiques. Le séné, d'après M. G. Sée, serait particulièrement indiqué.

On pourra se servir aussi des lavements à l'eau bouillie simple, à la décoction de racine de guimauve, des lavements glycérinés, huileux, des ovules et des suppositoires glycérinés.

On a vanté encore les préparations mercurielles, les pilules bleues, le calomel. D'après Potain (1), H. G. de Mussy recommandait le sublimé dont il donnait trois gouttes de solution au centième.

Pour nous, le laxatif de choix, c'est l'huile de ricin donnée à petites doses, par cuillerées à café ou en capsules, le matin à jeun.

Pour Fleiner, le grand lavement huileux serait le remède par excellence de la constipation spasmodique; nous avons, au chapitre *Constipation*, indiqué quelle est sa technique; nous y renvoyons le lecteur.

D'après Fleiner, l'huile pure, non décomposée, protégerait la muqueuse contre le contact irritant des scybales indurées. A cela se bornerait son mode d'intervention dans les parties inférieures de l'intestin; dans les parties supérieures, elle subirait une véritable digestion en présence des sucs intestinaux et sa décomposition donnerait lieu à des produits d'action laxative.

(1) *Semaine médicale*, 31 août 1887.

On a employé quelquefois contre la constipation des masses énormes d'huile, le Dr Collignon (1) de Maubert-Fontaine (Ardennes) ferait à ses constipés des injections de plus d'un litre d'huile. Ce liquide finirait ainsi par pénétrer dans l'estomac. Ce n'est plus là un lavement, mais un lavage de l'intestin à l'huile.

Il semble que des lavements de 300 à 400 grammes d'huile soient suffisants dans le traitement de l'entérite muco-membraneuse. Grâce à eux, il est possible qu'on arrive en quelques jours à nettoyer complètement le gros intestin. Toutefois, nous les avons vus dans plusieurs cas produire une irritation assez vive; il faut donc s'en défier à ce point de vue.

Ne pourrait-on pas additionner l'huile de substances modificatrices telles que les balsamiques, la créosote, l'eucalyptol, le gaiacol? Il semble à priori qu'elle serait un excellent véhicule.

Nous parlerons plus loin des grands lavages aqueux, de l'*entéroclyse*.

Nous avons laissé de côté les purgatifs salins; ils soulèvent en effet une question qui mérite d'être traitée à part. On ne peut pas donner des sels purgatifs ou des eaux minérales à jet continu aux constipés, qu'ils aient ou non de l'entérite muco-membraneuse. Toutefois il peut être utile dans certaines conditions soit de faire usage passagèrement d'une purgation saline, soit de les soumettre à de véritables cures d'une ou plusieurs semaines. Cela peut être utile surtout chez les obèses, chez les sanguins qui ont tendance à la pléthore abdominale, et lorsqu'il y a

(1) *Journal de Médecine et de Chirurgie pratique*, 10 décembre 1893.

des signes d'auto-intoxication d'origine intestinale (anorexie, céphalée, lourdeur de l'esprit, obnubilations, vertiges).

Les malades pourront alors prendre chaque matin une quantité de sels purgatifs ou d'eaux minérales purgatives suffisante pour amener chaque jour une ou deux selles. On peut aussi, dans ces conditions, conseiller une station à Marienbad, à Châtel-Guyon, à Brides.

Les purgatifs salins seront contre-indiqués lorsqu'il y aura des signes d'une vive irritation de l'intestin, des accidents dysentériformes, des crises douloureuses, et aussi lorsqu'il s'agira de malades anémiés, affaiblis.

Ici comme toujours ces cures salines ont un grand inconvénient : c'est qu'il devient très difficile, après elles, d'obtenir la régularité des selles sans avoir recours à des laxatifs, et même à une dose de laxatifs plus élevée qu'avant l'intervention des sels purgatifs.

L'huile d'olive a été donnée aussi par la voie buccale à titre de laxatif ; il faudrait en donner des quantités assez élevées : 2 à 3 cuillerées à bouche le premier jour, en quantité plus élevée encore le lendemain et le surlendemain. Les malades devraient s'efforcer d'en ingérer un grand verre le quatrième jour ; ils se reposeraient alors pendant plusieurs jours pour recommencer au besoin une nouvelle série. Il y a certainement beaucoup de personnes auxquelles répugnerait une semblable débauche d'huile.

Parmi les médicaments laxatifs, il faut, à propos de l'entérite muco-membraneuse, attribuer une mention particulière à la *belladone*. Elle peut être donnée isolément ou associée à d'autres substances laxatives. Elle calme la douleur, et il n'est pas impossible qu'elle exerce une action favorable sur l'état spasmodique du gros intestin. C'est un médicament à étudier dans ce sens.

Infection et auto-intoxication d'origine colique. — Il n'est guère besoin d'insister pour démontrer le bien fondé de cette indication.

Pour réaliser l'antisepsie du gros intestin on peut procéder par la voie buccale ou par la voie rectale.

Il faut bien reconnaitre que les divers antiseptiques donnés par la bouche n'ont pas paru d'une utilité bien manifeste dans le traitement de l'entérite muco-membraneuse : le naphtol, le benzonaphtol, le salicylate de bismuth, l'acide salicylique, etc., ne paraissent pas avoir servi à grand'chose.

A l'heure actuelle, il semble que l'antisepsie par la voie stomacale doive céder la place à l'antisepsie par la voie rectale lorsqu'il s'agit de la maladie qui nous occupe actuellement ; l'instrumentation dont on dispose maintenant, une technique mieux appropriée, permettent de la réaliser assez facilement, dans un grand nombre de cas tout au moins. Nous n'avons pas du reste à décrire ici l'entéroclyse, à laquelle il a été consacré un chapitre spécial.

Dans quelles conditions l'entéroclyse de Cantani, le lavage total de l'intestin de Lesage et de Dauriac, de Genersich, pourront-ils être mis en œuvre dans le traitemement de l'entérite muco-membraneuse?

Ce sera surtout dans les cas dans lesquels il existe des fausses membranes englobant des scybales ovillées, et aussi, mais avec plus de réserve, dans les poussées dysentériformes. Du reste, dans l'entérite muco-membraneuse, il conviendra toujours, pour faire le lavage du gros intestin, de procéder avec douceur et patience.

Il ne faut pas chercher à obtenir brusquement, tout d'un coup, le lavage du côlon ; on ne cherchera à le faire qu'en plusieurs séances, progressivement, en tâtant la susceptibilité parfois fort grande du malade. On se servira d'eau bouillie portée à la température de 40° ; on en laissera pénétrer tout d'abord un demi-litre qu'on laisse s'échapper, puis un litre, puis une quantité plus considérable, soit dans la même séance, soit dans des séances successives, suivant la tolérance du malade et l'irritabilité de son intestin.

L'injection d'eau tiède aura l'avantage de faire non seulement un lavage mécanique, mais aussi de faire à l'intérieur une véritable application émolliente, antispasmodique, calmante. Cette injection deviendrait au contraire excitante si l'on dépassait une température de 38 à 40°. On pourra ajouter à l'eau de l'entéroclyse une petite quantité de borax, non pas que nous lui concédions, à faible dose surtout, une grande efficacité antiseptique ; c'est beaucoup plutôt à titre d'alcalin que nous le ferions intervenir. Il est certain, en effet, théoriquement que l'acidité du gros intestin serait une condition favorable à la précipitation de la mucine, et à la formation des fausses membranes. En pratique du reste, l'adjonction d'une petite quantité de borax a paru d'une certaine utilité.

Nous ne sommes pas éloigné de croire que l'entéroclyse tendra à se substituer aux douches ascendantes très usitées dans certaines stations pour le traitement de la constipation avec ou sans entérite muco-membraneuse. Les recherches récentes ont fait voir qu'une faible pression et le décubitus horizontal sont les conditions *sine quâ non* d'une pénétration profonde du liquide d'injection colique. Avec les douches ascendantes, le malade est assis et la pression est considérable, c'est une condition tout à fait différente. La douche peut être excellente pour réveiller une tonicité et une motilité affaiblies, elle convient beaucoup moins dans le traitement d'états spasmodiques avec resserrement de l'intestin et corde colique. Il est probable aussi qu'avec la douche ascendante, l'eau ne pénètre que dans une étendue restreinte du gros intestin. Il y a là, en tout cas, à faire une étude comparée qui ne manque pas d'intérêt : en ce qui concerne l'entérite muco-membraneuse, les avantages théoriques sont beaucoup plus en faveur de l'entéroclyse, du lavage du gros intestin, que de la douche ascendante.

Combattre l'inflammation mucinogène et modifier la sécrétion pathologique. — En diminuant la constipation, en supprimant dans la mesure du possible le contact trop prolongé des scybales ovillées, en injectant de l'huile et de l'eau chaude, on tend déjà à diminuer l'irritation de la muqueuse et de la musculature coliques.

L'entéroclyse à l'eau chaude stérilisée peut, cela ne paraît pas douteux, agir à la fois comme antiseptique mécanique et comme calmant.

On a cherché, en employant des substances modificatrices de divers ordres, à combattre l'état inflammatoire ou tout au moins l'irritation de la muqueuse et sa tendance à l'hypersécrétion muqueuse.

Dans certains cas, cette intervention modificatrice n'est nullement nécessaire. Lorsque l'entérite muco-membraneuse est peu accentuée, lorsqu'elle n'est caractérisée que par des glaires peu abondantes, il suffit souvent de faire disparaître la stase fécale : le traitement est donc purement et simplement celui de la constipation. Dans ces conditions les lavages du gros intestin sont quelquefois utiles ; il n'est pas même nécessaire que le liquide injecté pénètre très loin.

Dans les formes chroniques graves et dans les poussées dysentériformes, il était naturel de chercher à modifier directement la muqueuse, et on a eu tout naturellement recours à des procédés très analogues à ceux qui sont usités dans le traitement de la dysenterie. On a injecté de l'iode, du nitrate d'argent, etc. M. Dujardin-Beaumetz a conseillé l'eau iodée, à raison de 10 gr. de teinture d'iode pour un litre d'eau. M. Charrin a dit avoir employé avec avantage les lavements au nitrate d'argent. On pourrait employer, suivant les cas, en tâtant le terrain, des solutions à 0,20, 0,30, 0,50, et même, dans certains cas, à 1 pour 1, 000. Il conviendrait de commencer par les doses les plus faibles, en élevant progressivement la richesse de la solution employée. On se proposerait d'atteindre successivement des segments du gros intestin de plus en plus éloignés de l'anus.

Nous avons employé nous-même les grands lavements au nitrate d'argent et ils nous ont donné de bons résultats. On commencera par des lavements de 500 gr. à 1 pour 2, 000 ou pour 3, 000, plus tard on donne des lavements plus volumineux et, s'il y a lieu, plus riches en nitrate d'argent. On donne ainsi deux ou trois lavements espacés de deux jours, puis on reprend pendant quelque temps les grands lavements à l'eau bouillie simple ou à l'eau légèrement boratée. Nous n'avons pas encore employé les lavements à 1 pour 1, 000. Nous pensons qu'on doit les réserver pour les poussées intenses dysentériformes; ils constituent, on le sait, un des meilleurs modes de traitement de la dysenterie aiguë. En général, du reste, c'est au moment des poussées, des exacerbations de la colite, que le nitrate d'argent sera mis en œuvre.

Les lavements au nitrate sont pris à l'aide de l'entéroclyseur ; ils sont précédés d'un lavement simple destiné à nettoyer le rectum. La solution de nitrate est rendue au bout de quelques minutes. On peut, au besoin, l'additionner de quelques gouttes de laudanum.

Revilliod (de Genève) (1) a conseillé le lavement suivant :

Mucilage de pépins de coing.....	500 gr.
Sous-nitrate de bismuth......... }	ãa 10 —
Salicylate de bismuth........... }	

On donne au préalable un ou plusieurs lavements simples, de façon à nettoyer le gros intestin aussi complètement que possible, puis on donne le lavement au bismuth. Il convient de l'administrer lentement, sous pression faible, le malade étant couché de façon à le faire pénétrer le plus loin possible. Ce lavement sera gardé aussi longtemps que l'on pourra. Le bismuth, du reste met souvent plusieurs jours à s'éliminer complètement. Quand on ne peut pas employer la totalité du lavement qui vient d'être formulé, on en diminue le volume total.

Le lavement pourra être renouvelé plusieurs fois à quelques jours d'intervalle.

(1) *Revue médicale de la Suisse romande* et *Bulletin médical*, 29 janvier 1894.

Régime alimentaire et hygiène. — Il faut, dans la mesure du possible, éviter à la muqueuse colique le contact de substances chimiquement ou physiquement irritantes.

Les épices peuvent être rangées dans la première catégorie : plusieurs d'entre elles, notamment le poivre, traversent l'estomac et l'intestin grêle sans que leurs propriétés excitantes soient modifiées, et elles viennent ainsi irriter la muqueuse du gros intestin. Les corps solides, plus ou moins anguleux, plus ou moins irréguliers, agissent physiquement dans le même sens.

Comme irritants de la muqueuse du gros intestin, il faut compter encore les produits de putréfaction, de décomposition, de fermentation des aliments, qui ont pris naissance soit avant soit après leur introduction dans le tube digestif. Les règles de l'alimentation se rapprocheront en conséquence beaucoup de celles que nous avons données dans le volume précédent à propos des dyspepsies considérées en général, ou dans le présent volume à propos de l'antisepsie intestinale.

Rappelons seulement, dans son principe, ce que devra être le régime alimentaire dans ces conditions : l'alimentation sera riche sous un petit volume, finement divisée, assez abondante pour représenter une ration d'entretien suffisante ; on en éliminera les résidus indigestes, les mets en voie de putréfaction riches en toxines et en microbes.

L'inconvénient d'un semblable régime, c'est de favoriser la constipation que combattrait souvent efficacement un régime riche en substances végétales, et surtout en légumes verts.

Dans les cas légers on pourra permettre, suivant

les cas, des légumes verts crus ou cuits et des fruits. Les légumes et les fruits crus ne seront permis qu'à bon escient.

Dans les cas légers, et chez les enfants, on obtient souvent une remarquable et rapide amélioration par l'usage d'un régime dans lequel les fruits et les légumes tiennent une plus large place. Il n'est pas rare que des enfants élevés à la ville se trouvent rapidement améliorés, sinon même guéris, par un séjour à la campagne : cela, semble-t-il, en grande partie parce qu'ils y font un usage plus étendu de fruits et de légumes frais.

Il sera prudent, dans bien des cas, de donner les légumes en purée en commencant par la purée de pommes de terre et les purées de légumes secs, ou des féculents, pour aboutir enfin à des purées de légumes verts. Les fruits seront cuits.

Dans les formes graves, l'alimentation végétale est impossible. On est amené à ne donner que ce que supportent bien les malades : du lait, des potages au lait, des panades, des œufs à la coque ou brouillés, de la viande en quantité modérée, finement divisée, de la purée de pommes de terre ou des purées de légumes secs.

Dans les formes aiguës, typhoïdes ou dysentériformes, on ne pourra donner que du lait, du laitage, des potages épais avec des œufs, dès que l'état du malade le permettra.

On s'efforcera toujours d'arriver à faire tolérer une alimentation mixte dans laquelle les aliments végétaux tiendront une place suffisante. Cet idéal, dans les formes chroniques graves, est parfois d'une réalisation bien difficile.

Pour ce qui est de l'hygiène, les malades éviteront la fatigue, le surmenage intellectuel, les inquiétudes morales, le refroidissement et surtout le refroidissement de l'abdomen.

Combattre les douleurs — Les douleurs peuvent être très vives dans l'entérite muco-membraneuse, et on sera obligé de chercher à les calmer le plus rapidement et le plus complètement possible ; on emploiera de préférence les moyens extérieurs : applications chaudes, petits lavements chauds d'eau ou d'huile. Les bains chauds sont souvent très utiles. Si cela ne suffit pas, on aura recours au menthol, au cannabis indica, au laudanum, à la morphine, à la codéine, à la belladone.

Les opiacés et la morphine ont l'inconvénient de provoquer la constipation. Il est toutefois à remarquer qu'ici cette constipation est le résultat d'une véritable contracture de l'intestin et que le spasme et la douleur sont les éléments qu'il importe avant tout de calmer. Cette considération a amené quelques auteurs à employer sans crainte l'opium et ses dérivés à dose élevée et d'une façon prolongée. Ils déclarent ne pas s'en être repentis, au contraire.

Pour ma part, je donne la préférence à la codéine. J'en fais faire une solution au 50e d'après la formule suivante :

Codéine........................	20 centigr.
Alcool........................	Q. S. pour dissoudre.
Eau distillée........................	} ãa — Q. S.
Eau de laurier-cerise...........	

pour faire 10 centimètres cubes.

10 gouttes de cette solution correspondent à 1 centigramme de codéine. J'en fais prendre, pour commencer, plusieurs fois 5 gouttes dans les 24 heures. J'en ai donné jusqu'à 6 centigrammes par jour. En

général, avec 3 centigrammes, on obtient une sédation marquée des phénomènes douloureux spontanés et de la douleur provoquée par la palpation du gros intestin.

La belladone donne aussi de bons résultats dans les mêmes conditions ; elle a l'avantage de produire une action laxative parfois très appréciable. Certains malades se trouvent mieux du laudanum, de la morphine ou de la codéine, d'autres se trouvent mieux de la belladone : c'est un essai à faire dans chaque cas particulier.

Les grands lavages provoquent parfois de la douleur en distendant l'intestin ; en les donnant chauds et lentement, on n'évite pas toujours cet inconvénient. L'expérience m'a amené à penser qu'il vaut mieux réduire les lavements à une quantité telle que la douleur soit réduite au minimum ; on n'augmente que progressivement le volume du liquide injecté au fur à mesure que le côlon devient plus tolérant.

Modifier l'état général. — Suivant quelques auteurs, M. Potain, en particulier, il y aurait lieu de s'attaquer beaucoup plutôt encore à l'état général qu'à l'état local. Il semble, en effet, que la névropathie joue un grand rôle chez un bon nombre de ces malades. Elle est exagérée encore par l'état morbide du tube digestif.

Dans les cas légers, on recourra à l'hydrothérapie : hydrothérapie froide si c'est la faiblesse, la dépression générale qui dominent, hydrothérapie chaude s'il y a surtout des phénomènes d'irritabilité nerveuse et des douleurs abdominales. Dans aucun cas les douches ne seront directement dirigées sur l'abdomen.

Les frictions, le massage, la gymnastique suédoise

pourront aussi donner de bons résultats. Le massage abdominal est parfaitement indiqué dans les cas légers, au même titre que contre la constipation ; dans les cas intenses avec productions muqueuses abondantes et sensations douloureuses vives, c'est une autre affaire. Il ne sera alors essayé qu'avec la plus grande réserve. On pourra donner à l'intérieur des préparations de glycéro-phosphates, faire des injections hypodermiques à base de phosphate de soude.

Les nerveux facilement excitables, les rhumatisants seront envoyés aux eaux chaudes calmantes de Néris, Plombières ou Luxeuil.

A des malades vigoureux, peu gravement atteints, conviendront les stations de Pougues, Royat, Bagnoles de l'Orne, dans lesquelles la climatothérapie joue un rôle au moins aussi important que l'hydrothérapie.

Les neurasthéniques vigoureux, momentanément déprimés, pourront se bien trouver des eaux sulfureuses, des boues de Saint-Amand, etc.

Il sera utile, pensons-nous, pour clore cet exposé, de donner le tableau succinct du traitement qui convient dans les différentes formes et les différents degrés de l'entérite muco-membraneuse.

Rappelons tout d'abord que cette affection se lie souvent aux diverses formes de la dyspepsie intestinale, et que souvent il conviendra de mener de front les indications gastriques et les indications intestinales. On n'oubliera pas non plus que l'entérite muco-membraneuse peut donner le change et faire croire à une dyspepsie gastrique qui n'existe pas. Il est plus juste de dire du reste, dans la majorité des cas, que dans l'ensemble pathologique la part de l'intestin l'emporte sur celle de l'estomac. La façon dont on appréciera cette participation des segments successifs du tube digestif aura naturellement son retentissement sur la thérapeutique que l'on sera amené à instituer.

Dans les formes *bénignes*, quand la colite mucomembraneuse n'est qu'un épiphénomène sans importance de la constipation, il s'agira le plus souvent de malades atteints de dyspepsie nervo-motrice, caractérisée par la pesanteur, le gonflement, après les repas, les renvois gazeux, les aigreurs. Souvent il y aura, en même temps un certain degré de névropathie vague ou de neurasthénie caractérisée.

On combattra la constipation sans beaucoup s'inquiéter de l'entérite glaireuse; on évitera seulement l'emploi des purgatifs, des drastiques.

Les purgatifs salins pourraient être utiles par périodes éloignées sous forme de véritables cures espacées; il ne faudra pas permettre leur usage continu, ininterrompu.

Quand la dyspepsie stomacale sera peu marquée, on pourra employer l'huile de ricin à petites doses; dans tous les cas, les lavements huileux seront de mise. L'hydrothéraphie froide et le massage abdominal seront indiqués.

S'il y a *entéroptose*, on fera porter une sangle abdominale.

Au moment des *exacerbations*, des poussées subaiguës, grands lavements d'huile, d'eau bouillie, d'eau boratée, séné, belladone, phodophyllin, evonymin, poudre de magnésie composée, poudre de réglisse composée, et, de préférence encore, l'huile de ricin à petites doses. Applications chaudes sur le ventre. Lavements au nitrate d'argent à faible dose.

Dans les poussées *dysentériformes*, repos au lit,

alimentation par le lait, les potages au lait, avec ou sans œufs, applications chaudes sur l'abdomen, grands lavages boratés chauds de l'intestin, et lavements au nitrate d'argent, lavements de Revilliod au sous-nitrate et au salicylate de bismuth.

Le traitement sera à peu près le même dans les formes *typhoïdes*. On pourra contre elles, mais d'une façon passagère, se servir des purgatifs salins et du benzonaphtol.

Dans les *formes douloureuses* avec contracture marquée du colon, corde colique accentuée, douleurs spontanées intenses, sensibilité unie à la palpation abdominale, on insistera surtout sur les calmants : applications chaudes, bains chauds, opiacés, codéine, belladone; comme laxatifs, huile de ricin à petites doses, lavements huileux. On ne fera pas d'emblée des injections trop volumineuses de liquide dans le gros intestin.

Dans les *formes chroniques graves* avec tendance à l'anémie, à la cachexie et à l'hypochondrie, comme alimentation, on donnera du lait, des potages épais, surtout des potages au lait, au tapioca, à la semoule, aux pâtes fines, au vermicelle fin, des panades passées, des œufs à la coque ou brouillés, de la viande crue, des purées. On donnera comme traitement de grands lavements huileux chauds dans les cas où il y aura beaucoup de matières fécales ovillées; des grands lavages sous forme d'entéroclyse, soit à l'eau bouillie, soit à l'eau boratée (Lavements de 500 à 1500 grammes d'eau.) Contre la douleur, les applications chaudes sur l'abdomen, la codéine, la belladone, la jusquiame, le menthol, l'extrait de cannabis indica, à titre exceptionnel et passagèrement, le chlorhydrate de morphine. En cas de poussée dysentériforme, ou si les glaires sont très abondantes, les selles répétées plusieurs fois dans la journée, on aura recours pendant quelques jours aux grands lavements au nitrate d'argent (solution de 1 pour 3000 à 1 pour 1000), avec ou sans albumine de l'œuf, comme pour le traitement de la dysenterie.

Les malades seront maintenus au lit ou sur la chaise longue pendant les exacerbations. On leur fera des frictions sèches, du massage des membres. On pourra leur donner à titre de tonique du sulfate de quinine à petites doses (0 gr. 30 à 0, 50 par jour) en le suspendant de temps à autre.

Il ne faut pas oublier que, dans ses formes graves, l'entérite muco-membraneuse est une maladie très rebelle, qu'elle récidive avec une grande facilité et que la thérapeutique se montre souvent impuissante à la guérir complètement. Certains malades deviennent par son fait de véritables infirmes. Ce sont donc surtout les débuts qu'il faut surveiller; il faut faire tout son possible pour que les formes légères ne persistent pas et ne s'accentuent pas. Dans certaines formes graves chroniques avec névropathie accentuée, le rôle du médecin devient quelquefois bien difficile : les malades sont d'une susceptibilité extrême, eux et leur intestin, et on risque souvent, par une intervention un peu active, d'amener une exacerbation de leurs souffrances abdominales qui les décourage et les rend rebelles à la continuation de la médication suivie ou à l'institution d'un autre mode de traitement.

Enfin le même malade ne se présente pas toujours sous le même aspect. Il y a des périodes d'aggravation et de rémission, même dans les formes continues graves; il y a aussi des alternatives de spasme et d'atonie, la dilatation, la distension gazeuse du gros intestin succédant à son resserrement. Il faut donc au médecin beaucoup de tact pour s'inspirer des indications variables fournies par un même malade à des périodes différentes de sa maladie, et pour lui faire accepter pendant très longtemps une médication et une hygiène bien comprises, bien appropriées à son cas.

CHAPITRE VIII

Entéroptose.

Dans le volume consacré à l'estomac nous n'avons fait mention de l'entéroptose que d'une façon tres sommaire, et il convient d'y revenir ici avec plus de détails. L'entéroptose, ainsi du reste que le veut l'étymologie, c'est la chute de l'intestin ; à cette ptose se joindrait souvent la ptose d'autres viscères, en particulier du foie et du rein, du rein surtout. C'est grâce aux recherches et aux communications successive de Fr. Glénard que cette notion nouvelle a pris place dans la pathologie. Nous aurons l'occasion de dire au cours de ce chapitre que nous n'acceptons pas la doctrine de Glénard dans son ensemble, que nous ne croyons pas que l'entéroptose soit aussi fréquente qu'il le croit lui-même ; mais nous admettons l'existence de l'entéroptose. D'un autre côté, Fr. Glénard a attiré l'attention sur un certain nombre de phénomènes qui, sans être, selon nous, sous la dépendance de l'entéroptose, n'en présentent pas moins une réelle importance, la rétraction du côlon, par exemple.

Dans le résumé qui va suivre, nous avons pris comme guide un livre récent de M. Monteuuis, dans lequel on pourra trouver la doctrine de M. Glénard exposée dans toute sa pureté et dans tous ses détails (1). On y trouvera aussi la plupart des renseignements bibliographiques relatifs à cette question.

Obligé de se replier sur lui-même à cause de sa grande longueur, l'intestin se trouve suspendu à la colonne vertébrale par l'intermédiaire des replis du péritoine, qui renferment du reste les nerfs et les vaisseaux afférents et efférents qui lui sont destinés.

On est volontiers étonné de la faiblesse relative des ligaments qui soutiennent les viscères contenus dans l'abdomen. On oublie trop facilement, croyons-nous, que ces organes ne tirent pas de tout leur poids sur leurs ligaments. En effet ils se trouvent baignés de toute part par une couche de sérosité qui, pour être très mince, n'en est pas moins continue. Ils se trouvent donc dans la situation des corps solides qui, plongés dans un liquide, perdent de leur poids une quantité égale au poids du liquide déplacé. Dans ces conditions, ils n'ont pas besoin d'avoir des attaches très résistantes. Il résulte aussi de ce fait physique, que la masse abdominale tend à former un tout qui est soutenu en bloc par les parois abdominales, et que la résistance de ces parois a une importance beaucoup plus grande que la résistance des ligaments suspenseurs. Il ne faut pas l'oublier; nous aurons ultérieurement à en montrer les conséquences, surtout les conséquences thérapeutiques.

Sous l'influence de diverses circonstances, le relâchement des ligaments suspenseurs, le relâchement ou l'atonie des muscles de la paroi abdominale, l'intestin tend à tomber. Pour nous, d'après ce qui précède, l'insuffisance des parois abdominales est ce

(1) *L'entéroptose ou maladie de Glénard.* Paris. 1894.

qui aurait le plus d'importance dans cette ptose.

La chute de l'intestin grêle amènerait un tiraillement du mésentère sur le duodénum et, en conséquence, la dilatation de l'estomac en arrière de cet obstacle. Dans quelle mesure ce mécanisme intervient-il? il est difficile de le savoir et nous pensons qu'il faut tenir compte aussi au moins autant de l'atonie des parois musculaires de l'estomac.

La chute du côlon serait due, en partie tout au moins, d'après Glénard, au resserrement de ce segment de l'intestin qui en se vidant de ses gaz acquerrait ainsi une plus grande densité. Cette augmentation de densité est certainement compensée dans une large mesure par ce fait que le côlon se trouve lui aussi plongé dans la sérosité péritonéale. Il faudrait tenir compte tout particulièrement de l'abaissement du coude droit du côlon, qui, par l'intermédiaire du ligament pyloro-colique admis par Glénard, amènerait un abaissement du pylore. Il pourrait même y avoir, par l'intermédiaire de l'épiploon gastro-hépatique, abaissement du foie. L'abaissement du pylore deviendrait une cause nouvelle de dilatation de l'estomac.

Les conséquences du déplacement de l'intestin porteraient immédiatement sur la digestion, et à distance sur l'état général et surtout sur le système nerveux.

L'entéroptose se traduirait par des signes objectifs et par des signes subjectifs.

L'examen de l'abdomen donne des renseignements importants. Tout d'abord, à la simple inspection, on peut constater que les parois du ventre sont flasques et tombantes. Le ventre tend à tomber en avant et en bas à la façon d'une besace. Lorsque le malade est couché sur le dos, le ventre s'étale latéralement comme un ventre de grenouille. Il faut signaler aussi, comme conséquence possible du relâchement des parois abdominales, le ventre à triple saillie. La saillie médiane centrale est due à la présence des grands droits abdominaux. Le relâchement des parois de l'abdomen est à notre sens ce qui compte le plus dans le diagnostic de l'entéroptose. Il ne faut pas prendre pour du relâchement de la paroi le relâchement de la couche adipeuse sous-cutanée, qui forme quelquefois une masse flottante au-devant de l'abdomen : cette disposition se voit surtout chez des obèses qui ont récemment maigri.

Le relâchement vrai des parois de l'abdomen se rencontre du reste dans les mêmes circonstances, et aussi, assez souvent, chez les femmes à la suite de la grossesse.

Le ventre n'est pas toujours pendant d'une façon aussi marquée que l'indique ce qui précède. En effet, quelquefois, surtout chez des individus maigres et encore jeunes, on constate une saillie de l'abdomen qui tombe au-dessous de l'ombilic, de telle sorte qu'il paraît y avoir une rétraction, une dépression sus-ombilicale.

La palpation du ventre dans le cas d'entéroptose donne immédiatement la notion d'un autre phénomène non moins important, c'est le défaut de tension. Le ventre est mou, sans résistance. On arrive presque d'emblée sur la colonne vertébrale dans la région épigastrique, ce qui tient surtout, selon nous, à ce que les parois musculaires de l'abdomen laissent la masse gastro-intestinale s'étaler à droite et à gauche de la colonne vertébrale, au lieu de la maintenir sur la ligne médiane.

Grâce à cette disposition, on sent ainsi facilement

les battements de l'aorte, surtout chez les sujets maigres. Cela est plus facile encore chez les femmes à cause, peut-être, de la largeur plus grande de leur bassin.

Voilà quels sont pour nous, les vrais signes de l'entéroptose ; nous attachons beaucoup moins de valeur, ou du moins une signification beaucoup moins nette aux signes qui vont suivre ; nous ne leur attribuons pas de valeur pathognomonique, nous pensons, au contraire, qu'ils se rencontrent souvent chez des dyspeptiques exempts d'entéroptose.

Avant de les passer en revue, je tiens à insister encore sur l'existence dans ces conditions d'une diminution marquée de la pression dans l'abdomen, Fr. Glénard a parfaitement reconnu l'importance de cette hypotension. Les auteurs qui après lui ont invoqué ce même élément ne lui ont pas toujours suffisamment rendu justice à cet égard.

Je ne sais pas pour ma part si cette tension insuffisante est susceptible de provoquer secondairement l'ensemble des manifestations qu'on lui a attribuées; mais je la considère en tout cas comme un signe important d'insuffisance des parois abdominales, et peut-être aussi, comme le veut Sigaud, de Lyon, d'insuffisance de la musculature intestinale. Quoi qu'il en soit, elle comporte une intervention thérapeutique particulière, la plus importante peut-être dans les indications thérapeutiques de l'entéroptose: l'usage d'une ceinture ou d'une sangle qui vienne substituer la contention mécanique extérieure à l'action insuffisante des muscles larges de l'abdomen. L'expérience clinique démontre l'utilité très réelle de cette pratique.

L'exploration profonde de l'abdomen permet de

constater, nous l'avons dit déjà, avec quelle facilité on parvient sur la colonne vertébrale. Elle permet aussi souvent de percevoir l'existence de la corde colique. Par la palpation pratiquée comme nous l'avons indiqué, on rencontre tantôt la corde colique ascendante, tantôt la corde colique descendante, mais beaucoup plus rarement la corde colique transverse. Nous avons dit déjà que ce que l'on perçoit ainsi, c'est le côlon revenu sur lui-même vide de gaz et de matières. La situation de ce gros cordon correspond bien à cette explication ; du reste, à l'autopsie, il n'est pas très rare de rencontrer le côlon ainsi contracté et resserré, et on a pu se rendre compte dans plusieurs circonstances, sur la table d'amphithéâtre, que c'était bien lui qu'on avait senti pendant la vie.

Nous avons dit déjà dans nos considérations générales sur les troubles de la motricité, à propos de la constipation et de l'entérite muco-membraneuse, comment nous comprenions le rôle de ce spasme colique dans la dyspepsie gastro-intestinale. Pour nous, c'est le signe d'une déséquilibration de la nervo-motricité qui se traduit par des alternatives de spasme et d'atonie dans le temps et dans l'espace. A un moment donné, certains segments de l'intestin sont relâchés, en vertu de l'atonie, et distendus par les gaz pendant les phases de digestion; les autres segments, au contraire, sont contractés et vides. D'autre part, des segments resserrés aujourd'hui peuvent quelque temps après être trouvés distendus par les gaz, en vertu d un véritable relâchement atonique.

La constipation est habituelle chez les entéroptosés; les selles sont caractéristiques; elles sont ou bien ovillées, ou bien rubanées; c'est précisément ce qu'on trouve dans certaines névroses motrices de l'intestin.

Les points douloureux signalés dans l'abdomen n'ont aucune importance particulière : ce sont simplement des stigmates de nervosisme et de dyspepsie gastro-intestinale.

M. Fr. Glénard attache une grande importance à l'épreuve de la sangle. Pour la pratiquer, on se place derrière le malade et on soulève la partie inférieure de son abdomen avec les deux mains réunies, faisant ainsi ce que ferait une sangle. Les malades atteints d'entéroptose éprouveraient alors un bien-être caractéristique; ce bien-être n'est pas douteux, mais il n'est pas caractéristique, car tout le monde ou à peu près éprouve dans ces conditions une sensation de soulagement momentané.

Voilà pour ce qui est des signes objectifs de l'entéroptose. M. Glénard ne se contente pas de diagnostiquer cet état morbide par la constatation des signes physiques; il prétend le reconnaître avant que ces signes physiques ne se soient montrés. Cette préoccupation l'a amené certainement à englober dans la séméiologie de l'entéroptose des choses qui lui sont étrangères. Quels sont donc les signes rationnels qu'il lui attribue ?

Ils ont été classés par M. Glénard de la façon suivante :

1° Symptômes asthéniques (faiblesse générale, faiblesse des reins, d'estomac);

2° Symptômes méso-gastriques (tiraillement, poids, creux, vide, fausse faim);

3° Symptômes gastriques ou chroméliens, ainsi que propose de les appeler M. Glénard, en souvenir de la bonne description qu'en a donnée Chomel (*a*, flatulence et symptômes vaporeux ; *b*, douleurs, aigreurs, brûlures, vomissements, serrements, crampes) ;

4° Symptômes névrosiformes (insomnie, irritabilité, mélancolie, impuissance, vertiges, céphalalgie, palpitations, bourdonnements, battements, névralgies, etc.).

De plus dans l'entéroptose on relèverait toujours les quatre ordres de phénomènes suivants :

a) Réveil à deux heures du matin avec ou sans malaises.

b) Apparition ou exacerbation des symptômes vers trois heures du soir.

c) Aggravation des malaises par l'ingestion de certains aliments (graisses, féculents, vin, lait).

d) Irrégularité et insuffisance des selles, qui sont souvent dures, rubanées, en scybales (1).

De son côté Monteuuis groupe de la façon suivante les signes subjectifs principaux de l'entéroptose (2) : Dyspepsie atonique, symptomatologie asthénique, état général.

Dans la dyspepsie atonique, il note surtout : la conservation de l'appétit, l'intolérance pour le lait, le vin, les boissons alcooliques ; l'étonnante tolérance pour les repas copieux, à condition toutefois de choisir rigoureusement ses mets et de supprimer les sauces.

« La symptomatologie asthénique, l'éternelle fatigue des entéroptosés paraît de bonne heure dans

(1) Fr. Glénard, *De l'Entéroptose*. Communication faite à la Société nationale de médecine de Lyon, 1885.

Cuilleret, *Etude clinique sur l'entéroptose : Gaz. des Hôpitaux*, 22 septembre 1888.

(2) Loco citato, p. 105.

l'entéroptose ; elle se traduit par une lassitude habituelle, surtout accusée au lever, parce que c'est le moment où la tension abdominale est le plus faible et le changement d'attitude le plus radical, par des douleurs ou du moins de la fatigue des reins, et par une sensation vague que les malades appellent presque constamment faiblesse d'estomac. »

« Les symptômes généraux sont :

« *a*) Le réveil régulier vers deux heures du matin, suivi, d'après Glénard, d'une insomnie plus ou moins longue.

« *b*) Une tendance à l'hypochondrie et aux manifestations nerveuses.

« *c*) L'irrégularité des selles et en particulier la constipation, les scybales avec glaires ou membranes. »

On peut reconnaître dans cette énumération de symptômes des manifestations diverses arbitrairement juxtaposées.

On y rencontre surtout des phénomènes que nous avons attribués à la dyspepsie nervo-motrice gastro-intestinale et des manifestations neurasthéniques. Or ces phénomènes dyspeptiques et neurasthéniques se trouvent souvent en dehors de l'entéroptose.

Les troubles de la statique abdominale et la dyspepsie peuvent certainement aggraver la névropathie et la neurasthénie ; mais ils ne peuvent pas en susciter l'apparition sans une prédisposition préalable, congénitale le plus souvent, acquise quelquefois.

En attribuant à l'entéroptose une séméiologie subjective susceptible de précéder la séméiologie objective, les signes cliniques, on arrive à en étendre tellement le domaine qu'elle tend à englober le plus grand nombre des cas de dyspepsie et de neurasthénie.

L'existence de l'entéroptose devrait se conclure également de l'existence de la néphroptose et de l'hépatoptose. Le foie mobile est relativement rare, et je n'ai pas pu me faire d'opinion sur ses relations avec l'entéroptose.

Quant à la néphroptose, je l'ai étudiée d'une façon particulière, et je suis arrivé à cette conviction qu'elle n'est pas forcément en rapport avec l'entéroptose. Le rein paraît se mobiliser pour son propre compte et par un mécanisme particulier. On sait qu'il est beaucoup plus fréquent chez la femme que chez l'homme. Il ne faut pas attribuer exclusivement à la grossesse et à l'accouchement cette fréquence dans le sexe féminin ; car on voit assez souvent le rein mobile chez des femmes qui n'ont pas été enceintes. La compression due au corset paraît avoir une importance plus grande : elle abaisse le foie, le déforme, comprime le rein par son intermédiaire et le chasse de sa loge.

Que faut-il donc, à notre avis, retenir de cette théorie de l'entéroptose ? Pour nous le phénomène prédominant, c'est la diminution de la tension abdominale qui résulte de l'insuffisance des plans musculaires des parois abdominales et, peut-être aussi, de l'insuffisance, de l'atonie motrice de la musculature intestinale. Il doit résulter de cette insuffisante tension un tiraillement en masse des viscères abdominaux sur leurs attaches, une gêne de la circulation abdominale, une exagération de l'atonie gastro-intestinale. Les bons effets de la sangle dans ces conditions indiquent du reste le rôle de cette hypotension. Les malades ne sont certainement pas guéris par cela seul qu'on relève chez eux la tension abdominale, mais ils sont souvent améliorés dans une sensible proportion. Dans la doctrine de Glénard, c'est là ce qui me paraît le plus important en théorie et en pratique.

Des théories de la dyspepsie et de la névropathie concomitante ont été présentées dans lesquelles leurs auteurs ont paru oublier trop facilement que leur conception dérivait directement de celle de Glénard.

Il ne nous paraît pas démontré que l'entéroptose précède le plus souvent la dyspepsie et la neurasthénie; nous pensons au contraire que, dans le plus grand nombre des cas, elle est l'aboutissant de ces états morbides et la conséquence de l'affaiblissement général. Il n'est pas douteux cependant que la déséquilibration abdominale peut se produire assez rapidement dans certaines circonstances, en particulier après la grossesse et l'accouchement; toutefois, dans ces cas même il faut admettre encore l'influence de la prédisposition.

A relâchement égal de leur paroi abdominale, toutes les femmes ne sont pas également dyspeptiques et névropathes.

En revanche, il est certain que l'entéroptose, même réduite à ce que nous en retenons, peut aggraver sensiblement la névropathie et la dyspepsie.

Examinons maintenant la doctrine de l'entéroptose au point de vue thérapeutique. Le traitement d'après Glénard comprend trois éléments principaux : 1° l'usage d'une ceinture ou mieux d'une sangle abdominale; 2° un régime alimentaire particulier; 3° l'usage quotidien d'un laxatif salin.

1° *Ceinture ou sangle abdominale.* — La conclusion de la discussion à laquelle nous nous sommes livré au commencement de ce chapitre, c'est que la diminution de la pression abdominale est le phénomène le plus important de l'entéroptose. Cette diminution de pression est la conséquence du relâchement des parois musculaires de l'abdomen qui constituent en quelque sorte une sangle musculaire et aponévroti-

Fig. 2. — Sangle abdominale de Glénard.

que douée de contractilité et de tonicité. La contractilité n'est mise en jeu que de temps en temps, mais la tonicité est en œuvre d'une façon permanente. Il faut donc renforcer cette sangle naturelle; le mieux pour cela est de conseiller l'usage d'une ceinture ou mieux d'une sangle abdominale.

La sangle abdominale conseillée par Glénard diffère des ceintures en ce qu'elle passe sur les hanches, sur lesquelles elle prend son point d'appui. Cette disposition lui permet de réaliser beaucoup mieux la compression de l'abdomen dans sa partie inférieure Cette sangle, à laquelle on donne généralement le nom de son inventeur, est faite, en somme, sur le modèle des ceintures de gymnastique ou des ceintures des pompiers. Elle est en tissu élastique d'une assez grande résistance. Elle se boucle par trois boucles superposées et indépendantes. On la fixe dans sa situation, soit par des sous-cuisses, soit par des jarretelles qui sont attachées en haut à la ceinture, en bas à la partie supérieure des bas.

La sangle se met assez bas, de façon à passer au-dessous de la crête iliaque, ses bords restant horizontaux et parallèles, on commence par fixer la boucle inférieure. La sangle doit être fortement serrée. Chez les malades qui ont plutôt le ventre rentrant que saillant, on peut en renforcer l'action en y ajoutant une ou plusieurs pelotes en peau de chamois ou en peau de daim rembourrées de laine ou de crin. Pour ma part, je fais volontiers faire un coussinet triangulaire aplati; plus épais en bas qu'en haut, destiné à se loger au-dessus du pubis, le sommet du triangle en bas, la base en haut. Même lorsqu'il existe un rein mobile, je ne me sers pas des pelotes représentées sur la figure : elles sont gênantes et inutiles.

M. Monteuuis a eu l'idée de faire faire une sangle abdominale constituée en avant par trois bandes élastiques séparées l'une de l'autre; cette sangle à bandes multiples en avant aurait l'avantage de se mouler beaucoup mieux sur l'abdomen. Nous avons fait des essais dans le même sens, pour appliquer le même principe; nous devons avouer qu'ils n'ont pas jusqu'à présent été très heureux.

Lorsque l'abdomen présente une saillie assez considérable, la sangle devient d'une application difficile. Dans ce cas, il est bon de faire porter une ceinture comprenant deux parties; une partie horizontale taillée comme la sangle de Glénard passant au-dessous de l'ombilic, que son bord supérieur n'atteint pas. Elle est renforcée au-dessous par une seconde sangle placée obliquemment, en écharpe, qui, par ses deux extrémités, va s'attacher à la partie latérale et postérieure de la sangle principale, de la sangle horizontale. De cette façon, on obtient une contention beaucoup plus parfaite.

Ce n'est pas quelquefois sans une certaine difficulté qu'on obtient que la sangle soit portée avec un degré suffisant de constriction. Quelquefois, pour obtenir l'accoutumance, il faut, au début, ne la serrer que modérément. On peut aussi ne la faire porter que quelques heures dans la journée. Parfois, il est bon de protéger les épines iliaques contre la compression intense à ce niveau par un petit coussin de ouate.

Je fais toujours quitter la sangle au lit; les malades doivent la mettre avant de se lever, de façon à fixer les organes dans la situation que leur a rendue le décubitus dorsal.

Le port de la sangle rend un grand service à un certain nombre de dyspeptiques et de neurasthénique; elle leur enlève l'un des éléments de leur maladie, la sensation de malaise, de vide dans l'abdomen, de tiraillement dans les reins; elle paraît dans bien des cas contribuer à améliorer l'état général et les troubles dyspeptiques.

Ces bons effets montre [illegible] bien que le relâchement de la paroi abdominale, le défaut de la tension consécutive, la tendance de l'intestin à la ptose ont une réelle importance dans la constitution de certains états complexes d'atonie gastro-intestinale et de neurasthénie.

2° *Régime alimentaire.* — Le régime que conseille Glénard présente une analogie marquée avec celui que nous conseillons dans le traitement de la dyspepsie nervo-motrice gastro-intestinale (1). Il met en première ligne dans ce régime la viande crue, les œufs, la viande grillée et rôtie, le jambon, les poissons maigres. Il rejette en seconde ligne la viande bouillie, le gibier, les légumes, le vin rouge; en troisième ligne, les sauces, les graisses, les fritures. Sauf quelques détails, nous accepterions volontiers l'ensemble de son programme culinaire pour le traitement de la dyspepsie nervo-motrice.

Il considère, nous l'avons dit déjà, l'intolérance pour le lait et le laitage comme un des signes principaux et caractéristiques de l'entéroptose. L'attention éveillée sur ce point, nous n'avons pas pu nous convaincre encore de l'incapacité à supporter le lait que présenteraient la plupart des dyspeptiques à hypotension abdominale. Beaucoup ne le prennent pas volontiers à cause surtout de son goût fade; il nous semble qu'il y là auto-suggestion plus que toute autre chose, souvent sinon toujours.

3° *Laxatifs salins.* — Les entéroptosés sont constipés, en règle générale; ils ont assez souvent, à un degré plus ou moins marqué, de la colite muqueuse, et quelquefois des débâcles diarrhéiques auxquelles il importe d'attribuer leur signification exacte si l'on ne veut pas traiter comme diarrhéiques des malades qui sont en réalité constipés. Glénard conseille, de préférence, à titre de laxatif, une eau minérale, l'eau de Sedlitz ou ses succédanées, que l'on donne le matin à petites doses, à doses suffisantes pour que

(1) *Thérapeutique des maladies de l'estomac*, p. 329.

les malades aillent à la selle une ou deux fois facilement.

Glénard fait prendre chaque matin en se levant, 15 minutes avant le premier repas, ou au premier réveil s'il est suivi d'une longue insomnie (que ce soit à 10 heures du soir, à 2 heures, à 4 heures ou à 6 heures du matin), l'un des laxatifs suivants : un paquet de sulfate de soude de 4 gr., de 3 gr. de sulfate de magnésie, que l'on fait dissoudre dans un demi-verre d'eau, ou encore un demi-verre d'eau de Janos, un quart de verre d'eau de Rubinat ou de Villa-Cabras, une cuillerée à café de Sedlitz granulé, une cuillerée à café de sel de Carlsbad.

Lorsque la constipation persiste ou que les selles sont trop aqueuses, il ne supprime pas le laxatif salin, mais il en corrige ou en complète l'action, par l'usage de l'aloès, et il formule :

Extrait d'aloès	ãa 5 centigr.
— de rhubarbe................	

pour une pilule ; en prendre tous les soirs une en se couchant.

Ou encore :

Aloès...............	3 centigr.
Bicarbonate de soude............	75 —

pour un paquet ; un avant chaque repas.

Il affirme que, sous l'influence de l'aloès ainsi donné, les selles liquides provoquées par le laxatif salin tendent à devenir plus denses. Voici, à ce propos, la conclusion d'apparence paradoxale par laquelle il résume sa pratique à cet égard.

« Lorsque les laxatifs salins, sulfate de soude ou magnésie, pris chaque matin à petite dose (6 à 8 grammes) provoquent des selles aqueuses, l'aloès pris concurremment tous les deux soirs à petite dose (5 centigrammes) augmente leur densité et leur rend une consistance presque ou tout à fait normale (1). »

Sous la double influence des laxatifs salins et résineux, on obtiendrait ainsi une selle quotidienne normale comme densité et comme quantité : c'est le but qu'il faut chercher à atteindre.

Il est incontestable que beaucoup de dyspeptiques constipés se trouvent très bien de cette purgation saline faible et répétée. Sous cette influence, ils voient diminuer leurs malaises locaux et généraux; l'appétit réapparait, ils digèrent mieux, ils ont la tête plus libre, ils se sentent plus forts, moins fatigués.

Cependant cette médication laxative n'est pas toujours également bien tolérée. Chez quelques malades on est obligé, pour obtenir l'effet voulu, d'employer des doses trop considérables d'eau minérale, et il est à craindre qu'à la longue cette eau n'ait une influence dépressive marquée sur les fonctions de l'estomac. Chez certaines personnes, cette cure parait provoquer des crises gastralgiques. Il y aurait lieu de rechercher, ce qu'on ne sait pas encore d'une façon suffisante, dans quelle mesure l'usage répété des eaux minérales purgatives peut devenir nuisible.

Il faudrait rechercher de quelle façon elle influence la sécrétion et la motilité stomacale, soit à bref délai, soit à distance, secondairement. Il y aurait lieu aussi de déterminer quelle est son action sur la digestion prise dans son ensemble et sur la nutrition. L'action sur l'utilisation des aliments des trois

(1) *Exposé sommaire du traitement de l'entéroptose*, p. 23.

ordres, sur l'assimilation et la désassimilation aurait certainement une signification beaucoup plus importante que l'action locale sur l'estomac.

L'inconvénient de la purgation répétée, c'est qu'elle ne paraît guérir que les symptômes, non la maladie même. Dès que l'action laxative d'une dose d'eau minérale purgative se trouve épuisée, les malades restent plus constipés encore qu'ils ne l'étaient auparavant. C'est donc indéfiniment qu'il leur faudrait faire usage des eaux ou des sels purgatifs.

Pendant combien de temps peuvent-ils s'en servir sans inconvénient? C'est une question à laquelle on ne peut guère faire qu'une réponse arbitraire, basée sur une appréciation subjective beaucoup plus que sur une démonstration objective. Pour notre part, nous supprimons cette médication au bout de quinze jours environ; tout d'abord, nous ne donnons plus l'eau purgative que tous les deux jours. Les jours intercalaires, le malade cherche à aller à la selle tout seul, spontanément, en se présentant à la garde-robe précisément à l'heure à laquelle il a l'habitude d'y aller les jours d'eau minérale. On peut alors faire intervenir à ce moment le massage, l'électrisation du ventre, la gymnastique. Si cela ne suffit pas, on est obligé d'avoir recours à la série de laxatifs que nous avons étudiés ailleurs.

Médication alcaline. — Glénard recommande vivement l'emploi du bicarbonate de soude dans ce qu'il appelle la période gastrique de l'entéroptose : c'est une médication secondaire à laquelle il attribue, contre les phénomèmes de dyspepsie stomacale concomitante, une importance très grande.

Il recommande de boire aux repas soit de l'eau de Vals (Vivaraise, Précieuse, etc.),soit de l'eau de Vichy

(Hauterive, Saint-Yorre) ou une cuillerée à café du mélange suivant :

Bicarbonate de soude...............	60 gr.
Magnésie calcinée..............	30 —
Sous-nitrate de bismuth.............	3 —

Nous avons tenu à exposer le traitement formulé par Glénard avec des développements suffisants. Il est incontestable qu'il donne quelquefois d'excellents résultats, et nous l'employons à l'occasion, non sans succès.

Malgré la formule bien connue : *naturam morborum curationes ostendunt*, ses bons effets ne nous amènent pas à accepter la théorie de l'entéroptose dans son ensemble. Il nous paraît évident, en effet, que son auteur a réuni artificiellement dans la même conception et subordonné à la même interprétation pathogénique des choses différentes. De ce que la diminution de pression abdominale se rencontre chez un certain nombre de dyspeptiques gastro-intestinaux et de neurasthéniques, il n'en résulte pas que leur dyspepsie ou leur névropathie soit la *conséquence* de cette diminution de pression et de l'entéroptose. Il semble, au contraire, résulter de l'observation clinique et de la marche des choses, que l'hypotension abdominale est souvent la conséquence d'une dépression générale de l'organisme, dans laquelle la dyspepsie et la névropathie jouent un rôle considérable, prépondérant chez des individus prédisposés.

Cela n'empêche nullement, par un véritable cercle vicieux, l'hypotension abdominale et l'entéroptose d'augmenter à leur tour la névropathie, la dépression générale et la dyspepsie.

Si la doctrine de l'entéroptose est inacceptable

dans son ensemble, les morceaux en sont bons, et je sais pour ma part un très grand gré à Fr. Glénard d'avoir démontré l'existence de l'hypotension abdominale, la fréquence des ptoses viscérales dans l'abdomen, la fréquence de la contracture spasmodique du côlon, l'utilité de la ceinture ou mieux de la sangle abdominale.

Son régime est chose moins nouvelle, et il est curieux de remarquer que les médecins, guidés en cela par les malades, sont arrivés à s'entendre assez facilement, dans les grands traits, sur l'utilité et la qualité du régime alimentaire à prescrire aux dyspeptiques nervo-moteurs. L'utilité des laxatifs a été aussi depuis longtemps reconnue; l'élément réellement personnel, le principe nouveau introduit par Glénard dans la thérapeutique, c'est donc l'usage de la sangle abdominale.

Chez les malades chez lesquels le port de cette sangle est indiqué, en vertu d'un relâchement manifeste des parois musculaires de l'abdomen, d'une hypotension abdominale marquée, de l'hépatoptose, d'une néphroptose accompagnée de dyspepsie, ou de neurasthénie, ou d'entérite muco-membraneuse, il convient aussi de régler l'exercice avec un soin tout particulier. Ces malades ne doivent pas marcher avec excès; lorsqu'il s'agit de femmes, ce qui est du reste de beaucoup le cas le plus fréquent, il ne faut pas hésiter à les faire rester au lit assez longuement en cas de crises paroxystiques, surtout au moment des règles. Cela a autant d'importance que l'usage de la sangle abdominale; le décubitus a en effet le grand avantage de combattre efficacement, sans aucun appareil, l'entéroptose due à l'hypotension abdominale.

Il ne faut pas oublier non plus tout ce qui peut tonifier le malade, augmenter ses forces générales et la vigueur de ses parois abdominales : à ce point de vue, il faut surtout recommander l'exercice régulier et méthodique, la gymnastique suédoise, l'hydrothérapie, le massage, l'électrisation.

L'électrisation, le massage et l'hydrothérapie peuvent, du reste, s'appliquer plus particulièrement à l'abdomen de façon à combattre en même temps le relâchement des muscles de la paroi du ventre, l'atonie des tuniques musculaires du tube digestif et, par conséquent, la flatulence et la constipation.

CHAPITRE IX

Hémorrhagie intestinale.

L'hémorrhagie intestinale peut se produire dans des conditions très différentes. C'est toujours la manifestation symptomatique d'une lésion locale ou d'une maladie générale qui réclament un traitement particulier. Ici nous ne nous occuperons que du traitement du symptôme.

Dans tous les cas d'hémorrhagie intestinale, un certain nombre d'indications se présentent qui lui sont du reste communes avec toutes les grandes hémorrhagies internes et, surtout, avec les autres hémorrhagies du tube digestif.

Le malade gardera un repos absolu, le calme moral et intellectuel sera recommandé autant que le calme physique. Pour obtenir autant que possible l'immobilisation de l'intestin et la tranquillité du malade, on aura recours à l'extrait thébaïque ou aux injections hypodermiques de morphine. On pourra donner 10 centigrammes d'extrait thébaïque par jour, soit en 2 pilules de 5 centigrammes, soit en 5 pilules de 2 centigrammes espacées de 2 ou 3 heures. On pourra faire de la même façon plusieurs injections sous-cutanées de 1/2 à 1 centigramme de morphine.

Comme hémostatique interne, on pourra employer l'ergotine Bonjean à la dose de 2 à 4 grammes en

24 heures en potion; mais il vaudra mieux encore avoir recours aux injections hypodermiques d'ergotine Yvon ou d'ergotinine Tanret.

Ergotine........	2 gr.
Glycérine.................................	15 —
Eau distillée.....................	15 —

pour injections hypodermiques.

L'ergotinine se donne à la dose de 1/4 de milligramme à un milligramme.

Ergotinine.....................	0.01 centigr.
Acide lactique....	0.02 —
Eau distillée de laurier-cerise....	10 gr.

Cette solution, qui est celle de Tanret, renferme un milligramme d'ergotinine cristallisée par centimètre cube, c'est-à-dire par seringue de Pravaz.

Comme hémostatiques il faut citer aussi les produits extraits de l'*hamamelis virginica*. L'extrait fluide, d'après Dujardin-Beaumetz et Yvon, peut se donner jusqu'à la dose de 50 grammes; il se donnerait à la dose de 4 à 8 grammes d'après Soulier; l'extrait sec ou hamaméline se donnerait à la dose de 5 à 15 centigrammes (D.-Beaumetz et Yvon), de 5 à 20 centigrammes (Soulier). La teinture alcoolique à l'intérieur se donnerait à la dose de 5 à 10 gouttes plusieurs fois par jour (Soulier). Il existe dans le commerce des préparations spéciales d'hamaméline qui sont d'un emploi commode.

L'*hydrastis canadensis* aurait des propriétés analogues. On peut prescrire l'extrait fluide à la dose de 80 gouttes, en 4 fois, la teinture (1 p. 10) à la dose de vingt à trente gouttes. Nous n'avons pas personnellement employé l'hydrastis, nous avons essayé l'hamamelis qui nous paru réellement active.

On pourra aussi donner du perchlorure de fer à l'intérieur (5 à 20 gouttes plusieurs fois par jour) : son emploi est consacré par la tradition, bien que son utilité soit très douteuse.

On donnerait du tanin ou des substances à base de tanin dans les cas où il s'agirait d'une hémorrhagie se produisant vers la partie supérieure du gros intestin.

Dans les cas d'hémorrhagie de la partie inférieure du côlon qui se reconnaissent à ce que le sang n'est pas intimement mélangé aux selles, qu'il englobe les scybales, suit ou précède immédiatement leur expulsion, on pourra faire des injections astringentes destinées à agir sur le point de départ même de l'hémorrhagie (tanin à 1/100, alun à 1/100.) On pourra aussi faire des injections d'eau bouillie à température élevée (45 à 50°). Cela rentre dans les procédés de traitement de l'hémorrhagie due à des hémorrhoïdes; mais nous n'insistons pas sur ce cas particulier, ayant exposé dans un autre chapitre le traitement des hémorrhoïdes.

Les hémorrhagies intestinales peuvent être assez abondantes pour devenir une cause d'affaiblissement très grand et même de menace de mort. On pourra donc être amené à combattre directement des accidents plus ou moins graves résultant d'une anémie aiguë par perte abondante de sang. Il faut conseiller surtout les injections hypodermiques de sérum artificiel (50 à 100 gr. et plus), qui ont l'avantage de remonter immédiatement les forces générales et l'action du cœur.

Nous conseillons, dans ces conditions, de se servir, soit de la solution de chlorure de sodium à 6 p. 1000, soit de la solution phosphatée suivante, que nous avons employée quelquefois avec succès chez les neurasthéniques :

Phosphate de soude.....	4 gr.
Chlorure de sodium...........	2 —
Glycérine neutre.....................	20 —
Eau distillée........................	80 —

Le fait même des hémorrhagies intestinales impose des précautions particulières au point de vue de l'alimentation, surtout lorsque, ce qui est fréquent, les hémorrhagies sont attribuables à des ulcérations. Il conviendra de réduire les mouvements péristaltiques au minimum, d'éviter les irritants chimiques ou mécaniques, de réduire autant que possible le volume des aliments ingérés.

La mesure la plus radicale à ce point de vue est de suspendre complètement l'alimentation en donnant au malade de petits morceaux de glace pour calmer la soif. Plus tard, on permettra seulement l'eau, puis le lait.

Les applications de glace sur le ventre ont-elles une valeur thérapeutique réelle? C'est assez douteux. Elles ont tout au moins un avantage, c'est d'obliger le malade à garder l'immobilité : c'est quelque chose.

DEUXIÈME PARTIE

CHAPITRE PREMIER

Entérites.

Considérations générales. — On a, autrefois surtout, beaucoup abusé du diagnostic « entérite ». Gastrite a été considéré à tort comme synonyme de dyspepsie; par une conception analogue, on a regardé la diarrhée comme le signe presque caractéristique de l'entérite. Ces deux termes, l'un de signification purement séméiologique, l'autre de signification exclusivement anatomo-pathologique, sont cependant loin d'être équivalents. En effet, il peut y avoir entérite sans diarrhée et diarrhée sans entérite.

Comme exemple probant de diarrhée sans entérite, on peut citer les diarrhées nerveuses, dont les variétés sont nombreuses et très différentes les unes des autres. La diarrhée nerveuse peut survenir sous l'influence du froid, d'une émotion, cela d'une façon aiguë, passagère. La diarrhée chronique ou à répétition se voit dans le tabes ataxique, le goitre exophtalmique, la neurasthénie; dans l'hystérie on voit quelquefois se produire une diarrhée paroxyslique dans la pathogénie de laquelle l'état psychique, et l'auto-suggestion jouent un rôle important.

D'autre part, lorsqu'il y a entérite, il n'y a pas toujours diarrhée, c'est un point sur lequel a justement insisté Nothnagel, qui a fait une étude patiente de la séméiologie de l'entérite. Il a particulièrement fait ces recherches sur les tuberculeux, qui fournissent fréquemment l'occasion de vérifier à quel état anatomique correspondent les phénomènes symptomatiques observés sur le vivant. Chose curieuse et qu'il ne faut pas oublier, ce ne sont pas les lésions inflammatoires les plus graves qui donnent lieu aux manifestations les plus intenses. Une gastrite ulcéreuse s'accompagne très bien de constipation, tandis qu'une gastrite superficielle, catharrale, peut se traduire par une diarrhée très abondante.

Il est très difficile de faire, dans tous les cas, le diagnostic exact de l'entérite, de décider si un cas donné de diarrhée dérive de l'inflammation de l'intestin ou d'un trouble plus ou moins prolongé de la sécrétion et de la nervo-motricité. Il y a du reste souvent mélange et combinaison de l'élément nerveux et de l'élément inflammatoire. Nothnagel a donné pour le diagnostic de l'entérite et de sa localisation un certain nombre de points de repère que nous croyons devoir résumer brièvement ici (1). Il attribue, on va le voir, une grande importance à l'existence du mucus dans les selles et à la façon dont il se trouve mélangé aux matières fécales.

Lorsque les matières sont dures, sous forme de scybales, et qu'elles sont enrobées de mucus, cela

1. *Beiträge zur Physiologie und Pathologie des Darmes*, 1884.

indique une inflammation de la partie inférieure du gros intestin.

Quelquefois, ce n'est pas du mucus liquide que l'on trouve, mais des fragments jaunâtres ou des fausses membranes plus ou moins étendues. Cela se rencontre à peu près exclusivement dans l'entérite muco-membraneuse, à laquelle nous avons consacré un chapitre spécial.

La présence du mucus intimement mélangé à des matières molles ou diarrhéiques correspond à une inflammation du gros intestin remontant jusqu'au cæcum ; ce serait dans le cæcum même que le mélange se ferait d'une façon intime.

L'apparition de la bile en nature indiquerait une entérite de l'intestin grêle étendue jusqu'à sa partie supérieure. La bile colore alors souvent des grumeaux plus ou moins gros, que l'examen histologique montre être constitués par du mucus, des amas de cellules épithéliales ou des cristaux de sels minéraux.

Le sang, en général, est l'indice d'un processus d'ulcération quand il est intimement mélangé aux matières fécales.

Le pus se dissémine dans la masse des matières, de telle sorte qu'on ne le retrouve en nature que lorsqu'il prend naissance à la partie inférieure du gros intestin.

Les ulcérations s'accompagnent tout aussi souvent de constipation que de diarrhée.

La palpation peut fournir aussi des données utilisables pour le diagnostic de l'entérite et de sa localisation. C'est ainsi que, dans les cas d'inflammation et surtout d'inflammation ulcéreuse du côlon, on peut constater parfois une douleur très nette à la palpation le long du gros intestin, et, le plus souvent, sur le trajet du côlon ascendant ou du côlon descendant.

Quelle utilité, quelle indication apporte à la thérapeutique le diagnostic de l'entérite ?

Savoir qu'il y a inflammation de l'intestin amène naturellement à supprimer toutes les causes d'irritation, et à s'abstenir de certaines médications agressives. C'est ainsi, par exemple, qu'on évitera dans ces conditions de prescrire les purgatifs drastiques, en cas de constipation.

L'indication la plus urgente est de supprimer les causes de l'entérite, mais cela n'a rien qui soit particulier à cette maladie : il faut toujours supprimer les causes, qu'il y ait ou qu'il n'y ait pas de lésion inflammatoire.

Qu'il puisse agir ou non sur l'élément étiologique, le médecin se trouve amené à remplir les indications qui résultent de la présence des syndromes : il devra ramener les selles à la normale, tant au point de vue de leur consistance que de leur régularité, il devra par conséquent lutter tantôt contre la diarrhée, tantôt contre la constipation ; mais il est évident qu'il ne se comportera pas à l'égard de la constipation chez un malade atteint de colite ulcéreuse de la même façon qu'il le ferait s'il s'agissait d'une constipation due purement à l'atonie. Il est évident, pour prendre un exemple frappant, qu'il ne fera pas de massage énergique en cas d'ulcération intestinale.

Il devra chercher à déterminer dans quelle mesure peuvent agir les fermentations gastro-intestinales, soit pour amener l'irritation de la muqueuse, l'hypersécrétion intestinale ou l'exagération de la motricité, soit pour provoquer des troubles de l'état général, des phénomènes d'auto-intoxication. Il devra mettre en œuvre des procédés appropriés d'antisepsie du tube digestif.

Il devra donner une alimentation en rapport avec l'intensité de l'entérite, l'intensité et la modalité de ses manifestations symptomatiques.

En somme, le traitement des entérites consistera surtout à appliquer à des cas particuliers les données que nous avons précédemment exposées sur le traitement des grands syndrômes intestinaux. Il consistera à faire choix parmi les méthodes indiquées de celles qui ne sont pas en opposition avec le mécanisme pathogénique de ces syndrômes, en cas d'entérite. Cela nous permettra d'être assez bref dans l'exposition du traitement : car nous aurons le plus souvent à renvoyer à ce qui a été dit déjà dans les chapitres précédents à propos de la constipation, de la diarrhée, de la douleur, de l'antisepsie intestinale.

Entérite aiguë.

L'entérite aiguë est caractérisée par la congestion de la muqueuse intestinale, par une irritation cellulaire et glandulaire qui se traduit par une desquamation plus abondante que normalement, par une hypersécrétion du suc intestinal, par une production de mucus plus ou moins exagérée.

Si l'irritation persiste et est assez accentuée, il se fait de plus une infiltration embryonnaire interstitielle qui peut, dans des cas suraigus, amener à la production rapide d'exulcérations et même d'ulcérations.

Cette irritation peut, dans certains cas, atteindre

les grandes annexes de l'intestin et provoquer une hypersécrétion de la bile et du suc pancréatique. L'hypersécrétion biliaire est tout au moins bien démontrée. En tout cas, comme les mouvements péristaltiques de l'intestin prennent une intensité exagérée, il en résulte une évacuation beaucoup plus rapide de son contenu qui se traduit par de la diarrhée. Les selles sont plus ou moins fréquentes, plus ou moins abondantes, plus ou moins aqueuses et chargées de mucus suivant l'étendue de l'inflammation intestinale.

L'exagération des mouvements péristaltiques donne lieu à des coliques plus ou moins intenses.

L'évacuation hâtive du contenu de l'intestin amène forcément une diminution plus ou moins grande dans la résorption des aliments et des sucs digestifs. De là une cause d'affaiblissement et d'inanition qui, dans les cas graves, peut prendre une dangereuse intensité.

Ce n'est pas tout. L'entérite est souvent la conséquence d'une infection qui se traduit par des phénomènes généraux d'une gravité variable, fièvre céphalalgie, phénomènes typhoïdes, etc. On peut distinguer deux cas : tantôt l'infection a pénétré par le tube digestif, et l'entérite signale son premier conflit avec l'organisme ; tantôt elle est entrée par une autre voie, et l'irritation inflammatoire a été apportée à l'intestin par la circulation.

Dans toute infection, il faut, on le sait bien maintenant, faire une part à l'intoxication. Or cette intoxication peut être due en partie aux toxines formées par les microbes pathogènes, en partie aux toxines produites par les substances alimentaires en voie simultanée de digestion et de putréfaction dans le tube digestif. Nul doute que cette auto-intoxication digestive ne se réalise avec une prédilection particulière dans bien des cas d'entérite : l'embarras gastro-intestinal fait ainsi partie de l'ensemble morbide.

Avant d'énumérer les causes principales de l'entérite, nous rappellerons que certaines personnes y sont particulièrement prédisposées : les enfants, d'autant plus qu'ils sont plus jeunes, les nerveux, les anémiques, les albuminuriques, les dyspepsiques, les diabétiques, etc. L'apparition de l'entérite est favorisée encore par la fatigue et surtout par le surmenage.

Comme *cause efficiente :* il faut surtout signaler le froid. Si le froid par lui-même ne peut pas produire une entérite vraie, il faut toutefois reconnaître qu'il peut contribuer d'une façon particulièrement puissante à mettre en œuvre d'autres causes qui, sans lui, fussent peut-être restées inoffensives. C'est ainsi que, dans les régions tropicales, le refroidissement nocturne devient souvent une cause importante d'éclosion de formes graves et variées d'entérite aiguë.

Les purgatifs drastiques déterminent, en réalité, une entérite aiguë superficielle et passagère. Il en est de même de certains aliments, et il faut donner une large place dans l'étiologie aux intoxications alimentaires. Il faut signaler surtout les aliments en voie de décomposition ou de putréfaction qui apportent dans le tube digestif des toxines toutes faites et des microbes, cause de fermentations et de putréfactions nouvelles dans la masse gastro-intestinale.

Les rapports de l'entérite et de l'embarras gastrique ou gastro-intestinal sont donc très étroits ; il est impossible de dire où commence l'un et où finit l'autre.

Les *formes cliniques* de l'entérite aiguë, que nous ne devons considérer ici que chez l'adulte, sont nombreuses et variées.

La plus simple, véritable *indigestion intestinale*, correspond au type de la purgation. Des évacuations intestinales surviennent accompagnées de coliques plus ou moins intenses, de malaise général varié ; mais tout cela dure peu, et, en somme, on s'en guérit tout aussi facilement que d'une simple purgation. Les vomissements peuvent accompagner ou précéder la diarrhée ; ce sont les deux procédés par lesquels le tube digestif évacue la matière peccante.

Une autre forme correspond à l'*embarras gastro-intestinal*, avec ou sans fièvre ; nous avons considéré ailleurs l'embarras gastro-intestinal comme un syndrome et nous lui avons consacré un chapitre particulier; nous ne pouvons qu'y renvoyer.

Une forme plus grave est la *forme typhoïde ;* il y a, après un début assez brusque, de la diarrhée, de la fièvre, de l'inappétence, de la céphalalgie. La langue est blanche, aplatie, portant l'empreinte des dents. Les coliques sont plus ou moins intenses, plus modérées en général que dans les formes passagères, purgatives. On peut penser à une fièvre typhoïde légère. Toutefois l'abattement est moins grand, la fièvre moins vive; le facies n'est pas si nettement typhique. On ne trouve pas de taches rosées lenticulaires, pas de bronchite ou de congestion à la base des poumons. La durée de la maladie est beaucoup moins longue que la fièvre typhoïde; elle ne dure guère plus de 6 à 8 jours.

Les types les plus accentués d'entérite aiguë sont représentés par les entérites aiguës des pays chauds à formes bilieuses ou hémorrhagiques, sur la nature desquelles les auteurs ne sont du reste pas d'accord. Les uns les considèrent comme des états morbides spéciaux, les autres comme des déterminations subordonnées à l'impaludisme, à la dysenterie, à la diarrhée de Cochinchine, etc. Nous renverrons à ce propos aux chapitres consacrés à la dysenterie et à la diarrhée des pays chauds.

Le choléra représente en somme une entérite suraiguë d'une forme clinique particulière. Nous n'avons pas à nous occuper ici du choléra asiatique lui-même ; mais il existe des diarrhées cholériformes qui, au point de vue des symptômes, y ressemblent beaucoup; elles doivent être traitées de la même façon, par les mêmes méthodes.

Enfin, il resterait encore à considérer certaines entérites aiguës localisées : la duodénite, la typhlite, la colite et la rectite; mais nous ne connaissons pas de traitement particulier de la duodénite; la typhlite sera étudiée à part ; quant à la colite et à la rectite, leur traitement se confond à peu près avec celui de la colite muco-membraneuse pour les formes chroniques et avec celui de la dysenterie pour les formes aiguës.

Comme il n'y a pas de limite entre l'entérite aiguë et l'entérite chronique, comme celle-ci résulte souvent de la prolongation ou de la permanence des causes qui produisent celle-là, nous ne séparerons pas le traitement de ces deux formes d'entérite. Nous allons dire quelles sont dans l'histoire pathologique de l'entérite chronique les points principaux qui peuvent fournir des indications à la thérapeutique.

Entérite chronique. — Les formes de l'entérite chronique sont nombreuses, elles résultent de la variabilité des causes et du mécanisme pathogénique, de la diversité des lésions, de leur étendue, de leur profondeur, de leur répartition.

Les lésions qui la caractérisent peuvent être constituées par :

1° La congestion de la muqueuse ;

2° La desquamation du revêtement épithélial ;

3° Les lésions des éléments glandulaires représentées souvent par la formation de petits kystes muqueux ;

4° L'infiltration interstitielle de la muqueuse par les cellules embryonnaires ;

5° Des exulcérations et des ulcérations vraies qui résultent de la desquamation épithéliale et de l'élimination à l'extérieur des amas de cellules embryonnaires par foyers folliculaires ou en nappe ;

6° L'inflammation ou la destruction des plexus de Meissner et d'Auerbach (Jurgens, Blaschko, Sakaki), ce qui est de nature à apporter des troubles intenses dans l'innervation et la motricité de l'intestin ;

7° L'amincissement ou l'hypertrophie des tuniques musculaires, suivant les cas.

Le degré et le groupement de ces lésions donnent lieu à des formes cliniques différentes dont les principales sont :

1° La *forme catarrhale*, dans laquelle on observe surtout de la congestion, du dépoli de la muqueuse, une desquamation épithéliale et une production de mucus exagérée, quelquefois des exulcérations.

2° La *forme ulcéreuse*, dans laquelle on rencontre des ulcérations plus ou moins étendues, plus ou moins nombreuses, localisées d'une façon différente, suivant la nature de la maladie principale et suivant les cas particuliers.

La *forme atrophique*, dans laquelle il y a une destruction très étendue, parfois presque généralisée de l'appareil glandulaire ; souvent il y a en même temps atrophie des tuniques musculaires qui se montrent anormalement amincies et peut-être du système nerveux intrapariétal de l'intestin.

Dans la forme catarrhale, on observe de la diarrhée, surtout lorsque l'intestin grêle est intéressé. Les selles sont plus ou moins liquides, elles ont une coloration tantôt jaune, tantôt noirâtre ; elles sont plus ou moins intimement mélangées de mucus délayé. Quelquefois il y a des coliques plus ou moins pénibles.

Pour ce qui concerne la colite catarrhale, on se reportera au chapitre de l'entérite muco-membraneuse.

Dans la forme ulcéreuse, il peut y avoir diarrhée ou constipation ; souvent il y a alternative de diarrhée et de constipation. Les selles sont d'aspect et de fréquence variables. La présence de sang intimement mélangé aux matières fécales est le seul élément caractéristique de l'ulcération (Nothnagel). Par la palpation, on trouve quelquefois une douleur fixe, limitée au niveau des ulcérations, surtout lorsqu'il s'agit d'ulcérations coliques. (Voir *Dysenterie.*)

La forme atrophique est, le plus ordinairement, l'aboutissant, le stade ultime d'une entérite chronique ou de poussées subintrantes d'entérite aiguë. Le type en est représenté par la diarrhée chronique des pays chauds, que nous étudierons à part. (Voir *Diarrhée des pays chauds.*)

L'entérite chronique s'accompagne de phénomènes généraux très variables suivant les cas. Il peut y avoir :

a) Infection ou intoxication générales antérieures à l'entérite ;

b) Infection ou auto-intoxication consécutives à l'entérite ;

c) Phénomènes de dénutrition en rapport avec la viciation de la digestion et de l'absorption des substances alimentaires.

Il faut tenir compte aussi du mode de réaction individuelle et surtout de l'état plus ou moins accentué de névropathie. Les manifestations symptomatiques ne sont pas égales à degré égal d'entérite. Les nerveux réagissent d'une façon beaucoup plus intense que les autres. Il en résulte du reste, qu'il est, en clinique, extrêmement difficile de marquer la limite entre l'entérite chronique et les névroses intestinales ; la névrose peut du reste, dans une mesure plus ou moins large, se mélanger à l'entérite. Elle peut aussi donner lieu à un ensemble de manifestations à peu près identique à celui que produit l'inflammation chronique de l'intestin.

Il importe, pour la prophylaxie et la thérapeutique, d'avoir une notion aussi exacte que possible des conditions étiologiques et pathogéniques de l'entérite chronique. Par beaucoup de points, cette étiologie se confond avec celle de l'entérite aiguë, car l'entérite chronique peut commencer à la façon d'une entérite aiguë ou bien succéder à des poussées aiguës successives d'inflammation intestinale.

De là l'indication de ne pas négliger le traitement de l'entérite aiguë, surtout chez les individus prédisposés. On peut considérer comme prédisposés : les enfants, les individus anémiés, affaiblis, cachectisés, les surmenés, etc.

Chez les jeunes enfants il faut accuser surtout les

aliments mal appropriés à leur âge, le lait de mauvaise qualité, souillé par une eau impure, en voie de fermentation ou chargé de microbes pathogènes, de colibacilles, par exemple; chez l'adulte, il faut aussi accuser souvent les aliments et les boissons de mauvaise qualité; l'influence de l'alcool a été bien démontrée par plusieurs auteurs, en particulier par Leudet.

L'abus de certains médicaments, des purgatifs drastiques, du colchique, de l'arsenic, peut devenir une cause d'entérite. Parmi les auto-intoxications susceptibles de lui donner naissance on doit citer en première ligne l'urémie (Treitz, Lancereaux).

Si le paludisme y prédispose d'une façon toute particulière, surtout dans les pays chauds, y prédisposent également les affections cardiaques et les lésions du foie et de la veine porte, qui amènent une congestion marquée et prolongée de l'intestin.

L'entérite chronique succède ou survit parfois à certaines maladies aiguës : la rougeole, la scarlatine, mais plus souvent encore la fièvre typhoïde.

On verra plus loin que certaines diarrhées chroniques ont pu être rapportées à la présence dans l'intestin d'amibes ou d'infusoires; la dysenterie et la diarrhée de Cochinchine ont été quelquefois attribuées à des parasites de cet ordre. Elles constituent, en tout cas, des variétés cliniques importantes, sinon nettement définies dans leur étiologie et leur pathogénie.

L'entérite est très fréquente chez les tuberculeux; chez eux, elle est très souvent ulcéreuse, et ces ulcérations ne sont p[illegible]s ulcérations banales : elles sont d'origine et de n[illegible] bacillaires.

Traitement. — Q[illegible]'il s'agisse d'entérite aiguë ou d'entérite chronique, on devra, pour le traitement, remplir les indications générales suivantes :

1° Eloigner les causes ;

2° Prescrire une alimentation et une hygiène convenables ;

3° Formuler une médication, s'il y a lieu.

1° **Eloigner les causes.** — Il faut, toutes les fois que la chose est possible, éloigner les causes pathogènes ou soustraire l'homme à leur action. Le faire avant l'éclosion de la maladie constitue le traitement prophylactique ; ce serait un lieu commun que d'insister sur son importance.

Lorsque la maladie est constituée déjà, il convient encore de soustraire le malade aux causes morbigènes, cela va encore de soi. On trouvera dans ce que nous avons dit de l'étiologie les données nécessaires pour obéir à cette première et impérieuse indication.

2° **Alimentation et hygiène.** — La réglementation de l'alimentation a une importance très grande dans le traitement des entérites, quelles qu'elles soient. Ses vices ont été souvent pour beaucoup dans l'établissement de la maladie et des lésions. Ils peuvent être pour beaucoup encore dans leur persistance et dans leur aggravation. Mais l'hygiène alimentaire ne comprend pas seulement l'éloignement des causes alimentaires ; elle comprend aussi l'ensemble des mesures nécessaires pour assurer dans la mesure du possible la digestion, l'absorption et l'utilisation des aliments. Elle a pour but d'assurer, pour le mieux, la nutrition dans les conditions anormales que crée la maladie.

Il est évident que l'on rejettera du régime toutes les substances dont l'usage a pu provoquer l'entérite et qu'on ramènera aux limites raisonnables celles dont les malades abusaient.

L'entérite aigüe résulte quelquefois de l'ingestion d'aliments de mauvaise qualité, viandes putréfiées, conserves alimentaires corrompues, mets trop fortement épicés, etc. ; on n'hésitera nullement à en supprimer l'usage : ce sera le premier acte du traitement, et non le moins important.

Dans l'entérite aiguë, précisément parce qu'elle est aiguë, que son évolution sera probablement courte, il n'y a guère à s'inquiéter des dangers de l'inanition. Au contraire, dans bien des cas d'entérite légère, caractérisée surtout par les phénomènes d'un embarras gastro-intestinal, il y aura lieu de diminuer notablement la quantité des substances ingérées.

La diète prolongée pendant un ou deux jours est un moyen excellent d'en finir rapidement et radicalement avec ces accidents digestifs. On se bornera donc, à la rigueur, à donner des liquides dépourvus de toute propriété alimentaire : de l'eau pure, de l'eau alcaline, du thé léger chaud, du grog léger, de l'eau de riz, etc. En agissant ainsi, on ramène à leur minimum les fermentations alimentaires dans le tube digestif et en particulier dans l'intestin. Dans d'autres cas moins intenses, ou à une phase ultérieure, on permettra des liquides de plus en plus riches en principes nutritifs, le lait, le bouillon, les potages; plus tard encore, on donnera des œufs peu cuits en nature, ou bien on les ajoutera au bouillon et aux potages ; enfin, on permettra la viande sous une forme culinaire simple, et les légumes en purée.

Dans les entérites chroniques, un autre souci s'impose, celui de la nutrition : il faut chercher à constituer un régime alimentaire qui diminue les irritations de la muqueuse intestinale, les fermentations et les putréfactions digestives, qui permette une digestion et une assimilation aussi bonnes que possible. A ce point de vue, le lait peut rendre de grands services. Il réduit, comme on le sait, les fermentations intestinales au minimum, il apporte les diverses variétés de substances alimentaires sous une forme de digestion facile. Malheureusement, le lait ne présente pas une richesse suffisante en hydrates de carbone, et pour que la ration d'entretien fût réalisée, il serait nécessaire d'en prendre une quantité trop considérable.

Malgré cet inconvénient, le lait rend de très grands services dans le traitement des entérites chroniques les plus variées, qu'il soit employé seul ou que l'on ait recours au régime mixte.

D'une façon générale, les aliments seront bien divisés, très nourrissants sous un petit volume ; ils seront aussi peu aptes que possible à fournir des matériaux à la fermentation ou à la putréfaction, et, surtout, ils ne seront pas déjà eux-mêmes avant leur ingestion en voie de fermentation ou de putréfaction. Ce sont là des *desiderata* que nous avons rencontrés déjà à bien des reprises : à propos de la dyspepsie gastrique ou gastro-intestinale, à propos des diarrhées et de l'antisepsie gastro-intestinale (1). Nous croyons donc inutile d'y insister de nouveau.

La viande crue râpée sera d'une grande utilité, surtout dans les cas d'entérite chronique ulcéreuse, l'entérite des tuberculeux, par exemple. Elle cons-

(1) Voir *Thérapeutique des maladies de l'estomac*, p. 58.

titue une alimentation d'une digestion facile et en même temps très propre à relever les forces et à tonifier l'organisme. La viande crue semble, à ce point de vue, agir un peu à la façon dont agiraient des extraits organiques très vantés dans ces dernières années comme anti-neurasthéniques. Or, les entérites chroniques, celles surtout qui s'accompagnent de diarrhée abondante, provoquent facilement des phénomènes généraux d'anémie et même de cachexie.

Le régime des malades atteints d'entérite chronique avec diarrhée peut être calqué presque trait pour trait sur le régime que nous avons indiqué dans le premier volume pour le traitement de l'hyperchlorhydrie ; au fur et à mesure de l'amélioration, on pourra suivre la même progression ascendante (1).

Dans l'entérite, ou mieux dans la colite chronique avec constipation, il serait indiqué d'avoir recours au régime sans viande, que M. Dujardin-Beaumetz appelle régime végétarien (2).

Nous avons dit déjà que, pour le traitement de certaines diarrhées, il est très utile de supprimer presque complètement, même complètement, la viande de l'alimentation.

On trouvera, du reste, aux chapitres consacrés à la diarrhée et à l'antisepsie gastro-intestinale, des renseignements qui viendront compléter utilement ceux que nous donnons ici d'une façon sommaire et générale.

Dans les entérites aiguës, on pourra revenir

(1) Voir *Thérapeutique des maladies de l'estomac*, p. 106.
(2) *Ibid.*, p. 68.

assez rapidement à une alimentation ordinaire; des précautions, cependant, sont souvent nécessaires pendant longtemps pour éviter les rechutes et les récidives. Dans l'entérite chronique, les précautions seront de mise pendant beaucoup plus longtemps encore; souvent, même, le malade ne pourra jamais reprendre complètement la vie commune et manger comme tout le monde. Les écarts de régime favorisent souvent des reprises d'hostilité. Cela est vrai surtout pour les diarrhées si tenaces des pays chauds, même lorsque le malade les a définitivement quittés. Nous y reviendrons plus loin.

3° **Médication.** — On peut, tout d'abord, poser en principe qu'il n'y a pas, à proprement parler, de médication qui s'adresse directement à la lésion; les médicaments sont dirigés contre les symptômes ou contre certains éléments, certains facteurs pathologiques. Ils combattent la diarrhée, la constipation, la douleur, qui ne sont que des symptômes ou des complexus symptomatiques, les fermentations anormales, les putréfactions exagérées, qui ont le rang plus élevé de facteur pathogénique.

On peut, il est vrai, s'adresser à la lésion elle-même par les lavements et les grands lavages de l'intestin, que nous avons étudiés à propos de l'antisepsie intestinale. Nous avons vu que, par la méthode de Dauriac et Lesage, on peut atteindre directement les parties les plus élevées du côlon, et même porter des substances modificatrices jusque dans l'intestin grêle. Cette méthode a rendu déjà de signalés services, surtout dans le traitement de l'entéro-colite des tout jeunes enfants. Il ne nous paraît pas démontré encore que les grandes injections médicamenteuses puissent être utiles dans le traitement des lésions de l'intestin grêle, mais elles sont sûrement d'une réelle efficacité dans le traitement des affections inflammatoires localisées au gros intestin. Nous prierons le lecteur de bien vouloir se reporter aux chapitres consacrés à l'entérite muco-membraneuse et à la dysenterie, il y trouvera les renseignements nécessaires.

Ici, nous nous bornerons à ce qui concerne la médication par voie stomacale.

La question à résoudre sera donc de rechercher comment, dans les entérites, on doit combattre les symptômes, les syndromes et les facteurs pathogéniques dont nous avons exposé déjà le traitement dans la première partie de cet ouvrage, en les considérant isolément.

Les indications du traitement médicamenteux sont les suivantes :

1° Régulariser les évacuations intestinales;

2° Réduire à son minimum l'auto-intoxication intestinale;

3° Combattre les phénomènes douloureux;

4° Combattre l'anémie, la dépression générale des forces.

1° **Régulariser les évacuations intestinales.** — Deux circonstances peuvent se présenter : la constipation et la diarrhée.

La constipation est chose plus rare que la diarrhée dans l'entérite; elle se rencontre surtout en cas de colite, et plus particulièrement encore de colite ulcéreuse. On peut alors, comme cela se voit dans la dysenterie et la colite muco-membraneuse, observer de fausses diarrhées, dont il importe de ne pas méconnaître la nature et la signification. Les évacuations sont plus ou moins muqueuses, plus ou moins sanguinolentes, plus ou moins fréquentes, plus ou moins liquides; mais on constate souvent dans les selles des fragments de scybales qui indiquent nettement que l'hypersécrétion n'existe que dans la partie inférieure du côlon, tandis qu'il y a stase à la partie supérieure, vers le cæcum. Il paraît y avoir diarrhée, il y a en réalité constipation. L'indication, dans ces cas, est de faire de grands lavages plus ou moins fortement modificateurs du gros intestin, et, si cela ne suffit pas pour faire disparaître la stase fécale, de donner en même temps des laxatifs, mais cela d'une façon modérée.

La constipation peut s'observer dans l'entérite et surtout dans la colite avec des lésions profondes et étendues. On la relève, par exemple, chez des tuberculeux qui présentent des ulcérations du gros intestin, et surtout du cæcum, parfois même, en même temps, de la partie inférieure de l'intestin grêle. Il est évident que, dans ces conditions, il faut s'abstenir des purgatifs un peu énergiques, on n'aura recours qu'à des laxatifs ou à des doses laxatives. On n'oubliera pas que la diarrhée, et, quelquefois, la diarrhée abondante, succéderait facilement, dans certains cas, à la rétention. Il n'est pas rare, du reste, en cas semblable que l'on soit obligé de combattre, tour à tour, la constipation et la diarrhée.

La façon dont on traitera la diarrhée variera un peu suivant les formes de l'entérite qui lui donnent naissance.

Dans l'entérite aiguë légère avec embarras gastro-intestinal fébrile ou non, on supprimera momentanément l'alimentation solide; suivant le cas, on ne donnera que de l'eau, des infusions chaudes, de la limonade lactique, ou du lait que l'on pourra couper d'eau de chaux ou d'eau de Vichy. On pourra aussi recommander l'eau de riz ou l'eau albumineuse.

Dans ces formes légères, on pourra donner avec avantage, au début, une purgation minérale de moyenne intensité; elle a l'avantage de faire un nettoyage antiseptique du tube digestif.

On donnera ensuite, s'il y a lieu, soit un peu d'opium ou de morphine lorsqu'il y aura des coliques, soit des préparations de bismuth, ou des antiseptiques. Dans un grand nombre de formules on a combiné, du reste, les calmants opiacés et les sels de bismuth, et, dans ces dernières années surtout, le salicylate de bismuth. Nous renverrons encore une fois pour cela au chapitre *Diarrhée*, dans lequel sont donnés sur ce point de thérapeutique des renseignements suffisants.

Dans les formes graves suraiguës, on aura recours, au besoin, comme calmants de la douleur, aux injections hypodermiques de morphine et au traitement de la diarrhée cholériforme.

Dans l'entérite chronique, il ne peut plus être question de suspendre complètement l'alimentation, comme nous l'avons proposé pour les attaques passagères d'entérite aiguë; nous avons du reste déjà traité ce sujet plus haut.

On pourra donner aussi contre la diarrhée les opiacés et la morphine, mais seulement en cas de phénomènes douloureux concomitants.

Il vaudra mieux avoir recours, en règle générale, à la craie préparée, au sous-nitrate de bismuth, au salicylate de bismuth, au dermatol associés, si l'on veut faire en même temps de l'antisepsie intestinale, au benzonaphtol ou à la résorcine.

Dans l'entérite chronique des tuberculeux, on aura

recours aux mêmes moyens, et plus spécialement encore au tanin, au nitrate d'argent, aux lavements créosotés, et, dans les cas rebelles, au talc à doses élevées.

L'emploi des calmants et particulièrement des opiacés a, dans le traitement de la diarrhée des entérites chroniques, un inconvénient qu'il faut connaître : c'est de produire une diminution momentanée de la fréquence des selles qui est due, en réalité, à la rétention des matières dans l'intestin : dès qu'on en cesse l'emploi, il se fait une débâcle qui indique bien que l'amélioration n'était qu'apparente. Il y avait diarrhée à l'intérieur.

Plus loin, à propos de la diarrhée chronique des pays chauds, nous dirons quels services les cures d'eaux minérales peuvent rendre aux malades atteints d'entérite chronique avec diarrhée.

2° **Réduire à son minimum l'auto-intoxication intestinale.** — Cette indication existe toujours dans l'entérite, mais elle est suivant les cas plus ou moins urgente. Dans l'entérite aiguë seront surtout indiquées la diète alimentaire et les purgations minérales, comme nous l'avons dit déjà. Dans les formes chroniques, il faudra surtout avoir recours au lavage du gros intestin et aux antiseptiques médicamenteux, dont l'étude a été faite ailleurs. L'indication spéciale à l'entérite, c'est d'éviter les irritations médicamenteuses susceptibles de se surajouter à l'irritation inflammatoire.

3° **Combattre les phénomènes douloureux.** — On peut le faire par des applications chaudes sur l'abdomen, par des applications de pommade au gaiacol au 1/5, de gaiacol étendu à parties égales de glycérine ; on pourra employer aussi les opiacés, la morphine, surtout en cas de diarrhée, la codéine, la chlorodyne; la belladone serait mieux indiquée en cas de constipation.

On n'aura recours aux injections hypodermiques de morphine que dans des cas de douleurs extrêmement vives.

4° Combattre l'anémie, la dépression générale des forces. — L'entérite chronique est par elle-même une cause de faiblesse générale, d'anémie et de cachexie : car elle amène une viciation plus ou moins marquée de l'alimentation, de la digestion et de la nutrition. Souvent, du reste, l'entérite n'est que la détermination locale d'une intoxication ou d'une infection qui agissent de leur côté sur l'état général.

La meilleure façon de combattre l'anémie et l'amaigrissement, la cachexie due à l'entérite, est donc, si cela se peut, de guérir cette entérite elle-même et, en tout cas, de donner une alimentation aussi propre que possible à être utilisée dans ces conditions morbides.

La viande crue finement hachée, réduite en pulpe, est alors le meilleur des toniques lorsqu'elle peut être suffisamment digérée.

Le séjour au grand air, l'hydrothérapie, les frictions, le massage pourront avoir la meilleure influence sur le rétablissement des malades éprouvés par une longue entérite et une diarrhée prolongée. L'air de la mer paraît avoir à ce point de vue une action particulièrement bienfaisante. On a vu souvent le voyage sur mer, malgré ses fatigues, amener une amélioration inespérée chez les soldats atteints dans les colonies de diarrhée chronique et rapatriés pour cette raison.

Il est bien évident que les moyens physiques et

hygiéniques que nous venons de mentionner devront être appropriés à chacun des cas pris en particulier ; la résistance des malades est naturellement très variable et il faut se rendre compte de ce que chacun d'eux peut supporter avec avantage.

CHAPITRE II

Dysenterie.

La dysenterie est une maladie infectieuse et contagieuse, souvent épidémique, d'une fréquence et d'une gravité particulières dans les pays chauds et parmi les soldats des armées en campagne. Elle est caractérisée au point de vue anatomique par une inflammation intense, ulcéreuse du gros intestin, cliniquement par des coliques violentes, des épreintes, du ténesme rectal, des selles glaireuses et sanglantes et, dans les cas graves, par des selles dans lesquelles on rencontre des lambeaux plus ou moins étendus de muqueuse sphacélée.

Suivant sa gravité, suivant l'intensité des phénomènes généraux, on distingue des formes cliniques différentes. Actuellement on ne considère plus la dysenterie sporadique comme une véritable espèce, mais seulement comme une forme moins grave.

La dysenterie peut passer à l'état chronique.

Certains médecins de l'armée et de la marine tendent à considérer la diarrhée des pays chauds (diarrhée de Cochinchine) comme une forme de la dysenterie chronique.

Nous devons nous borner à donner ici un tableau succinct de cette maladie.

La dysenterie aiguë débute dans la majorité des cas par une période prodromique caractérisée soit par de la diarrhée bilieuse, sans douleur et sans fièvre, soit par des phénomènes d'embarras gastrique avec fièvre légère.

Les prodromes font défaut, en général, chez les sujets affaiblis déjà par d'autres maladies et fortement anémiés. Ils manquent aussi dans certaines régions intertropicales et au cours de certaines épidémies graves : les phénomènes dysentériques se montrent alors d'emblée avec des caractères nettement accentués.

Après que la diarrhée simple bilieuse a duré plus ou moins longtemps, quelques jours, deux ou trois semaines, suivant les cas, le ventre commence à devenir douloureux, les selles tendent à prendre le caractère dysentérique. Elles deviennent visqueuses, glaireuses ; leur coloration normale tend à disparaître, elles deviennent sanglantes, comparables tout d'abord à des crachats pneumoniques par leur couleur et leur aspect.

Les douleurs deviennent de plus en plus vives ; les coliques prennent le caractère tormineux. Les malades ont la sensation constante d'un corps étranger dans le gros intestin : ils s'épuisent en efforts inutiles pour l'expulser. Ils ne réussissent qu'à rejeter péniblement quelques cuillerées à bouche de mucus sanguinolent. Ces fausses envies constituent les *épreintes*, auxquelles se joignent assez souvent, dans les cas graves, de la dysurie et des épreintes vésicales. Les malades éprouvent une vive sensation de douleur, de brûlure, de *ténesme* au niveau de l'anus. Les efforts de défécation se répètent quinze à vingt fois dans les cas légers ; un nombre infini de fois dans les cas graves. Les malades sont complètement épuisés par ces douleurs incessantes ; ils dépérissent rapidement ; ils maigrissent. La peau est sèche, la soif vive, les urines rares; la température est peu élevée dans les cas bénins, elle atteint et dépasse 39° dans les cas graves.

Dans ces cas bénins, l'état général n'est pas très mauvais; il n'y a que des phénomènes d'embarras gastrique plus ou moins accentués; dans les cas graves, on observe un état typhoïde marqué, une dépression extrême.

Quand les lésions intestinales continuent à progresser, ce ne sont plus seulement des selles mucosanglantes que l'on observe; les malades rendent une sérosité sanguinolente, horriblement fétide, dans laquelle nagent des lambeaux de muqueuse plus ou moins étendus, plus ou moins facilement reconnaissables; on connait la comparaison classique de ces selles avec la chair lavée.

Le ventre, déprimé, est douloureux à la pression; l'anus est irrité, sa muqueuse est souvent saillante, parfois il y a un véritable prolapsus du rectum à travers le sphincter anal relâché. Le ténesme et les épreintes sont incessants; la bouche se sèche, la langue se desquame, les urines sont presque supprimées, la voix s'affaiblit, comme chez les cholériques. Quand les choses en sont à ce point, la mort survient dans la très grande majorité des cas. Le plus souvent, un calme trompeur précède la terminaison fatale, le malade s'éteint dans un état de dépression véritablement comateux.

On a distingué dans la dysenterie des formes nombreuses constituées par l'exagération de certains des symptômes, par la gravité de l'ensemble des accidents. Nous ne pouvons que brièvement les signaler.

La *dysenterie inflammatoire* est caractérisée par l'intensité de la fièvre; la *forme hémorrhagique*, par les selles sanglantes et la tendance aux hémorrhagies cutanées ou viscérales; la *forme gangréneuse*, par la tendance de la muqueuse colique à se sphacéler; la *forme bilieuse*, par la diarrhée bilieuse, les vomissements, la teinte jaune subictérique.

Les *complications* possibles sont assez nombreuses: les principales sont la péritonite, les abcès du foie, les arthropathies qui constituent un exemple de pseudo-rhumatisme infectieux, les paralysies.

La dysenterie est si ordinairement associée à la malaria qui sévit dans les mêmes parages, que l'on a souvent admis que cette maladie n'était qu'une des modalités anatomiques et cliniques, une des localisations de l'impaludisme.

La mortalité dans la dysenterie est variable suivant les régions et les épidémies; elle est plus marquée chez des individus épuisés par la fatigue, par une alimentation insuffisante et malsaine. De là ses ravages dans les armées en campagne, surtout chez les vaincus; elle peut tuer la moitié des individus atteints.

La *dysenterie chronique* peut se produire d'emblée, elle ne différerait pas alors de la diarrhée de Cochinchine (1); elle peut aussi succéder à des poussées successives de dysenterie aigüe.

Dans la dysenterie chronique, le caractère dysentérique des selles tend à disparaître. Les selles ne sont plus sanglantes; elles sont d'un jaune brunâtre, parfois purulentes, parfois encore lientériques. Les évacuations sont douloureuses; il n'y a cependant

(1) Voir à la suite de ce chapitre : *Diarrhée des pays chauds*

plus les épreintes si pénibles de la forme aigüe. Il n'y a plus que six à huit selles par jour.

L'état général est mauvais, le plus souvent les malades sont maigres, cachectisés, la langue sèche, l'haleine fétide, la peau sèche, écailleuse, rude au toucher, le ventre déprimé et excavé. Cependant l'appétit est conservé. Il n'y a pas de fièvre. Au contraire, dans les cas graves, la température tend à tomber au-dessous de la normale.

Les malades atteints de dysenterie prolongée se cachectisent ; ils présentent des œdèmes disséminés, de l'épanchement dans les séreuses, et la mort survient.

Cela peut durer des mois et des années avec des alternatives d'amélioration et d'exacerbation. La guérison peut avoir lieu ; mais la mort est souvent amenée soit par une poussée aigüe, soit par les progrès de la cachexie.

A l'autopsie des malades qui ont succombé aux formes aigües de la dysenterie, on trouve une inflammation intense du gros intestin avec des ulcérations plus ou moins étendues de la muqueuse. Les lésions sont accentuées surtout vers le rectum, l'S iliaque et le cæcum. Les lésions de l'intestin grêle et de l'estomac sont beaucoup plus superficielles, beaucoup moins importantes.

On a cherché la cause et la caractéristique de la dysenterie dans les parasites de l'intestin, plus particulièrement encore du gros intestin. L'accord est loin d'être fait à ce propos.

MM. Normand et Bavais ont attribué la dysenterie à un ver fusiforme, nématode, d'une longueur d'un millimètre, d'un diamètre de 30 à 40 µ, assez analogue à la filaire du sang human. L'anguillule n'a pas été retrouvée ensuite par tous les auteurs; elle ne se montrerait pas dans tous les cas de dysenterie.

La maladie a été aussi attribuée à des protozoaires, à des amibes (Lambel, Lœsch, Kartulis). M. Calmette, qui a beaucoup étudié la dysenterie (1), a vu l'anguillule de Normand et Bavas chez des gens bien portants, même en France; en Cochinchine, il a rencontré communément de grandes quantités d'amibes et même d'infusoires ciliés dans les selles d'individus atteints de diarrhée simple. Ces parasites n'ont pas paru plus nombreux dans les selles dysentériques.

On a signalé encore des bacilles de divers ordres: leur spécificité n'est nullement démontrée. M. Calmette a trouvé le bacille du pus bleu, si bien étudié par Charrin, dans tous les cas de dysenterie mortelle.

D'autres auteurs n'ont vu que les microbes normaux de l'intestin, très augmentés de nombre et, entre autres, l'inévitable colibacille.

Si l'anatomie pathologique fait voir d'une façon précise le siège et la localisation des lésions, expliquant ainsi facilement le mécanisme physiologique de l'ensemble symptomatique, le miscroscope et la bactériologie n'ont pas fait connaitre encore l'essence même de la maladie, ni démontré d'une façon irréfutable son origine parasitaire, bactérienne ou protozoaire. La thérapeutique ne peut donc pas s'appuyer sur eux pour établir les indications de la prophylaxie et du traitement.

La dysenterie parait bien être une maladie contagieuse. et l'eau, le principal véhicule de la contagion. Elle sévit surtout sur les populations misé-

(1) *Arch. de médecine navale*, sept., oct. et nov. 1893.

rables, insuffisamment nourries; elle est le fléau des armées en campagne, surtout sous certaines latitudes, dans les colonies. Son éclosion est favorisée par certaines conditions : la fatigue, le surmenage, une alimentation malsaine capable, par elle seule, de provoquer l'entérite, par le refroidissement, et surtout, par le refroidissement nocturne.

Il n'y a pas dans les colonies pour l'Européen d'acclimatement à la dysenterie, au contraire.

De ces notions découlent un certain nombre d'indications bien nettes pour la prophylaxie et le traitement.

Prophylaxie. — C'est surtout du côté des eaux des boisson que l'attention doit se porter. Ces eaux seront bouillies et filtrées. La filtration complète à l'aide du filtre Chamberlan serait la meilleure façon de combattre la dysenterie (Calmette). Il serait, du reste, beaucoup plus facile de la prévenir que de la combattre.

Comme moyen secondaire, on surveillera l'alimentation ; pour les troupes en campagne, on a pu attribuer une certaine importance à l'abus des fruits verts, des aliments de mauvaise qualité, à l'usage trop exclusif des vivres de conserve ; mais ce ne sont là que des causes secondaires qui, en créant une entérite banale, ouvrent la porte à l'infection.

On conseillera d'éviter le refroidissement, surtout le refroidissement nocturne ; il n'est pas rare de voir la dysenterie éclater brusquement chez des troupes qui ont passé la nuit à la belle étoile avec des moyens d'abri insuffisants ; aussi les médecins militaires conseillent-ils l'usage de la ceinture de flanelle, surtout dans les régions tropicales, dans lesquelles la transition du jour à la nuit est brusque, et la différence de température très accentuée.

Contrairement à ce qui se fait pour la fièvre typhoïde, les troupes atteintes de dysenterie reviendront de la campagne à la ville.

En cas de dysenterie épidémique, surtout dans les milieux militaires, il faudra traiter avec soin les simples diarrhées qui ne sont souvent que des diarrhées prémonitoires.

Il conviendra toujours de soustraire les malades aux conditions et aux milieux dans lesquels ils ont contracté la maladie. Comme il n'y a pas d'acclimatement vis-à-vis de la dysenterie, les médecins des expéditions coloniales en sont arrivés à mettre le *rapatriement* en première ligne pour les convalescents et pour ceux qui présentent une tendance à la chronicité. Cette façon de faire, actuellement érigée en principe, a sauvé la vie à bien des soldats et des marins, et diminué notablement le nombre des victimes des expéditions coloniales.

Dans des formes même graves, on voit assez souvent l'amélioration et la guérison se produire pendant la traversée. Si quelques malheureux succombent en route, épuisés, d'autres arrivent au port convalescents, presque guéris, qui, si on les eût laissés dans les colonies, y eussent infailliblement péri.

Traitement. — On a conseillé contre la dysenterie un très grand nombre de médications et de pratiques thérapeutiques : cette richesse apparente dans les moyens employés indique, en réalité, une bien grande pauvreté en moyens réellement efficaces. Cependant, il est à remarquer que l'entente tend à se faire dans une certaine mesure, et la majorité des médecins de la marine tend à mettre au premier rang un nombre assez restreint de modes d'intervention : cela est de bon augure.

Nous ne pouvons mieux faire, pour exposer le traitement de la dysenterie, que de prendre pour guide l'article écrit par M. Colin dans le *Dictionnaire des sciences médicales*. Nous n'insisterons que sur les médications qui semblent vraiment d'une réelle utilité, et nous dirons à quelle forme et à quelle période de la maladie elles conviennent. Il est curieux, en prenant comme point de repère ce consciencieux travail, de voir, d'après les publications plus récentes d'auteurs également autorisés, quels sont les moyens thérapeutiques que l'expérience et les théories modernes ont amené à préférer.

La *médication émolliente* ne mérite qu'une courte mention : les cataplasmes, les fomentations, les bains de siège ou les bains généraux ne peuvent être, en effet, que des moyens accessoires destinés à calmer la douleur.

Médication antidiarrhéique. — Il n'y a lieu de traiter la diarrhée que dans la première période de la dysenterie, lorsqu'elle n'est encore qu'à l'état de diarrhée simple plus ou moins bilieuse. On pourra avoir recours aux différents moyens que nous avons indiqués pour le traitement de la diarrhée en général.

Colin conseille de commencer tout d'abord par la prescription suivante :

Laudanum........	X à XXX gouttes.
Sous-nitrate de bismuth.......	8 à 10 gr.

Il y ajoute des lavements ar[illegible]s.

A cette première période, en même temps que l'opium, on pourrait prescrire les antiseptiques, résorcine, salicylate de bismuth, dermatol, benzonaphtol ; plus tard, ils n'auront plus de raison d'être et deviendront parfaitement inutiles.

Médication émétique et purgative. — L'emploi des vomitifs contre la dysenterie remonte aux origines de la médecine ; il est indiqué déjà dans Hippocrate. Autrefois, les vomitifs étaient donnés surtout au début ; depuis qu'on s'est servi de l'ipéca, c'est dans le cours même de la maladie, pendant sa période d'état, que cette médication a été employée. L'ipéca, il est vrai, a fini par être considéré comme une sorte de spécifique que l'on donnait un peu à la façon dont on donne le sulfate de quinine contre la fièvre intermittente.

Cette racine est devenue surtout célèbre en France à partir du jour où Daguin, auquel Helvétius avait communiqué le secret de son remède, guérit de la dysenterie le Dauphin fils de Louis XIV. L'ipéca, à partir de ce moment, mérita la dénomination de *Radix antidysenterica*.

Le tartre stibié, que quelques auteurs voulurent lui substituer, ne put le détrôner.

L'ipéca, donné comme médication curative, peut être administré par la méthode brésilienne. Voici comment la décrit Delioux de Savignac :

« On prend une quantité donnée de poudre d'ipéca, 2 à 8 grammes suivant l'énergie des effets à produire ou la gravité des cas; ordinairement, et terme moyen, 4 grammes. On la dépose au fond d'un vase de verre et l'on verse par-dessus 250 à 300 grammes d'eau bouillante ; on laisse l'eau et la poudre en contact pendant 10 à 12 heures. Au bout de ce temps, on décante avec précaution le liquide qui surnage et l'on jette sur le marc une nouvelle et même dose d'eau bouillante. On laisse encore en contact pendant 10 à 12 heures et l'on opère la décantation, toujours en réservant le marc. On fait ainsi une troisième, et rarement une quatrième infusion. »

Ces infusions sont données à des jours successifs, généralement par doses espacées dans le courant de la journée. Voici quel est leur effet d'après le même auteur.

« La première infusion, surtout si elle est bue d'un seul coup ou à coups rapprochés, détermine presque constamment le vomissement, que l'on favorise en faisant boire plusieurs verres d'eau tiède : il survient aussi, assez ordinairement, des selles nombreuses ; les selles sont parfois d'autant plus nombreuses que les vomissements sont moins abondants et réciproquement.

« La seconde infusion — prise le lendemain — amène rarement des vomissements, surtout lorsqu'on n'a employé qu'une faible dose de médicament, 2 grammes par exemple ; mais elle provoque des nausées. Le nombre de selles n'est pas aussi sensiblement accru que sous l'influence de la première infusion ; il est souvent diminué.

« La troisième infusion ne fait presque jamais vomir, et très souvent même elle ne produit aucune nausée ; le nombre des selles diminue ou reste stationnaire.

« L'ipéca tend à rendre aux selles le caractère fécal, souvent beaucoup plus rapidement que les purgatifs. »

A la méthode brésilienne Delioux de Savignac propose la modification suivante :

Poudre d'ipéca........................ 4 gr.

Faites bouillir pendant cinq minutes dans

Eau.. 300 gr.

Filtrez, ajoutez à la liqueur :

Sirop d'opium......................... 30 gr.
Hydrolat de cannelle................ 30 gr.

A prendre par cuillerées à bouche d'heure en heure; ralentir l'administration en cas de vomissement. Delioux de Salignac compare l'action de l'ipéca dans la dysenterie à celle du quinine dans la fièvre intermittente.

La *médication purgative* a été aussi très largement employée; presque toutes les différentes substances purgatives ont été tour à tour préconisées par les différents auteurs; on a successivement recommandé la manne, le séné, le tamar (Sydenham), la rhubarbe (Degner, Pringle, Zimmermann,) le sulfate de magnésie (Stoll), la manne, à raison de 30 grammes par jour à prendre dans 500 grammes de petit-lait à boire par demi-verre toutes les heures pendant 3 à 8 jours (Dutrouleau), l'huile de ricin (Delioux de Savignac), le sel de Seignette, 15 grammes par jour (Barallier).

Les deux purgatifs qu'on semble s'accorder à prescrire de préférence à l'heure actuelle, sont le sulfate de soude et le calomel.

Trousseau conseillait le sulfate de soude à dose de 30 à 60 grammes par jour; pour L. Colin, il suffirait d'en donner une ou deux doses de 25 grammes.

Plus récemment E. Gruet (cité par de Maurans) a même conseillé une dose beaucoup plus faible :

Sulfate de soude..................... 10 gr.
Eau distillée.......................... 200 gr.

A prendre en quatre fois dans la journée, avec trois

heures d'intervalle entre les doses. Il conseille de continuer jusqu'à ce que les selles aient repris leur consistance normale.

Le *calomel* a été tout d'abord employé par les médecins anglais aux Indes. Annesley lui reconnaissait les indications suivantes dans la dysenterie : la rétention des matières fécales, la langue sale et chargée, la plénitude de l'abdomen surtout dans la région du cæcum et le long du côlon, la présence dans les selles de fragments de matières fécales dures.

On peut donner le calomel à doses massives, par exemple, 0 gr. 75 à 1 gramme, associé à 6 ou 10 centigrammes d'opium, à prendre en une ou deux fois en 24 heures; ou encore à doses fractionnées (5 à 10 centigrammes en dix paquets à prendre d'heure en heure). Le calomel est surtout considéré, dans ces conditions, comme un modificateur général.

On a assez souvent associé le calomel à l'ipéca, et Segond a employé les pilules suivantes dont il a emprunté la formule aux médecins anglais :

Ipéca....................................	40 centigr.
Calomel..................................	20 centigr.
Extrait d'opium..........................	5 centigr.
Sirop de nerprun.........................	Q. S.

pour 6 pilules à prendre en 24 heures.

A côté des médications par la voie buccale, les injections par la voie rectale tendent à prendre une place de plus en considérable.

Depuis longtemps, on a donné des lavements modificateurs avec des substances astringentes : tanin, camomille, cachou, extrait de ratanhia, alun, acétate de plomb, sulfate de cuivre, de zinc, de fer, etc.

Trousseau avait conseillé le nitrate d'argent : 5 à

75 centigrammes pour 125 à 200 grammes d'eau distillée.

Delioux de Savignac a formulé le lavement suivant :

Blanc d'œuf.	N° 1
Eau distillée.	200 gr.
Azotate d'argent cristallisé.	50 centigr.
Chlorure de sodium.	50 —

Cette solution doit être préparée au moment même de son administration. Delioux de Savignac la déclarait éminemment sédative et antispasmodique.

Dans ces derniers temps, on a eu tendance à donner de grands lavements destinés à pénétrer beaucoup plus loin dans le gros intestin. Les expériences faites dans ce sens ayant démontré que l'on pouvait facilement faire un lavage complet du gros intestin par des injections modificatrices susceptibles d'atteindre jusqu'au cæcum, on se trouvera certainement amené à leur donner une place plus importante dans la thérapeutique de la dysenterie.

Déjà, les médecins de la marine en sont venus à prescrire de préférence de grands lavements. Les grands lavements simples, ou assez légèrement antiseptiques, comme les lavements à l'eau bouillie, à l'eau boriquée, à l'eau alunée à 20 pour 1000 (Calmette), peuvent agir mécaniquement, de façon à nettoyer l'intestin; ils peuvent avoir une action calmante par leur température, ou encore exercer chimiquement une certaine action modificatrice ou antiseptique. Ils seront donnés suivant les règles avec un bock élévateur muni d'un tuyau suffisamment long et d'une canule en caoutchouc rouge. On les donnera lentement, sous une faible pression.

Parmi les grands lavements modificateurs, il faut

surtout signaler les lavements au nitrate d'argent.

Le Dantec conseille, après avoir fait un premier lavage à l'eau bouillie tiède (un litre), de faire un second lavage avec la solution suivante :

Nitrate d'argent cristallisé..........	1 gr.
Laudanum de Sydenham..	XX gouttes.
Eau de pluie.......................	1 litre.

Mêlez.

Pour un ou deux lavements. L'injection est renouvelée deux ou trois fois dans les 24 heures; dans les dysenteries graves on emploie la totalité du lavement.

Il est bon d'appliquer sur le ventre un cataplasme chaud après le lavement au nitrate d'argent.

Lorsque les selles ne renferment plus de mucosités ni de sang, on injecte le lavement suivant :

Nitrate d'argent cristallisé...	1 gr.
Sel marin...	1 gr.
Blanc d'œuf......................	N° 1.
Eau distillée......................	1 litre
Laudanum de Sydenham...........	XX gouttes.

On bat au mortier le blanc d'œuf dans l'eau distillée, on filtre sur un linge fin dans une bouteille d'un litre. On ajoute d'abord le nitrate d'argent préalablement dissous dans une petite quantité d'eau distillée; on agite; on ajoute ensuite le sel marin également dissous, et on agite de nouveau. On ajoute enfin le laudanum.

Cette solution ne causerait pas plus de douleurs qu'un lavement ordinaire.

M. Calmette a également fait usage de ces grands lavements au millième qu'il a associés aux purgatifs salins et à l'ipéca.

Voici comment cet auteur conseille d'agir suivant

les formes et les périodes de la dysenterie. Au début, lorsque la diarrhée est fortement bilieuse, employer les antiseptiques intestinaux, le salol, l'eau chloroformée, le salicylate de bismuth, la créosote. A cette période, on donnera également l'opium avec avantage.

Lorsque les selles décolorées, dépourvues de bile, sont lientériques, séro-muqueuses ou incolores, il faut recourir à l'ipéca, puis aux purgatifs salins répétés et au calomel. Les antiseptiques, à cette période, seraient inutiles et même dangereux.

A une époque plus avancée, lorsque le caractère dysentérique de la maladie est bien accentué, il faut donner de grands lavements modificateurs. Ils pourraient être du reste indifféremment à base d'acide phénique, de sulfate de cuivre, d'iode, d'iodure de potassium, de chlorure de zinc, de tanin ou de nitrate d'argent; l'essentiel serait de faire en sorte qu'ils ne soient pas irritants. Nous aurions tendance pour notre part à mettre les lavements au nitrate d'argent en première ligne.

C'est également aux grands lavages de l'intestin qu'il conviendra surtout d'avoir recours dans le traitement des formes chroniques de la dysenterie.

Contre la dysenterie chronique, on a préconisé déjà des lavements astringents de divers ordres.

Delioux de Savignac a conseillé le lavement suivant :

Teinture d'iode......................	10 à 30 gr.
Iodure de potassium.................	0,05 à 1 gr.
Eau distillée........................	200 gr.

Ce lavement provoque tantôt une cuisson modérée, tantôt des douleurs intolérables, que l'on calme rapidement en donnant un lavement laudanisé et un bain de siège.

Mead, dans la dysenterie chronique, donnait chaque jour un lavement ainsi composé :

Eau	100 gr.
Glycérine	15 —
Chlorate de potasse	2 —

L'injection de ce mélange explosible (1) était fort douloureux au début, mais l'accoutumance ne tardait pas à se faire.

Nous renverrons aux chapitres consacrés à l'entérite chronique et à la diarrhée chronique des pays chauds. On y trouvera des renseignements susceptibles d'être appliqués au traitement de la dysenterie chronique. On sait du reste que, pour beaucoup d'auteurs compétents, la diarrhée des pays chauds est de même nature que la dysenterie chronique.

(1) Le chlorate de potasse joint à la glycérine constitue un mélange détonant.

CHAPITRE III

Diarrhée chronique des pays chauds.

On a désigné sous des dénominations différentes (1) une maladie grave des pays chauds que caractérise surtout la diarrhée chronique. Elle sévit en particulier dans l'Extrême-Orient, non seulement sur les Européens, mais même sur les indigènes. Cette entérite chronique, lorsqu'elle ne guérit pas, aboutit à la longue à l'épuisement complet de l'organisme, à la cachexie et à la mort.

Les auteurs ne sont pas d'accord sur sa nature ; ils se divisent en deux camps principaux, opposés l'un à l'autre, suivant qu'ils admettent que la dysenterie et la diarrhée chronique ne sont que deux modalités d'une même maladie, ou suivant qu'ils y voient deux maladies distinctes.

Dans un travail très intéressant, M. de Santi, qui, en sa qualité de médecin militaire, a eu l'occasion d'étudier longuement et de très près l'entérite chronique en Cochinchine et au Tonkin, défend l'unicité par des arguments qui sont, il faut le reconnaître, très séduisants (2).

(1) Diarrhée de Cochinchine. — Diarrhée chronique des pays chauds. — Athrepsie coloniale atrophique (Corre). — Entéro-colite chronique endémique des pays chauds (Bertrand et Fontan). — Dysenterie chronique (Corre). — Entérite chronique paludéenne (de Santi).

(2) De Santi, *De l'entérite chronique paludéenne ou diarrhée de Cochinchine*. 1892.

Les dualistes se basent surtout sur l'absence des manifestations dysentériques dans la diarrhée chronique (ténesme, épreintes, selles sanglantes, etc.), et sur l'absence de l'épaississement de la muqueuse et des ulcérations. Dans l'entérite chronique, la muqueuse serait au contraire amincie. Les unicistes font remarquer que les phases de diarrhée et de dysenterie peuvent se succéder l'une à l'autre, qu'on ne trouve jamais un diarrhéique qui n'ait eu à un moment donné des manifestations dysentériformes, que la diarrhée chronique succède assez souvent à la dysenterie aiguë ou subaiguë. A l'argument anatomo-pathologique, ils répondent que l'épaississement de la muqueuse colique et les ulcérations peuvent se voir dans la diarrhée chronique.

Celle-ci, pour M. de Santi, serait dans les pays chauds l'aboutissant commun de toutes les entérites que l'on y peut rencontrer, y compris la dysenterie; l'impaludisme chronique serait la cause prédisposante habituelle de beaucoup la plus importante.

Il conviendrait donc, au point de vue prophylactique, de prendre non seulement les précautions hygiéniques signalées à propos de la dysenterie; mais encore les précautions utiles contre le paludisme: éviter de boire les eaux des ruisseaux ou des rivières — de certaines rivières surtout — non filtrées et non bouillies; ne pas se baigner dans ces mêmes eaux: ne pas coucher sur la terre nue; éviter avec grand soin le refroidissement nocturne; ne sortir ni pendant les grandes chaleurs ni pendant les grandes pluies d'été.

Dans ses traits essentiels, voici comment se comporte la diarrhée chronique des pays chauds.

Au début, c'est le plus souvent une diarrhée bilieuse, comme en ont souvent les personnes atteintes par la malaria dans ces régions. Les selles sont plus ou moins nombreuses. Les poussées successives surviennent à des intervalles plus ou moins longs; quelquefois des malades guéris après un séjour plus ou moins prolongé en Europe sont de nouveau repris de crises diarrhétiques à leur retour en Orient. La diarrhée finit par devenir habituelle; les selles cessent d'être bilieuses, elles deviennent plus grasses, plus pâles, moins liquides, moins copieuses: le mucus plus abondant leur donne un aspect colloïde, mucilagineux.

Ce ne serait encore que de la diarrhée chronique palustre (de Santi) traversée de temps en temps par des poussées bilieuses aiguës.

Souvent cette diarrhée assez peu gênante est complètement négligée. c'est chose si commune dans ces pays!

On peut observer encore des crises de coliques extrêmement pénibles, de la diarrhée cholériforme, de l'entérite hémorrhagique ou même gangréneuse. Le malade peut être enlevé par une poussée aigüe de ce genre, après une période plus ou moins prolongée de diarrhée chronique en apparence peu inquiétante et facilement négligée.

Quel qu'ait été le début, à la période d'état, la maladie est caractérisée par des selles diarrhéiques pas très fréquentes (en général 4 à 6 dans les 24 heures) ne s'accompagnant pas de coliques, précédées seulement par un besoin avertisseur douloureux et urgent. Les matières sont en purée très claire, huileuse, jaunâtre, parfois verdâtre, qui tend à se décolorer peu à peu. Parfois même, les selles sont blanches, couleur mastic, ou plâtreuses, ce qui résulte sans doute de la suppression de la bile. Leur odeur est assez particulière, rappelant à la fois l'aigre et le pourri, assez semblable à l'odeur des écoulements cancéreux du col de l'utérus (de Santi). Les malades présentent des phénomènes de dyspepsie stomacale plus ou moins accentuée ; cependant l'appétit est conservé, la soif vive. L'amaigrissement devient excessif, l'anémie est extrême, la peau est terreuse, sèche, ridée, chagrinée, squameuse. On observe assez souvent des éphélides, de la furonculose, quelquefois des ulcérations. La mort résulte généralement de cet affaiblissement progressif ; elle survient dans le coma. Quelquefois elle est le fait de complications. La maladie peut durer des mois et des années ; dans les formes graves la mort peut avoir lieu au bout de quelques semaines.

Les malades rapatriés à temps guérissent presque toujours : c'est là une notion d'une importance qui n'échappera pas.

Nous pourrons être brefs pour ce qui concerne le traitement prophylactique ; nous avons, en effet, parlé déjà du rôle prédisposant de l'impaludisme et des précautions qu'il impose. On pourra, d'autre part, se reporter à ce que nous avons dit dans le chapitre précédent à propos de la dysenterie.

Les personnes exposées à contracter la diarrhée chronique des pays chauds éviteront surtout les refroidissements et les indigestions. Elles devront s'abstenir des mets fortement épicés et des boissons alcooliques, dont on abuse volontiers dans les régions dangereuses. Elles éviteront les viandes noires, les végétaux riches en albumine : elles y substitueront les viandes blanches, volaille et poisson, le riz, les végétaux usités dans le pays. La meilleure boisson sera de l'eau minérale venue d'Europe — on en fait en Extrême-Orient une consommation considérable — ou, à son défaut, de l'eau du pays filtrée ou bouillie. Il semble que les indigènes, qui font un si grand usage du thé, aient, par tradition, connaissance de la valeur protectrice de l'ébullition préalable de la boisson.

Comment traiter la diarrhée chronique dès qu'elle s'est établie ?

La première mesure à prendre est de rapatrier les individus atteints de diarrhée rebelle, même avant qu'elle ait pris tous les caractères de la diarrhée chronique des pays chauds, même avant qu'il y ait eu des accidents graves. Plus tard, il est souvent trop tard.

Il faut avant tout, toutes les fois que cela est possible, soustraire les malades au milieu dans lequel ils ont contracté la maladie.

On a essayé contre la diarrhée des pays chauds une très grande variété de médicaments, à peu près tous ceux que nous avons énumérés à propos de la dysenterie.

On a beaucoup employé le sous-nitrate de bismuth et les astringents. Le bismuth peut rendre quelques services, surtout dans les formes légères ou au début de la maladie; quant aux astringents, ils sont rejetés par un bon nombre d'auteurs compétents (Roux, Bertrand et Fontan, de Santi).

L'opium et la morphine, l'opium surtout, ont été largement employés; ils sont utiles pour le traitement de la douleur plus que pour le traitement de la maladie elle-même. Les médecins français commenceraient, parait-il, à faire fréquemment usage de la chlorodyne; cette mixture, dont nous avons donné la formule dans le précédent volume, est très employée dans tous les pays de langue anglaise. Elle aurait le même inconvénient que l'opium ; celui-ci réussit fort bien à la première période, à la période prémonitoire de la diarrhée bilieuse ; plus tard, lorsque la diarrhée chronique est réellement constituée, il suspend momentanément l'évacuation des matières, mais celles-ci restent enfermées dans l'intestin, et, de temps en temps, il se fait des débâcles qui démontrent que l'amélioration obtenue était plus apparente que réelle.

M. de Santi déclare avoir retiré le plus grand bénéfice de l'injection sous-cutanée d'une solution saturée de sulfate de magnésie ; cette méthode est due à Luton. Grâce à elle, on obtiendrait rapidement une diminution considérable du nombre des selles. La dose est de un ou deux centimètres cubes par jour.

Depuis les récents travaux entrepris sur l'antisepsie intestinale, on a eu tout naturellement tendance à en appliquer les principes au traitement de cette variété de l'entérite chronique. Il conviendrait donc d'employer le salicylate de bismuth, le salol, le benzonaphtol, les grands lavages intestinaux.

Les grands lavements modificateurs à la teinture d'iode, au nitrate d'argent, au permanganate de potasse à 2 pour 1000 (Bérenger-Féraud), à l'acide salicylique, à l'acide borique (Feris), à l'eau sulfo-conjuguée, d'autres encore ont été successivement mis en œuvre. Cependant nous avons dit que les grandes ulcérations font le plus souvent défaut, et, dans ces conditions, il semble qu'il soit plus logique d'avoir recours plutôt simplement aux grands lavages par entéroclyse. On obtiendrait ainsi, dans une certaine mesure, l'antisepsie mécanique, et, sous l'influence de l'eau chaude, une action calmante de l'inflammation.

Le régime lacté peut rendre de grands services dans ces conditions; il contribue en effet à réaliser l'antisepsie intestinale, tout en fournissant des substances alimentaires d'une digestion et d'une assimilation faciles. Pour le surplus, en ce qui concerne l'alimentation, on se conformera aux règles énoncées primitivement, en particulier pour le traitement de l'entérite chronique. Le régime représente peut-être du reste la partie la plus importante du traitement. La climatothérapie et l'hygiène générale sont aussi à mettre en première ligne.

L'acide chlorhydrique serait utile en favorisant la digestion des albuminoïdes.

Pour les malades améliorés mais non guéris complètement et les convalescents, certaines cures d'eaux minérales seraient particulièrement bienfaisantes : Vichy, Pougues, Bussang. Vichy conviendrait surtout lorsqu'il y a des manifestations hépatiques.

Les iodures de potassium et de sodium ont été conseillés dans l'espoir d'agir sur les lésions de l'intestin. L'arsenic a été donné pour remonter l'état général; nous croyons peu, pour notre part, à l'efficacité de ces médicaments, qui auraient facilement le tort de fatiguer inutilement l'estomac.

CHAPITRE IV

Typhlite, pérityphlite, et appendicite.

Jusque dans ces dernières années, les médecins avaient vécu sur la vieille théorie de la typhlite par engorgement stercoral d'Albers, de Bonn. Les matières fécales indurées et accumulées dans le cul-de-sac cæcal en déterminaient la distension et l'inflammation. A leur contact, la muqueuse finissait par s'ulcérer, il se produisait de la péritonité de voisinage, et quelquefois une perforation. Lorsque cette perforation siégeait en avant, il y avait péritonite limitée ou généralisée. Lorsqu'elle siégeait en arrière, comme on croyait que le cæcum n'était recouvert par le péritoine qu'en avant, il se faisait, pensait-on, un phlegmon de la fosse iliaque.

Cette théorie avait cependant toujours compté des contradicteurs, et quelques auteurs avaient indiqué déjà le rôle important que devait jouer l'appendice par son inflammation et sa perforation. Leur protestation était restée sans écho, et la théorie de la typhlite stercorale était devenue la doctrine courante, reproduite par tous les traités classiques.

Enhardis par les progrès de l'antisepsie, certains chirurgiens américains (Reginald Fitz, Mac Burney. Bull, Lewis, Smith, Weir, Forter, etc.) firent la laparotomie au cours de ces prétendues typhlites. Ils furent ainsi amenés à intervenir d'une façon de plus en plus hâtive; or ils ne trouvèrent que rarement des lésions du cæcum, mais, dans presque tous les cas, une lésion très accentuée, et souvent la perforation de l'appendice. Ils furent imités par les chirurgiens anglais (Treves, West), puis par les chirurgiens suisses (Kraft, Roux, de Lausanne). Les chirurgiens français et allemands furent plus lents à suivre le mouvement (1).

Grâce à la fréquence de la maladie et au grand nombre de cas dans lequel eut lieu l'intervention chirurgicale, on ne tarda pas à compter par centaines les faits dans lesquels on avait trouvé que l'appendicite était la cause première de la prétendue typhlite stercorale. Le premier travail de R. Fitz datait de 1886; en trois ou quatre ans la typhlite semblait s'être évanouie complètement pour faire place à l'appendicite; la maladie était passée du domaine médical dans le domaine chirurgical.

M. Talamon, qui a apporté dans l'étude de l'appendicite son ingéniosité et sa clarté habituelles, rejette à peu près complètement l'existence de la typhlite primitive. Il dit avec raison que la distinction ne pouvait pas se faire cliniquement dans un grand nombre de cas : en effet la distension du cæcum, l'accumulation des matières fécales dans sa cavité succèdent souvent à la lésion de l'appendice, et, par l'examen extérieur, on ne constate plus qu'un boudin

(1) Maurin, *Essai sur l'appendiculite*, Thèse de Paris, 1898. — Ch. Talamon, *Médecine moderne*, 1890. — *Appendicite et pérityphlite*, Bibl. Charcot-Debove. 1892. — Ricard, *Typhlite, pérityphlite, appendicite*. Revue génér. in *Gaz. des Hôpitaux*. 7 février 1891. — Ad. Jalaguier, *Typhlite et pérityphlite* in *Traité de Chirurgie*, 1891. — Des discussions importantes eurent lieu sur ce sujet en 1890 et en 1892 à la Société de Chirurgie. en 1894 à la Société médicale des Hôpitaux.

cæcal, dont on aurait tort de faire un signe caractéristique d'engorgement et d'inflammation primitifs du cæcum. Il discute la statistique de Maurin, qui admet encore parallèlement la typhlite et l'appendicite. Sur 196 cas cités par cet auteur, le cæcum aurait été seul lésé 36 fois. Mais, sur ces 36 cas, il y a eu 20 cas de guérison, par conséquent le diagnostic ne reposait que sur des présomptions ; 2 fois le cæcum était perforé par un corps étranger (épingle, arête de poisson) ; 2 fois il n'est pas fait mention de l'appendice. Restent 12 cas dans lesquels il est nettement précisé que le cæcum était le siège d'une perforation. M. Talamon se demande s'il n'y avait pas lésion tuberculeuse, ou perforation du cæcum de dehors en dedans. Il fait remarquer que ces faits datent d'une époque à laquelle on ne soupçonnait pas l'importance de la lésion appendiculaire, et où on pouvait beaucoup plus facilement la laisser passer inaperçue.

Dans la statistique de Roux, qui porte sur 47 cas, l'appendice a été trouvé lésé et perforé 46 fois. Dans un seul cas seulement, le cæcum était le siège d'une perforation, l'appendice étant sain.

Ce dernier cas démontre toutefois nettement l'existence de la typhlite primitive. Il en est d'autres. M. Mariage, dans sa thèse, en a cité un très caractéristique (1).

Il y avait depuis deux jours chez un jeune garçon de deux ans constipation opiniâtre, fièvre, douleur dans la fosse iliaque droite, boudin cæcal ; pas de vomissements, pas de symptômes généraux graves.

(1) L. Mariage, *Contribution à l'étude de l'intervention chirurgicale dans les inflammations péricæcales.* Th. de Paris 1891.

L'enfant succomba rapidement à une angine diphtérique contractée après son entrée à l'hôpital. A l'autopsie, les parois du cæcum étaient augmentées de volume, la muqueuse était rouge et tuméfiée, sans ulcération ni perforation. Il y avait en même temps des adhérences péricæcales et, au milieu de ces adhérences, de petits abcès bien limités; le plus gros avait le volume d'une noisette. *L'appendice était libre et tout à fait sain.*

Ce fait est des plus nets. Il faut donc continuer à admettre la réalité de la typhlite et de la pérityphlite par engorgement stercoral. Sa fréquence est toutefois certainement beaucoup moins grande que celle de l'appendicite.

Il faut admettre encore parallèlement l'existence de la typhlite tuberculeuse, de la typhlite consécutive à des ulcérations dysentériques et typhoïdes : nous n'avons pas autrement, du reste, à nous en occuper ici.

On remarquera que, dans le fait de M. Mariage, il n'y avait eu ni crise douloureuse intense, ni réaction péritonéale marquée, ni phénomènes généraux graves. On constatait seulement de la douleur dans la fosse iliaque droite, un boudin pâteux, de la fièvre.

Dans quelques cas on pourrait trouver des phénomènes accentués d'occlusion intestinale ; tympanisme, vomissements, absence de toute évacuation rectale.

Béhier et Münchmeyer ne croyaient pas que l'obstruction du cæcum pût produire des ulcérations, et il est de fait que cette obstruction a été assez souvent constatée sans lésions de la muqueuse du cul-de-sac. C'est toutefois aller trop loin que de considérer la chose comme impossible.

Nous dirons tout à l'heure dans quelle mesure, au

point de vue thérapeutique, on doit tenir compte de cette donnée que la typhlite vraie existe réellement, bien que beaucoup moins souvent que l'appendicite.

La nécessité de l'intervention chirurgicale dans presque tous, sinon dans tous les cas de typhlite appendiculaire ne fut pas acceptée par tout le monde. Les médecins considéraient comme illogique de faire une opération chirurgicale, même de peu de gravité, dans des cas qui eussent guéri par le seul traitement médical.

Guttmann, en effet, sur 96 cas soignés en onze ans à l'hôpital Moabit de Berlin, n'a relevé que 4 morts.

Hollander a publié 80 cas de pérityphlite qui, traités médicalement dans le service de Biermer, ont tous guéri.

Renvers, se basant sur un grand nombre d'observations recueillies à la Charité de Berlin et dans les hôpitaux militaires, admet que la mortalité n'est que de 3 à 4 pour 100 dans les cas soignés médicalement.

Leyden pense que 95 pour 100 des pérityphlites guérissent par l'expectation.

La statistique de Fürbringer est plus chargée : sur 120 cas, il a enregistré 12 décès.

Dans une discussion récente à l'Association centrale des médecins suisses, l'opinion presque unanime a été que le traitement médical devait l'emporter sur le traitement chirurgical ; médecins et chirurgiens se sont trouvés d'accord sur ce point particulier, ce qui est digne d'être noté.

Il est toujours bien difficile de savoir ce que représente exactement une statistique, de savoir exactement de quoi elle est faite.

Prenons, par exemple, la statistique d'un chirurgien interventionniste à outrance, Sonnenburg (1). 77 opérations faites par lui se décomposent ainsi :

5 cas d'appendicite simple, pas de mort;

52 cas d'appendicite perforative sans complication, pas de mort;

20 cas d'appendicite perforative compliquée, dont 8 cas de péritonite fibrino-purulente, avec abcès multiples, 3 morts;

12 cas dans lesquels il y avait déjà infection septique au moment de l'opération, tous morts.

Si l'on écarte ces 12 derniers cas, il reste 3 morts sur 77 cas. C'est à peu près la même proportion que celle des guérisons médicales. On peut dire, il est vrai, que, sur les 12 opérés trop tard, plusieurs auraient guéri, sans doute, si l'opération avait été faite plus tôt.

Sonnenburg veut qu'on opère toujours et rapidement, le plus tôt possible; toujours, parce qu'on ne sait jamais ce que deviendra une pérityphlite perforative, — et la pérityphlite est perforative dans la majorité des cas; — le plus tôt possible, de façon à pouvoir réséquer plus facilement l'appendice, que l'on atteint bien plus aisément lorsqu'il n'est pas enveloppé et masqué par des productions inflammatoires.

Récemment, la question du traitement de l'appendicite a été portée par M. Millard devant la Société médicale des hôpitaux de Paris. Dans la discussion, à laquelle ont pris part MM. Le Gendre, Sevestre, Moizard, A. Mathieu, du Cazal, Rendu, Huchard, l'opinion qui a prévalu, c'est qu'il fallait savoir provoquer l'intervention chirurgicale dès que celle-ci

(1) *Pathologie und Therapie der Perityphlitis*, 1894.

devenait nécessaire, et qu'il valait mieux opérer plus que moins.

M. Huchard a fait remarquer avec beaucoup de raison qu'il faut se méfier des guérisons médicales : il faut surveiller de très près les malades considérés à tort comme complètement guéris, lorsqu'il leur reste quelque induration vers la fosse iliaque gauche. Sonnenburg fait remarquer, lui aussi, que, sur 80 cas d'appendicite qu'il a opérés, il a compté 20 récidives, soit 1 sur 4. C'est là une proportion qui donne à réfléchir.

Quels sont donc les cas dans lesquels il sera du devoir du médecin de provoquer l'intervention chirurgicale ? Il faut tenir compte pour cela des diverses formes anatomiques et cliniques de la pérityphlite.

Avec M. Talamon, on peut diviser l'appendicite en *perforante* et *non perforante*.

L'appendicite *perforante* se subdivise elle-même en trois variétés :

a) Appendicite perforante suraiguë avec péritonite généralisée d'emblée ;

b) Appendicite perforante aiguë avec péritonite partielle ;

c) Appendicite perforante subaiguë.

L'appendicite non perforante comprend l'appendicite simple et l'hypothétique colique appendiculaire.

Aux formes indiquées ci-dessus, il faut ajouter encore l'*appendicite à rechutes*, qui comporte l'intervention chirurgicale à froid, dans l'intervalle des poussées aiguës.

Appendicite simple et colique appendiculaire. — Un malade habituellement constipé, le plus souvent un jeune homme ou un enfant, est pris assez brusquement d'une douleur vive dans la fosse iliaque droite. Il a des vomissements, une fièvre assez modérée. Par la palpation on constate dans la fosse iliaque soit un boudin cæcal plus ou moins développé, soit un petit cylindre arrondi situé en dedans du cæcum, et correspondant à l'appendice enflammé et augmenté de volume. Le point douloureux appendiculaire se rencontre alors assez souvent, mais non toujours, à environ quatre travers de doigt en dedans de l'épine iliaque antérieure et supérieure, sur le trajet d'une ligne allant de cette épine à l'ombilic. C'est le point de Mac Burney. Ces phénomènes persistent pendant quelques jours, puis la résolution se produit, la tumeur de la fosse iliaque diminue, les vomissements cessent, les douleurs disparaissent, et le malade peut reprendre ses occupations. La résolution peut cependant se faire attendre quelquefois pendant 8, 10 et même 15 jours.

Dans ces conditions, il y a eu seulement inflammation de l'appendice avec gonflement, turgescence vasculaire de toutes ses tuniques. La crise finie, on continue encore à percevoir, quelquefois pendant des semaines et des mois, une petite tumeur au niveau du siège habituel de l'appendice, puis tout finit par disparaître.

Quelquefois la douleur du début est plus vive ; les phénomènes, par leur brusquerie, leur intensité, leur expression clinique, rappellent beaucoup, avec un siège différent, ce que l'on constate dans la colique hépatique et la colique néphrétique. Il n'est pas impossible, en effet, comme le suppose Talamon, qu'une boulette de matière stercorale se soit introduite dans le canal appendiculaire et qu'elle y ait joué le rôle d'un calcul. La douleur cesse brusquement dès que le calcul est rejeté au dehors ou parvenu dans un point plus évasé. Les corps étrangers, les boulettes de matière fécale durcie en première ligne, les pépins de fruits, jouent en tout cas un rôle important dans la pathogénie de l'appendicite. Le plus souvent, c'est à la pénétration d'un semblable calcul que l'appendice doit son inflammation.

L'existence de la colique appendiculaire est donc très possible, bien que non démontrée; en tout cas, cette dénomination correspond en clinique à un ordre de faits assez nettement distincts. Il est certain qu'entre l'appendicite simple et les appendicites perforantes, il y a des degrés intermédiaires progressivement échelonnés : il en est toujours ainsi en pathologie.

Dans cette variété clinique, le traitement médical sera seul mis en œuvre; il n'y a aucune raison d'intervenir chirurgicalement.

Appendicite perforante suraiguë avec péritonite généralisée. — Ici les accidents procèdent avec une grande brutalité. Le début est brusque, c'est une douleur horriblement pénible dans la fosse iliaque droite. Des vomissements surviennent, alimentaires, bilieux, puis porracés; le pouls est petit, rapide, la respiration précipitée, anxieuse, le facies grippé. Le ventre n'est pas ballonné, mais au contraire tendu et même déprimé. La fièvre s'allume rapidement très intense, et on assiste bientôt à l'éclosion d'une péritonite suraiguë. Si l'on intervient, on trouve du pus souvent fétide répandu dans la fosse iliaque droite, le bassin, la région lombaire. L'appendice est violacé, gangréné, perforé; parfois, dans le pus se rencontre le corps étranger cause de tout le mal.

Abandonnés à eux-mêmes, ces cas ne guérissent jamais; quand la laparotomie est pratiquée, la guérison est encore tout à fait exceptionnelle. Plus l'apparition de la péritonite est rapide, plus le cas est grave.

En cas semblable il y a lieu d'intervenir le plus rapidement possible, bien que l'opération ne donne que peu de chances de guérison.

Appendicite perforante aiguë avec péritonite partielle. — Le début est brusque, mais au bout de 36 à 48 heures, il se fait une détente. La douleur reste localisée, la péritonite reste partielle, bien que les phénomènes de réaction péritonéale, de péritonisme, puissent être très accusés. Il y a une tuméfaction plus ou moins marquée dans la fosse iliaque droite, suivant le siège de l'appendice et de la péritonite consécutive. Les abcès qui existent toujours dans ces conditions, englobés par les adhérences, se rencontrent soit en avant et au-dessus de l'arcade de Fallope, soit en arrière et en haut, en arrière et en bas, ou entre le cæcum et l'ombilic. D'autre part, la collection purulente peut être plus ou moins volumineuse, le paquet de fausses membranes et d'anses intestinales plus ou moins considérable : de là des variétés étendues dans l'aspect de la tumeur.

Parfois, il y a des signes d'irritation du rectum et de la vessie.

L'existence de la suppuration se traduit par des douleurs lancinantes, des accès de fièvre, des sueurs, l'empâtement de la tumeur cæcale ou péricæcale, l'œdème de la peau. Il est assez rare que l'on trouve nettement de la fluctuation ; parfois il y a de la sonorité au centre de l'empâtement ou de la tuméfaction, parce que des gaz se sont développés dans le foyer purulent.

Lorsque ces cas sont abandonnés à eux-mêmes, ce qui n'était pas rare autrefois, à l'époque où on se bornait au traitement médical, par les purgatifs, par les cataplasmes, les révulsifs, les vésicatoires, les pointes de feu, etc., le pus se fraie assez souvent un chemin au dehors soit vers la peau, soit dans le gros intestin, le vagin ou la vessie. Il peut aussi s'ouvrir dans la cavité péritonéale où son irruption provoque une péritonite suraiguë rapidement mortelle. Exceptionnellement il y aurait ouverture dans un vaisseau, périphlébite, abcès du foie, pyohémie.

Les malades autrefois succombaient épuisés par la suppuration ou emportés par des accidents, pyohémiques ou septicémiques ; parfois encore, en guérissant, ils conservaient une fistule pyostercorale.

L'indication fondamentale de l'intervention, une fois les premiers jours passés, est fournie par l'abondance et la qualité de la suppuration. On ne peut pas dire qu'elle soit fournie par la perforation elle-même, puisque la perforation a été rencontrée 72 fois sur 77 cas opérés, c'est-à-dire *biopsiés* par Sonnenburg, et 45 fois sur 46 opérés par Roux, de Lausanne. Or ces chirurgiens ne paraissent pas avoir particulièrement trié les cas qu'ils ont traités ; ce qu'ils opèrent représente le plus grand nombre des faits.

La perforation existait donc sûrement dans la majorité des cas qui ont guéri par traitement médical.

Dans les premiers jours, ce qui doit amener à inciser, c'est la crainte de la péritonite généralisée : plus tard, ce qui doit conduire à intervenir, c'est l'existence d'une collection purulente d'un certain volume, surtout si la nature des accidents locaux et généraux conduit à supposer que le pus est doué de propriétés septiques particulièrement développées.

Appendicite perforante subaiguë. — Les possibilités ici sont nombreuses, variées et fort embarrassantes.

M. Talamon, d'après la marche, distingue trois types principaux d'appendicite perforante subaiguë :

1° Début brusque, symptômes d'emblée insidieux, peu marqués ou latents, la péritonite locale aboutissant cependant assez rapidement à des accidents graves.

2° Début aigu, violent, se calmant rapidement ; phénomènes locaux et généraux difficiles à interpréter. C'est à une pérityphlite de ce genre qu'a succombé Gambetta.

3° Cas où tout est insidieux et obscur, le début, les signes locaux et les symptômes généraux. C'est une forme particulièrement grave.

Dans cette forme subaiguë, il faut intervenir dès que l'existence du pus est démontrée. Comme le dit fort bien M Talamon, on ne risque jamais d'opérer trop tôt, puisque le diagnostic est toujours tardif. « Il importe ici d'opérer d'autant plus promptement que le pus tend à s'infiltrer sourdement au loin et à produire dans les muscles et les tissus voisins des désordres souvent irréparables.

M. Talamon résume ainsi les indications de l'intervention chirurgicale, en dehors des appendicites à rechutes :

« En résumé, *théoriquement*, l'intervention chirurgicale est indiquée dès que le diagnostic d'appendicite perforante est porté.

« *Pratiquement*, cette intervention doit être immédiate dans les formes à péritonite d'emblée généralisée ; c'est la seule chance de salut qui reste au malade. Elle peut et à notre avis elle doit être retardée jusqu'au huitième et douzième jour dans les formes de péritonite partielle, le diagnostic ne pouvant guère être assuré dans la première semaine, et les chances de guérison nous paraissant d'autant plus grandes que la collection est mieux enkystée.

« Dans les autres formes d'appendicite pariétale ou compliquée de péritonite par propagation, le traitement médical doit être seul employé. l'opération faite sous prétexte de prévenir la perforation étant injustifiable en présence de l'énorme proportion des cas qui guérissent sans intervention du bistouri. »

On voit que nous ne partageons pas complètement cette façon de voir ; ce n'est pas en effet l'existence ou non de la perforation qui constitue la principale indication thérapeutique, mais sa modalité et, surtout, la quantité et la qualité de la suppuration correspondante.

Le traitement médical sera donc le seul employé dans un grand nombre de cas ; il précédera très souvent l'intervention chirurgicale. En quoi donc consistera-t-il ?

Traitement médical. — Au treizième congrès allemand de médecine interne tenu à Munich en avril 1895, Sahli, de Berne, ayant fait une enquête parmi les médecins suisses, a relevé 7,213 cas ; 473 d'entre eux furent opérés.

Les cas non traités chirurgicalement ont donné une mortalité de 8,8 0/0. soit 91,2 guérisons 0/0. Des malades guéris, 20,8 0/0 ont eu des récidives ; chez 79,2 0/0, la guérison a été définitive.

Ces chiffres plaident dans le même sens que ceux que nous avons cités plus haut, ils montrent que 79 malades sur 100, ou environ 8 sur 10 guérissent sans opération et sans récidive.

Les médecins, jusque dans ces derniers temps, considéraient la constipation comme le grand danger, comme la cause de tout le mal. Le vrai danger c'est, en réalité, la perforation de l'appendice, la propagation de la péritonite consécutive et la suppuration.

Toutes les fois que l'on n'est pas certain qu'il ne s'agit que d'un simple engorgement stercoral du cæcum, il faut, non pas exciter l'intestin et provoquer ses contractions, mais, au contraire, le calmer et l'immobiliser. Il faut, non pas donner des purgatifs et des laxatifs, mais au contraire de l'opium ou de la morphine.

On aurait recours aux laxatifs d'emblée en présence d'un engorgement cæcal bien établi, sans appendicite; mais il ne faut pas oublier que, malgré les points de repère que l'on a donnés, ce diagnostic n'est pas sans présenter souvent des difficultés sérieuses. En effet, il est possible que la stase cæcale soit secondaire à une appendicite, et que celle-ci reste méconnue. Il n'y a pas, en tout cas, d'inconvénient sérieux à traiter au début une typhlite vraie d'origine stercorale comme une appendicite, tandis qu'il peut y avoir un réel danger à traiter une appendicite comme un engorgement cæcal.

Dans tous les cas, on n'usera des purgatifs qu'avec beaucoup de douceur et de mesure.

Au début d'une appendicite, il faut tout d'abord immobiliser le malade, et lui faire garder le repos au lit le plus complet. On donnera de l'opium à dose d'autant plus élevée que la douleur initiale aura été plus vive, par exemple des pilules de 1 ou 2 centigrammes espacées de deux heures en deux heures, de façon à en donner 10 à 15 centigrammes en vingt-quatre heures, et même davantage. S'il y avait des vomissements empêchant l'ingestion des pilules, on pourrait avoir recours soit aux lavements laudanisés, soit aux injections hypodermiques de chlorhydrate de morphine.

Certains médecins sont très partisans de la saignée locale, et ils appliquent au niveau du cæcum soit des sangsues, soit des ventouses scarifiées. M. Millard déclare préférer les ventouses, parce qu'avec elles on mesure beaucoup plus facilement la perte de sang. Une autre raison de les préférer aux sangsues, c'est que la piqûre de celles-ci donne lieu volontiers à de petits foyers de suppuration, et que, s'il y a lieu d'en venir à pratiquer la laparotomie, le chirurgien trouve là des conditions défavorables pour l'antisepsie opératoire. Les piqûres de sangsue peuvent devenir alors une cause de suppuration profonde. Il est certain que la saignée locale amène un soulagement très marqué de la douleur lorsqu'il y a un engorgement, un empâtement douloureux de la région cæcale ; on peut donc y avoir recours.

Pour notre part, cependant, nous préférons appliquer immédiatement de la glace à demeure. Elle doit être divisée en tout petits morceaux, et renouvelée avant que ces morceaux ne soient complètement fondus. L'application doit porter sur une assez large surface. Il ne doit y avoir aucune interruption dans l'emploi de la glace. Il est nécessaire d'interposer un morceau de flanelle assez épais pour mettre à l'abri des eschares par réfrigération.

La plupart des malades acceptent facilement l'application de la glace ; ils déclarent en éprouver un véritable soulagement.

Chez ceux qui y seraient complètement rebelles,

on emploierait des compresses trempées dans l'eau boriquée saturée, ou dans une solution de chloral au centième, et recouvertes de taffetas gommé. Cela n'aurait pas l'inconvénient de salir la peau comme les cataplasmes de farine de graine de lin, et d'en rendre le nettoyage difficile, si l'opération devenait nécessaire.

Le premier, le second et même le troisième jour, on suspendra complètement l'alimentation ; on ne donnera, au besoin, qu'un peu d'eau pour étancher la soif. On pourra aussi faire sucer des morceaux de glace. On ne donnera du lait que plus tard, tout d'abord en petite quantité. Il faut, en effet, éviter ce qui pourrait exciter les mouvements péristaltiques de l'intestin, et introduire le moins possible dans le tube digestif d'aliments susceptibles d'aller augmenter la masse des matières fécales en stagnation dans le cæcum.

On ne songera à faire aller les malades à la selle que lorsque les douleurs se seront beaucoup atténuées, que les menaces de péritonite auront beaucoup diminué, c'est-à-dire, au bout de trois à quatre jours, ou plus, suivant les cas. On ne donnerait des purgatifs ou des laxatifs plus tôt que dans le cas où il serait devenu certain, de toute évidence, qu'on a à faire, non à une pérityphlite par appendicite, mais à une typhlite pure par engorgement cæcal ; il est bien difficile malheureusement d'avoir cette certitude.

Le purgatif auquel je donne la préférence dans ces conditions, c'est l'huile de ricin. Il faut l'administrer par petites doses. On peut en donner le premier jour une cuillerée à café ; si cela n'a produit aucun effet, le lendemain on en donne de nouveau une cuillerée à café, et une heure après une seconde cuillerée s'il n'y a pas eu d'effet produit. Au besoin on peut en donner une troisième une heure encore plus tard.

Le calomel peut être aussi employé, c'est également un purgatif doux. Il faut complètement rejeter les purgatifs salins et, surtout, les purgatifs drastiques, de façon à n'exciter que le moins possible les mouvements péristaltiques de l'intestin. On pourra aussi avoir recours aux lavements, mais uniquement aux lavements d'action modérée.

Comme alimentation, après les premiers jours, du lait, du bouillon, plus tard seulement des potages au lait et des œufs. Il sera utile quelquefois de couper le lait avec de l'eau de Vichy; en cas de tendance à la dépression, on donnera un peu de vin de Champagne.

S'il n'y a ni accident grave, ni menace d'accident grave, on cherchera à obtenir par les moyens doux une évacuation du ventre aussi régulière et aussi anodine que possible. Grâce à ces divers moyens, dans les cas simples, c'est-à-dire en somme dans la majorité des cas, on obtiendra la guérison sans que se soit posée d'une façon réellement urgente la question de l'intervention. On verra diminuer la tuméfaction locale, la douleur, la fièvre, il n'y aura plus aucun signe de réaction péritonéale, la constipation aura disparu ou sera facile à vaincre.

Amené ainsi à la période de convalescence, le malade aura besoin encore pendant longtemps de grands ménagements. Il faut surveiller avec soin son alimentation, ne pas laisser la constipation se reproduire; les grands bains seront alors utiles pour amener la résolution des exsudats péricæcaux.

La grande difficulté pour le chirurgien comme pour le médecin sera, nous y sommes toujours ramenés, de savoir à quel moment le traitement médical doit faire place au bistouri. En pratique, pour résoudre cette question, on se basera sur tout ce qui précède. Nous n'admettons pas, loin de là, qu'on intervienne systématiquement dans tous les cas, ainsi que le veulent les chirurgiens, pour lesquels on n'interviendrait jamais trop tôt ; mais nous croyons cependant qu'en cas de doute, il vaut mieux le plus souvent intervenir, à condition naturellement que cette intervention soit faite avec une rigoureuse antisepsie, et qu'on évite à l'intestin les grands traumatismes opératoires, les grandes dilacérations.

Les malades guéris d'une appendicite, d'une pérityphlite doivent s'astreindre pendant longtemps à une hygiène particulière, surtout s'il persiste des traces appréciables par le palper de la lésion intestinale. Ils éviteront le surmenage physique, les grandes marches ; ils éviteront aussi la constipation ; ils auront recours à l'hydrothérapie chaude. On exclura de leur alimentation les mets irritants et tout ce qui peut laisser dans le cul-de-sac cæcal des résidus solides : pépins de fruits, noyaux, fragments d'os, etc.

L'*appendicite à rechute* réclame une place à part dans cette histoire thérapeutique. Il ne faut pas confondre la récidive et la rechute. La récidive survient après un intervalle très long, après des années de rétablissement complet de la santé. Toute trace perceptible de pérityphlite avait complètement disparu lorsque survient une nouvelle attaque, qui n'offre rien de bien particulier dans son évolution.

Dans l'appendicite à récidive ou à répétition, les poussées nouvelles sont beaucoup plus fréquentes, elles surviennent au bout de quelques mois, d'une année : cela est fort variable. Il peut y avoir ainsi, en quelques années, surtout chez les jeunes gens, 5 et 6 crises d'appendicite. Ces crises peuvent être d'intensité modérée; elles n'en constituent pas moins une grave menace, il est toujours possible qu'une poussée intense, dangereuse pour la vie, succède à une série de poussées tout à fait bénignes.

Dans l'intervalle des crises, la lésion appendiculaire et péri-appendiculaire laisse généralement des traces : on constate une tuméfaction plus ou moins bien limitée au niveau du cæcum ou de l'appendice.

Dans ces conditions, les chirurgiens tendent à admettre d'un commun accord qu'il vaut mieux intervenir *à froid*, en dehors des crises inflammatoires qu'au moment même de ces crises. L'opération a alors pour but d'aller rechercher l'appendice au milieu de ces adhérences — ce qui n'est pas toujours très facile — et de le réséquer. La cause supprimée, le mal disparait.

L'opération est-elle donc absolument obligatoire dans tous les cas d'appendicite à rechute? Non, car il y a des cas dans lesquels, grâce à de grandes précautions, les malades ont fini par guérir complètement et définitivement. Toutefois la menace d'une poussée nouvelle devient une cause permanente de crainte. Ils sont obligés de s'astreindre à une hygiène ennuyeuse et sévère; leur maladie les empêche de se livrer aux occupations et aux plaisirs de leur âge et de leur situation; aussi beaucoup d'entre eux réclament-ils d'être opérés pour en finir. Il faut reconnaitre que l'expérience clinique leur donne raison, puisque la guérison a été obtenue dans 98 pour 100 des cas connus. (Domaye, Th. de Paris 1895.)

CHAPITRE V

Occlusion intestinale.

Les causes de l'occlusion intestinale sont très nombreuses. On peut distinguer (1) :

a) Les causes agissant en dehors de l'intestin :

Étranglement par des pseudo-ligaments, dans des fentes ou des trous de l'épiploon ou du mésentère ;

Étranglement par des diverticules, par l'appendice vermiforme ;

Hernies internes ;

Compression de causes diverses par des tumeurs de nature très variable.

b) Les étranglements de l'intestin par torsion, formation de nœuds, par coudures (volvulus) ;

c) Obstruction de la lumière de l'intestin :

Par calculs biliaires ;

Par un calcul intestinal ;

Par corps étrangers ;

Par des matières fécales.

d) Obstruction par l'intestin lui-même. Invagination. Intussusception. L'invagination peut être aiguë ou chronique.

e) Occlusion de l'intestin par des lésions de ses parois. Rétrécissement cicatriciel.

(1) Peyrot, *Th. d'agrégation*, 1880. — Jalaguier, *Traité de chirurgie*, t. VI. — Courtois-Suffit, *Traité de médecine*, t. III, p. 521.

Rétrécissement par lésion cancéreuse.

Quelquefois les phénomènes de l'occlusion intestinale se montrent sans lésion, sans cause matérielle appréciable, par une sorte de paralysie des parois intestinales. Ce sont les *pseudo-étranglements*.

La place nous manque pour discuter ici comme il conviendrait, l'importante question du diagnostic de l'occlusion intestinale et de ses variétés si étroitement liée à celle des indications thérapeutiques.

Nous ne pouvons guère cependant nous dispenser d'en donner un tableau sommaire : ce tableau ne sera que le résumé du chapitre consacré par Jalaguier au diagnostic de l'occlusion intestinale dans son excellent article du *Traité de Chirurgie*.

Rappelons tout d'abord que, suivant l'intensité de ses manifestations, l'occlusion intestinale peut être divisée en deux catégories principales : l'occlusion aiguë et l'occlusion chronique.

Les questions à résoudre sont les suivantes :

1° Les symptômes d'occlusion dépendent-ils d'un obstacle mécanique ?

2° Où siège cet obstacle ?

3° Quelle en est la nature ?

On doit tout d'abord rechercher s'il n'existe pas une hernie étranglée ; il faut pour cela explorer avec soin toutes les régions qui peuvent être le siège d'un semblable accident.

Il faudra toujours aussi pratiquer le toucher rectal, et chez la femme le toucher vaginal.

Le choléra, certains empoisonnements, les coliques hépatiques ou néphrétiques peuvent dans une certaine mesure simuler l'occlusion intestinale.

La *péritonite aiguë* ou *chronique* est d'un diagnostic beaucoup plus difficile, parfois presque insoluble, surtout lorsqu'il s'agit du diagnostic de la péritonite aiguë et de l'occlusion aiguë.

Voici les signes différentiels d'après le professeur Duplay (1) :

Péritonite. — Vomissements fécaloïdes plus rares. Constipation moins complète. Généralisation plus rapide de la douleur, qui est en même temps très superficielle. Quelquefois matité dans les flancs ou à l'hypogastre correspondant à un épanchement péritonéal. Température supérieure à la normale dans la péritonite, normale ou abaissée dans l'occlusion.

Siège de l'occlusion. — Occlusion aiguë : intestin grêle; occlusion chronique : gros intestin.

La localisation du début, de la prédominance et du point de départ de la douleur correspond en général à la localisation de la lésion.

Tuméfaction limitée dans certains cas au niveau de l'occlusion. Déformation de l'abdomen : région ombilicale soulevée, abdomen globuleux dans l'occlusion de l'intestin grêle. Ballonnement prédominant vers les flancs, dans l'occlusion du gros intestin.

Le ballonnement du cæcum et du côlon indique un obstacle sous-jacent du gros intestin (Bouveret). On reconnaît le ballonnement et la dilatation du cæcum aux signes suivants : 1° Clapotement cæcal à timbre amphorique; 2° au moment des contractions, soulèvement en dos d'âne de la paroi abdominale allant de la fosse iliaque vers le rebord costal; 3° météorisme plus prononcé à droite qu'à gauche de l'ombilic; 4° début des coliques par la fosse iliaque droite; 5° maximum de la douleur spontanée et provoquée dans la fosse iliaque droite.

(1) *Arch. générales de Médecine*, 1876, p. 513.

Les *vomissements* fécaloïdes tardifs indiquent une lésion de la partie inférieure de l'intestin grêle ; les vomissements très précoces non fécaloïdes, la première partie de l'intestin grêle.

Quantité des urines : ce signe n'a de valeur que pour les occlusions chroniques. Anurie d'autant plus complète que l'occlusion siège plus près du pylore.

Diagnostic de la nature de l'occlusion. — *a) Occlusion aiguë.* — Elle correspond aux affections suivantes : péritonite, entérite, invagination, volvulus, bride péritonéale, diverticule intestinal, anneau interne accidentel, collet de hernie interne.

L'*invagination* seule peut être diagnostiquée avec certitude ; on la reconnaît grâce aux signes suivants : jeune âge des sujets (avant 4 ans, on n'observe guère que l'invagination). Tuméfaction en boudin sur le trajet du gros intestin (le ballonnement fait disparaître ce signe). Vomissements exceptionnellement fécaloïdes. La constipation peut ne pas être complète ; assez souvent selles diarrhéiques, muco-sanguinolentes ; quelquefois élimination de lambeaux d'intestin gangréné. Extrémité inférieure du boudin invaginé quelquefois senti par le toucher rectal.

Le diagnostic précis du volvulus, de l'étranglement par brides, diverticules, anneaux accidentels, hernies internes, n'est à peu près jamais fait (Peyrot).

b) Forme chronique. — Il faut éliminer tout d'abord les tumeurs abdominales, utérines, ovariennes ou autres, la péritonite chronique et plus particulièrement la péritonite tuberculeuse ; il reste alors à faire le diagnostic différentiel entre les causes suivantes :

Obstruction par masses fécales ;

Rétrécissement simple ou cancéreux ;

Adhérences anormales ;

Invagination chronique.

Voici l'énumération des signes qui plaident en faveur de chacune de ces causes :

Occlusion par masses fécales. — Survenue des accidents chez des femmes adultes, des hystériques, des aliénés. Périodes de constipation prolongées dans les antécédents. Ventre augmentant lentement de volume. Vomissements tardifs, rarement fécaloïdes. Tuméfaction pâteuse sur le trajet du côlon ou de l'S iliaque, ou présence de scybales en série. La constipation n'est pas toujours absolue. Des accidents aigus d'occlusion peuvent quelquefois survenir dans ces conditions.

Le cancer et le rétrécissement simple sont souvent confondus en clinique.

Cancer. — Homme au delà de la quarantaine. Signes permettant de localiser l'obstacle sur le trajet du gros intestin, et surtout aux angles du côlon et à l'S iliaque. Constipation et débâcles successives. Selles ovillées ou passées à la filière. Rarement hémorrhagies par l'anus. Quelquefois, tardivement, évacuations diarrhéiques et même sanguinolentes.

Rétrécissement. — Les symptômes sont à peu près les mêmes ; dans les antécédents, dysenterie ou fièvre typhoïde. Symptômes concomitants de tuberculose. Dans ces conditions, des accidents aigus d'occlusion peuvent se produire, lorsque, par exemple, des scybales dures viennent brusquement oblitérer complètement la lumière rétrécie de l'intestin.

Invagination chronique (1). — Souvent méconnue. Douleur intermittente paroxystique (symptôme cons-

(1) Rafinesque. Thèse de Paris 1878.

tant.) Selles muco-sanguinolentes avec ténesme. Tumeur mollasse, cylindrique, sur le trajet du gros intestin, faisant quelquefois issue par l'anus ou accessible par le toucher rectal. Vomissements peu intenses. Selles quelquefois régulières, le plus souvent diarrhée. Ballonnement à peu près nul. Affaiblissement et amaigrissement progressif du malade.

La simple énumération des variétés anatomo-physiologiques de l'occlusion intestinale montre que, d'après leur nature et leur degré, les causes pathogéniques seront ou non susceptibles de céder à un traitement médical.

Le traitement médical peut faire disparaître l'occlusion lorsqu'il y a *obstruction mécanique* par présence dans l'intestin de matières fécales, de calculs; il peut exciter le péristaltisme épuisé de telle façon que l'obstacle soit mobilisé, expulsé, et la perméabilité intestinale rétablie. Il peut, par simples mouvements péristaltiques, corriger une *coudure*, et même une *torsion légère;* il peut amener le dégagement d'une *anse invaginée* quand l'invagination n'est pas poussée trop loin, quand l'inflammation du péritoine n'a pas fixé trop fortement l'une à l'autre les anses intestinales. Lorsqu'il s'agit d'un *rétrécissement léger*, l'obstruction fécale a pu s'ajouter au rétrécissement organique, et l'augmentation des mouvements péristaltiques peut surmonter l'obstacle.

L'intervention médicale est surtout remarquable par ses effets lorsque la cause des accidents est une obstruction due à la faiblesse de contraction des tuniques musculaires de l'intestin.

Elle sera absolument impuissante dans d'autres cas et dans des conditions opposées, avec un obstacle qui ne peut être levé, et un intestin épuisé :

inutile d'insister. C'est alors d'une façon générale à l'intervention chirurgicale qu'il faut avoir recours.

Les médecins doivent se bien pénétrer de cette idée que, tout en agissant suffisamment, il ne faut pas épuiser l'intestin par des excitations excessives et laisser l'organisme s'épuiser de son côté par la douleur, l'inanition, les vomissements, l'auto-intoxication. Il faut savoir se décider assez tôt à l'opération chirurgicale, de façon à se trouver dans les meilleures conditions au point de vue de la résistance du sujet et du peu d'étendue et de gravité des lésions de l'intestin et du péritoine.

Le médecin ne doit pas non plus insister sur les moyens médicaux s'il ne se trouve pas dans une des conditions que nous avons données comme favorables : il est vrai de dire qu'il est difficile, souvent, d'arriver à un diagnostic suffisamment précis de la nature, du degré et quelquefois même du siège des lésions.

Au point de vue du traitement médical, une division fondamentale est à établir entre l'occlusion à marche aiguë et l'occlusion à marche chronique (1).

Traitement de l'occlusion aiguë. — Rarement le diagnostic de l'occlusion et de son mécanisme est posé d'une façon suffisante pour que l'intervention chirurgicale puisse être tentée immédiatement. La plupart des chirurgiens sont d'avis d'essayer, tout d'abord, un traitement médical. Et puis, il arrive assez fréquemment que, pour des raisons différentes, on est obligé de se contenter d'instituer un traitement médical, et de renoncer à l'intervention chirurgicale, ou, tout au moins, de la retarder.

(1) Jalaguier, *loco citato*, p. 467.

Le traitement médical, seul, aurait du reste, d'après les statistiques citées par Jalaguier, amené la guérison environ dans le tiers des cas : il n'est donc pas à dédaigner, surtout si l'on songe à la gravité de la laparotomie dans ces conditions.

Trop souvent, les médecins ont été tentés, en présence de phénomènes aigus d'occlusion, de mettre en œuvre des moyens thérapeutiques qui ne peuvent avoir d'utilité que dans les formes chroniques de l'occlusion; certains d'entre eux sont particulièrement dangereux.

La purgation doit être, en tout cas, absolument proscrite; il ne faudra donner de purgatif sous aucun prétexte. On risque, en effet, en mobilisant l'intestin aveuglément, d'augmenter l'occlusion, de provoquer une perforation et une péritonite d'autant plus graves qu'on aura rompu les adhérences péritonéales qui pouvaient commencer à s'établir.

Ce qu'il faut avant tout, c'est calmer la douleur, immobiliser l'intestin ou, tout au moins, modérer des mouvements péristaltiques qui tendent à devenir excessifs. L'opium et la morphine sont donc particulièrement indiqués.

On peut donner l'opium à la façon de Moutard-Martin : on fait prendre toutes les heures une pilule d'extrait thébaïque de 1 centigramme jusqu'à 15 ou 20 centigrammes par jour. On peut aussi avoir recours à la morphine, qu'on peut donner à l'intérieur ou en injections hypodermiques; les injections seront surtout de mise lorsque l'abondance des vomissements empêchera l'absorption de l'opium.

On n'usera qu'avec une grande prudence de la série des manœuvres externes qui ont été conseillées. On repoussera complètement le massage, les injections d'eau à pression élevée; ces injections sont l'équivalent de l'expérience dite en physique du crève-tonneau, qui peut devenir alors l'expérience du crève-côlon; il ne faut pas non plus faire l'insufflation de l'intestin avec trop de force. Il serait plus logique d'essayer de grandes injections d'eau sous une faible pression, comme cela a été indiqué pour les grands lavages de l'intestin, et encore...

On a, à diverses reprises, conseillé la ponction capillaire des anses intestinales distendues; on voulait ainsi diminuer le météorisme, on espérait même obtenir quelquefois la guérison : ce moyen est rejeté par la grande majorité des auteurs; il n'a plus que quelques rares défenseurs.

En dehors de la médication opiacée qui n'est, le plus souvent, que palliative, c'est à l'électrisation, au lavement électrique surtout, qu'on aura recours. Recommandée par Duchesne (de Boulogne), l'électrisation de l'intestin a été employée avec succès par Bucquoy et par Henrot. Aujourd'hui, la technique du lavement électrique est parfaitement déterminée, grâce aux travaux de Boudet (de Paris).

En se servant directement des courants continus, il y avait à craindre une action électrolytique capable de produire des ulcérations du rectum. C'est pourquoi Henrot se servait des courants induits. Une disposition ingénieuse due à Boudet de Paris permet d'électriser le gros intestin avec des courants continus d'une certaine intensité, sans danger d'ulcération électrolytique. Pour cela, le rectum est rempli d'eau et le pôle électrique ne se trouve pas mis en contact avec la muqueuse rectale directement, par une petite étendue, mais indirectement par une grande surface par l'intermédiaire de l'eau injectée dans le rectum.

Voici du reste la description du procédé telle que

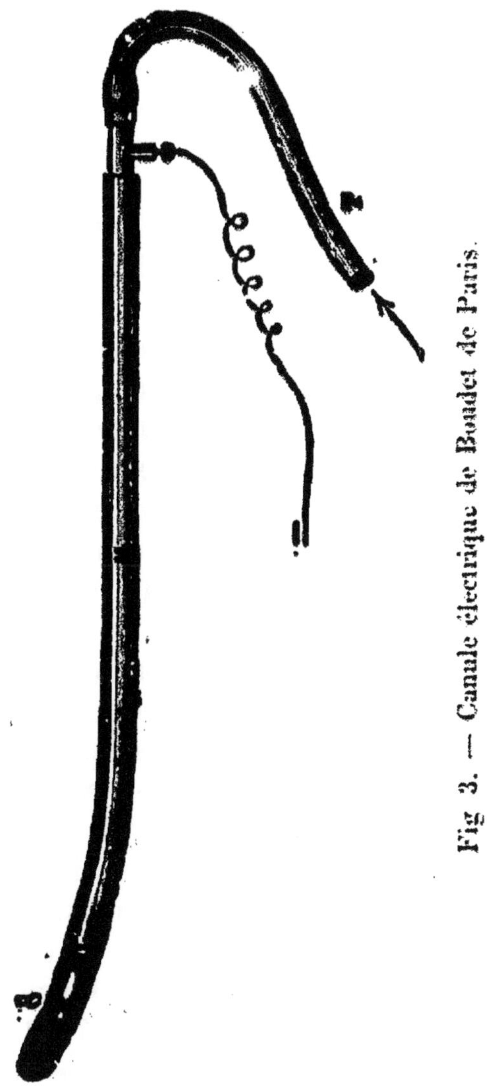

Fig 3. — Canule électrique de Boudet de Paris.

la donne Boudet de Paris : « l'excitateur rectal se compose d'une grosse sonde en gomme que l'on introduit dans le rectum aussi profondément que possible ; cette sonde est armée d'un mandrin métallique tubulaire dont l'extrémité n'atteint pas le niveau de l'œil de la sonde ; ce mandrin est rattaché par un fil conducteur à l'un des fils de la batterie, et, au moyen d'un tube de caoutchouc, on le raccorde avec la canule d'un irrigateur ordinaire plein d'eau salée. Cette eau traverse le mandrin, s'y électrise et remplit l'intestin, en portant l'électricité sur tous les points où elle entre en contact avec la muqueuse ; elle joue par le fait le rôle d'un excitateur liquide très étendu. Le danger résultant de l'action chimique locale se trouve ainsi écarté, puisque le point correspondant au maximum de densité du courant, l'extrémité du mandrin est isolée, par la sonde, des parois de l'intestin (1). » Le second pôle est représenté par une large plaque métallique recouverte de peau de chamois imbibée d'eau salée que l'on met en contact soit avec la peau de la région dorsale, soit avec la peau de la région antérieure de l'abdomen.

Suivant les cas, on peut faire passer des courants de 10 à 40 milli-ampères. La durée de chaque séance varie de cinq à vingt minutes. Il est souvent utile de renverser à plusieurs reprises le sens du courant dans la même séance.

La galvanisation ainsi pratiquée excite d'une façon marquée les mouvements péristaltiques du gros intestin. Grâce à ces mouvements, il est possible qu'un volvulus se défasse, qu'une invagination se dégage ; des succès nombreux ont été obtenus dans des cas d'occlusion aiguë et chronique, mais c'est certainement encore dans l'obstruction cæcale qu'elle

(1) Communication au Congrès international des Sciences médicales de Copenhague, 1884.

donne les meilleurs résultats. En 1884 Boudet de Paris, sur 74 cas, comptait 59 succès; Larat, dans un travail présenté à l'Académie de Médecine, sur 19 cas rapportait 10 succès. Bien d'autres faits également heureux ont été observés depuis.

Il y a cependant à l'emploi de l'électricité dans l'occlusion intestinale des contre-indications : ainsi, d'après Boudet de Paris, l'affaiblissement du cœur et l'état syncopal; dans ces conditions, il ne faudrait recourir à l'électrisation qu'avec une grande prudence.

« Ainsi appliquée, l'électricité n'offre aucun danger, elle est en même temps un excellent moyen de diagnostic, car elle triomphe rapidement de tous les pseudo-étranglements, en ramenant la contractilité musculaire. Les cas sont nombreux aussi dans lesquels elle a réduit une invagination et dégagé un intestin étranglé; mais, comme le dit Boudet de Paris, pour qu'on soit en droit d'attendre un résultat favorable, il faut agir aussitôt que possible après le début des accidents d'occlusion. S'il n'y a pas d'étranglement véritable, une ou deux séances suffisent ordinairement pour rétablir le cours des matières; s'il y a obstacle mécanique, il faudra faire plusieurs séances; mais si, après un délai variable suivant les circonstances, mais toujours assez court, l'électricité reste sans effet, l'intervention chirurgicale pourra être requise avec d'autant plus d'espoir qu'il y aura moins de temps perdu en vaines tentatives. » (Jalaguier.)

Il faudra faire appel au bistouri lorsque l'opium, la morphine, les injections à pression modérée, les courants continus auront échoué, et cela sans attendre que les forces du malade soient trop épuisées, sans attendre qu'il se soit fait à l'intestin au siège de l'occlusion des lésions graves.

Nous n'avons pas à discuter ici le mode d'intervention chirurgicale dans l'occlusion aiguë; la question sera traitée avec tous les développements qu'elle comporte dans le volume de cette collection consacré au traitement chirurgical des maladies de l'estomac et de l'intestin par M. Chaput, dont on connaît la compétence particulière en cette matière. Nous nous bornerons seulement à dire que l'opération peut être palliative, simplement, ou avoir la prétention d'être curative.

L'opération palliative consiste dans l'établissement d'un anus contre nature au-dessus de l'obstacle ; elle ne peut naturellement donner de vraiment bons résultats que lorsque l'occlusion siège sur le gros intestin.

En général, le chirurgien fera une laparotomie qui, d'exploratrice simplement, pourra devenir curative, si les circonstances sont favorables. La première condition sera, l'abdomen ouvert, de déterminer le siège et la nature de la lésion.

La laparotomie est toujours, dans ces conditions, une opération très grave, d'autant plus grave que l'occlusion a duré plus longtemps, qu'elle est plus complète, que le malade est plus affaibli, qu'il a été soumis à un traitement médical inconsidéré (purgatifs énergiques et répétés, massage, etc.). La durée de l'opération tend aussi singulièrement à assombrir le pronostic ; le médecin aura donc le droit et le devoir de réclamer pour ses malades une opération aussi rapide que possible. La rapidité de l'intervention dépend de trois facteurs : la nature des lésions. le mode opératoire, l'habileté de l'opérateur.

Traitement de l'occlusion chronique. — Dans le traitement de l'*occlusion chronique*, on a plus de temps devant soi, les accidents sont moins intenses, le danger moins imminent; on peut, dans certains cas, établir plus facilement le diagnostic au double point de vue de la nature et du siège de l'obstacle. On peut donc, assez souvent, formuler un traitement plus en rapport avec le mécanisme de l'occlusion.

L'occlusion par obstruction fécale est celle qui a donné le plus de succès au traitement purement médical; on peut même dire qu'elle doit à peu près toujours céder à ce traitement.

On a vu quelquefois l'obstruction céder au massage ou à l'applicationdu froid sur l'abdomen : compresses imbibées d'eau froide, application de glace, pulvérisations au chlorure de méthyle. Ce sont là des moyens auxquels on peut avoir recours, mais qui ne devront, cependant, venir qu'en seconde ligne. Pour faire le massage, il faut être bien certain qu'il n'y a pas d'ulcérations intestinales, de menace de perforation, de suppuration ou de péritonite. C'est surtout dans le pseudo-étranglement par atonie intestinale décrit par Henrot et Thibierge et qu'on voit surtout chez les vieillards, qu'il conviendrait d'essayer le massage abdominal.

On peut renoncer à donner le mercure métallique, qui a été autrefois très vanté dans le traitement de l'occlusion ; on espérait que le mercure, par son poids, pourrait défaire les invaginations, redresser ou dénouer le volvulus. Certains auteurs (Matignon, Trèves) lui avaient attribué la propriété de désagréger les masses fécales. Il faut renoncer, en tout cas, à toute la série des pratiques bizarres autrefois conseillées : lavements de tabac, traitement par le café, etc.

Pour combattre l'obstruction fécale, on aura recours surtout aux purgatifs, aux lavements, à l'électrisation interne.

L'huile de ricin est le purgatif de choix dans l'obstruction fécale. On pourra la donner en bloc, à la dose de 20 à 30 grammes; mais il vaut beaucoup mieux la donner à doses fractionnées, par cuillerées à café, d'heure en heure jusqu'à effet produit.

Les *purgatifs salins* pourront aussi être employés; ils sont à ce point de vue inférieurs à l'huile de ricin; mais, en tout cas, et sous aucun prétexte, on ne devra se servir des drastiques, même à faible dose, pour cette raison qu'on ne sait jamais exactement ce que pourra donner une dose d'eau-de-vie allemande, par exemple, capable d'amener la purgation.

Si l'huile de ricin a échoué, s'il y a des vomissements tels que cette huile n'a pu être supportée, on pourra avoir recours aux *lavements :* soit aux lavements purgatifs, soit aux grandes injections coliques.

Comme lavements purgatifs, on se servira alors surtout des lavements additionnés de 20 à 25 grammes de sulfate de soude, soit, pour obtenir un effet plus intense, de lavements constitués par une décoction de 10 à 20 grammes de follicule de séné avec 15 à 25 grammes de sulfate de soude.

On a souvent obtenu un bon résultat par l'injection d'*eau de seltz.* Elle s'opère de la façon la plus simple en mettant un siphon d'eau de seltz en communication par un tube en caoutchouc avec une canule à entéroclyse. Cette injection ne devra pas être faite trop brusquement, mais doucement et par petits coups. Elle représente, en somme, une douche rectale très capable d'exciter les contractions de l'intestin.

En général, ce qu'il convient le mieux de faire, c'est d'essayer l'huile de ricin; si elle échoue, on aura recours au lavement électrique. Il n'y aura, du reste, jamais aucun inconvénient à employer de bonne heure l'électrisation, et il vaut beaucoup mieux, on ne saurait trop le répéter, la mettre en œuvre avant d'avoir employé des moyens violents, purgatifs ou autres, qui ne font qu'amener plus rapidement l'exagération des symptômes d'occlusion, l'épuisement de la contractilité de l'intestin et l'épuisement des forces du malade.

Toutefois, l'occlusion par obstruction fécale est la forme avec laquelle il y a le moins de danger à user avec une certaine insistance des purgatifs, des lavements et des injections rectales liquides ou gazeuses.

Parmi les causes d'occlusion intestinale les plus fréquentes, il faut citer le rétrécissement de l'intestin par lésion organique, qu'il s'agisse d'un rétrécissement fibreux ou d'un rétrécissement de nature cancéreuse, ou encore d'un rétrécissement par compression extérieure inamovible. Ici, le mécanisme de l'occlusion peut être complexe. En effet, il peut se faire que des matières fécales dures viennent oblitérer la lumière de l'intestin au point rétréci et ajouter, par conséquent, l'obstruction fécale à la sténose. On comprend que, dans ces conditions, le traitement médical, le régime, l'usage des laxatifs puissent, pendant plus ou moins longtemps, assurer la perméabilité de l'intestin; on comprend même que ce même traitement puisse venir à bout de l'obstruction causée par l'arrêt des matières au niveau d'un point rétréci. Cela n'est possible, naturellement, que si le rétrécissement n'est pas trop accentué, et il se peut faire que le traitement médical, après avoir plusieurs fois réussi, reste à un moment donné en échec, en vertu même des progrès de la lésion.

L'intervention chirurgicale deviendra, ici encore, la seule chance de guérison. Il ne peut pas rentrer dans notre plan d'établir, pour le mode de cette intervention, une discussion pour laquelle nous n'avons qu'une compétence restreinte. Nous nous contenterons d'exposer les principales possibilités.

En général, l'opération commencera par une laparotomie exploratrice. En effet, même avec un diagnostic exact de la nature de la lésion, il faudra reconnaître quelle est son étendue, quelle intervention est possible. Il s'agira quelquefois d'un obstacle susceptible d'être levé immédiatement et complètement; souvent aussi, il s'agira d'une lésion irréductible, et la question se posera, soit de supprimer complètement et d'enlever la portion malade d'intestin, soit, ce qui paraît donner de meilleurs résultats, de tourner simplement l'obstacle en abouchant l'intestin situé au-dessus à l'intestin situé au-dessous (1). C'est l'équivalent de la gastro-entérostomie pour le rétrécissement du pylore.

C'est là, il est vrai, une opération purement palliative, en ce sens qu'elle ne supprime pas l'occlusion, mais elle peut être réellement curative, si la nature des lésions s'y prête, puisque, grâce à elle, le cours des matières se trouve rétabli. Elle a un autre avantage très important, c'est d'être une opération d'exécution rapide; or, il paraît bien démontré que l'épuisement causé par la durée trop longue de

(1) Chaput, *De l'entéro-anastomose ou opération de Maisonneuve.* Procédés opératoires. Indications. Résultats. (*Arch. génér. de Médec.*, avril 1891.)

l'opération est une des grandes causes de mort pour les malades opérés pour occlusion intestinale.

L'entérotomie, qui crée un anus contre nature, est, elle aussi, une opération palliative; elle peut s'imposer dans certains cas; elle vise ce résultat : conserver la vie du malade au prix d'une infirmité pénible et répugnante; elle est donc très inférieure à l'entéro-anastomose, qui devra lui être préférée toutes les fois que cela sera possible.

CHAPITRE VI

Syphilis de l'intestin.

Plusieurs faits anatomiques démontrent nettement l'existence possible de la syphilis tertiaire sur l'intestin (1). On y a trouvé des gommes, des ulcérations, des productions scléreuses. Ce sont là des faits rares, exceptionnels. Il n'est pas impossible, cependant, qu'un bon nombre d'autres soient restés ignorés ou méconnus. Les symptômes n'ont, en effet, rien de caractéristique, et, d'autre part, à l'autopsie, les lésions syphilitiques sont difficilement différenciées des lésions tuberculeuses.

Comme symptômes, on a signalé la diarrhée simple ou sanguinolente, quelquefois dysentériforme, parfois des alternatives de diarrhée et de constipation, des coliques intenses, une tendance à la cachexie, à l'amaigrissement. Il est souvent difficile de faire le départ, dans cet ensemble de manifestations, de ce qui peut dépendre d'une lésion du foie ou du pancréas, particulièrement du foie.

Dans quelques cas observés par des auteurs dignes de crédit (Vidal, Leudet, Gendrin), les accidents auraient guéri sous l'influence du traitement spécifique.

(1) L. Jullien, *Traité pratique des maladies vénériennes*, 2e édit., p. 878. — Ch. Mauriac, *Syphilis tertiaire*, p. 721.

On serait donc autorisé à faire intervenir le traitement spécifique, si l'on voyait des phénomènes intestinaux semblables à ceux que nous avons énumérés plus haut chez des syphilitiques, surtout s'il y avait en même temps des accidents tertiaires appréciables vers la peau, les os ou les viscères.

Des phénomènes d'occlusion incomplète de l'intestin pourraient aussi résulter de la production de lésions syphilitiques sur l'intestin; attribuables à une infiltration gommeuse, ils seraient justiciables du mercure et de l'iodure de potassium; dus à des lésions cicatricielles consécutives aux syphilomes et aux ulcérations, ils seraient certainement rebelles au traitement médical.

CHAPITRE VII

Cancer de l'intestin.

Le traitement médical du cancer de l'intestin est exclusivement palliatif; cependant l'intervention du médecin peut être réellement utile dans bien des cas; il combattra la douleur et pourra, par des soins bien entendus d'hygiène et d'antisepsie intestinale, permettre une survie assez prolongée.

Le régime lacté est ce qui convient le mieux dans le cancer de l'intestin; on pourra y adjoindre des œufs, des purées, quelquefois même de la viande hachée ou des poudres alimentaires. D'une façon générale, on donnera une alimentation susceptible de laisser peu de détritus rebelles à la digestion, et qui donne, aussi peu que possible, prise aux fermentations et à la putréfaction.

Les purgatifs doux, huile de ricin, purgatifs salins, empêchent la stase des matières. Cette obstruction est souvent favorisée par le rétrécissement du calibre de l'intestin. Cela peut aller jusqu'à l'occlusion complète. Lorsque la lésion siège suffisamment bas, on peut quelquefois rétablir le passage par le cathétérisme pratiqué à l'aide d'une sonde en caoutchouc, ou par l'entéroclyse. Il ne faut pas oublier que ces manœuvres doivent toujours se faire sans violence.

L'antisepsie intestinale rendra aussi des services ;

elle empêchera dans une certaine mesure l'effet nuisible des auto-intoxications : on aura surtout recours au benzonaphtol.

Dans les cas favorables, lorsque la lésion siège sur le trajet du côlon, ce qui est, du reste, le cas le plus fréquent, on fera avec avantage le lavage antiseptique du gros intestin.

Il serait aussi logique d'essayer, dans ces conditions, des lavages avec une solution de chlorate de soude : ce serait l'équivalent du traitement de l'épithélioma stomacal par ce médicament.

La douleur sera combattue par des cataplasmes chauds, par des lavements opiacés ou par des injections hypodermiques de morphine.

S'il était possible de penser à l'intervention chirurgicale radicale, ce ne serait qu'au début, à une époque à laquelle, malheureusement, le diagnostic manque le plus souvent de certitude. Plus tard, on ne peut guère que rétablir le cours des matières, de façon que des accidents d'occlusion intestinale ne viennent pas mettre un terme relativement précoce à la maladie. On pourrait peut-être, dans quelques cas, aboucher l'anse supérieure avec une anse inférieure; mais, en général, dans les cas de cancer de la partie inférieure du côlon, on se contentera d'établir un anus contre nature. Nous renverrons du reste le lecteur au volume de cette collection dans lequel se trouve traitée la chirurgie de l'intestin.

CHAPITRE VIII

Vers intestinaux.

Nous exposerons successivement le traitement qu'il convient d'opposer aux tænias, à l'ankylostome duodénal, à l'ascaride lombricoïde et aux oxyures vermiculaires.

Tænias. — Les variétés les plus fréquemment observées sont : le tænia armé, le tænia inerme et le bothriocéphale. Les autres vers rubanés sont d'observation rare, ou ne se rencontrent pas dans nos régions.

Quelle que soit, du reste, la variété de ver rubané que l'on rencontre, le traitement est le même.

Le tænia inerme tend à devenir beaucoup plus fréquent que le tænia armé ; quant au bothriocéphale, il est assez commun dans certains pays où l'on fait une grande consommation de poissons, et en particulier de saumons. De là sa fréquence dans des contrées où il existe des lacs dont la pêche fournit aux populations du voisinage une partie plus ou moins notable de leur alimentation, en Suisse, dans le Nord de l'Italie, en Suède, par exemple.

La fréquence des autres tænias est surtout en rapport avec la consommation de la viande de bœuf crue ou insuffisamment cuite. De là, dans un but de prophylaxie, l'indication de faire cuire cette viande suffisamment, ou, lorsqu'on veut faire prendre de la viande crue, de donner de la viande de mouton ou de cheval. Ces animaux sont considérés, jusqu'à présent, comme exempts de tænias.

Principes généraux du traitement des tænias. — Pour le traitement des tænias il y a un certain nombre de principes généraux qu'il convient d'avoir toujours présents à l'esprit :

1° On ne doit jamais ordonner une médication tænifuge que lorsqu'on est certain que le ver est suffisamment développé pour que son expulsion totale, tête comprise, soit possible.

Les médecins sont souvent poursuivis par des nosomanes qui se figurent, à tort, avoir un tænia et veulent quand même suivre un traitement susceptible de les en débarrasser. D'autres ont eu réellement le tænia et ont subi contre lui un traitement régulier. Tantôt la tête a été expulsée, et alors ce sont encore de purs nosophobes ; tantôt elle ne l'a pas été, mais l'administration d'un nouveau tænifuge est réclamée trop tôt et par cela même hors de propos.

On ne doit jamais ordonner une première fois le traitement du tænia sans en avoir vu des fragments.

On ne donnera de nouveau le traitement tænifuge à des personnes réellement atteintes du tænia, que lorsque des anneaux du tænia inerme (1) seront de nouveau spontanément expulsés, ou lorsqu'il se sera passé trois ou quatre mois après l'expulsion d'un tænia armé, tête non comprise.

2° Les malades destinés à être soumis à l'adminis-

(1) On reconnait en clinique le tænia inerme à ce qu'il s'en élimine spontanément des anneaux par petites quantités. Les malades en trouvent presque chaque jour quelques-uns dans leurs garde-robes, ou même, en dehors de toute défécation, dans leurs vêtements.

tration de la substance tænifuge étaient souvent soumis autrefois à une diète préparatoire. On les laissait à jeun le jour précédent tout entier, où on ne leur donnait qu'une petite quantité d'aliments, surtout du lait. Actuellement, on reconnaît qu'il peut y avoir de graves inconvénients à pousser trop loin l'inanition préalable : cet état de vacuité favoriserait l'absorption des éléments toxiques des médicaments tænifuges, et on serait ainsi plus exposé à des accidents d'intoxication.

3° L'expulsion d'un tænia comprend toujours deux temps :

a) L'administration de la substance médicamenteuse qui doit engourdir le tænia, l'empêcher de se cramponner à l'intestin et permettre son expulsion mécanique ;

b) L'administration d'un purgatif destiné à expulser mécaniquement le tænia engourdi.

Il ne doit pas s'écouler un trop long espace de temps entre la prise du médicament tænifuge et celle du purgatif expulsif.

4° Comme il importe beaucoup de savoir si la tête a été, oui ou non expulsée, il convient d'engager les malades à aller à la selle dans un seau rempli d'eau tiède. La tête, comme on le sait, est représentée par un petit renflement à l'extrémité de la partie très amincie que forme le cou. Sa recherche, assez délicate, est beaucoup facilitée par cette précaution. De plus, le ver soutenu par l'eau ne se rompt pas.

Quels sont maintenant les tænifuges qu'il convient d'employer? Nous étudierons successivement : la fougère mâle, l'écorce de grenadier et les sels qu'on en tire, le kousso, la mousse de Corse et les graines de courge.

Nous rangeons ainsi les substances d'après leur mérite thérapeutique. Pour la première place on pourrait discuter entre la fougère mâle et l'écorce de grenadier, ou plutôt les sels de pelletiérine découverts par Tanret.

L'écorce de grenadier et surtout les sels de pelletiérine sont préférés par Bérenger-Féraud (1) et par Dujardin-Beaumetz. Cependant l'action toxique des alcaloïdes du grenadier est si marquée, les résultats obtenus par l'extrait éthéré de fougère mâle administré suivant la formule de Créquy, si favorables, que, pour notre part, nous préférons la fougère au grenadier. Le kousso est délaissé à cause de sa très désagréable saveur ; il est du reste beaucoup moins actif que les deux médicaments précédents. La mousse de Corse et surtout les graines de courge ne conviennent guère qu'aux enfants ; elles ont chez eux l'avantage très grand de n'être pas toxiques.

Fougère mâle. — On emploie le rhizome frais de la fougère mâle des Vosges ou du Jura. On peut employer la poudre de fougère en nature : c'est la base de la formule vendue par Mme Müfller à Louis XVI.

« Poudre de fougère mâle, 6 grammes dans 125 à 180 grammes d'eau, à prendre en une fois, le matin à jeun ; environ une heure après, un purgatif, soit calomel à la vapeur et scammonée pulvérisée ãã 0 gr. 60, gomme gutte 0, 30 (Soulier). »

Peschier, de Genève, a été le premier à faire un extrait éthéré du rhizome de la fougère mâle. Il en a fait des pilules associées au calomel ; mais on pré-

(1) *Leçons cliniques sur les tænias de l'homme*, Paris, 1888.

fère, avec raison, pour cette association les cachets dont Créquy a donné la formule :

Extrait éthéré de fougère mâle.........	0 gr. 50
Calomel..............................	0 gr. 05

pour une capsule, douze à seize semblables.

Voici, d'après M. Créquy, comment il faut procéder :

1° La veille au soir le malade ne prend que du lait pour toute alimentation ;

2° Les 12 ou les 16 capsules d'extrait éthéré et de calomel sont prises le matin à jeun de 5 en 5 minutes ;

3° Si, au bout de 2 à 3 heures, l'expulsion n'a pas eu lieu, on fait prendre 60 à 100 grammes de sirop d'éther ; on donne ensuite 50 à 60 grammes d'huile de ricin.

Cette méthode donne des résultats excellents ; c'est celle que nous préférons.

Elle ne laisse pas cependant que d'être assez fatigante, et il convient de ne pas l'employer inutilement. Nous avons vu quelquefois des malades, sans doute prédisposés, présenter, après avoir suivi ce traitement, un état de neurasthénie assez accentué.

Il faut bien savoir aussi que l'extrait éthéré de fougère mâle est une substance toxique. Pour certains auteurs c'est à l'acide filicique que serait attribuable cette toxicité. On ne devrait jamais dépasser la dose de 5 à 10 grammes d'extrait éthéré (1). L'acide filicique étant soluble dans l'huile, on ne devrait pas non plus employer l'huile de ricin comme purgatif.

(1) Lépine, *Semaine médicale*, 1891, p. 237.

Écorce de racine de grenadier. — L'écorce de racine de grenadier a été employée souvent en décoction; ce n'est pas une mauvaise préparation. Voici comment elle s'obtient :

Écorce fraîche de racine de grenadier...	60 gr.
Eau............................	750 gr.

On réduit l'écorce en petits morceaux, on jette l'eau bouillante par-dessus, on laisse macérer pendant 24 heures, puis on réduit par évaporation le liquide à 500 grammes; passer.

Soulier indique la préparation suivante :

Écorce contusée....................	75 gr.
Eau bouillante.....................	un verre

Réduire à feu doux de moitié, passer; sur le résidu, verser de nouveau un verre d'eau bouillante, réduire encore de moitié, passer et réunir les deux colatures.

Alcaloïdes tirés de l'écorce de grenadier. — Tanret en a extrait quatre alcaloïdes, qu'il a dénommés *pelletiérine* α, β, γ, δ. Bérenger-Féraud a démontré que les deux dernières n'ont pas de propriétés tænifuges. Les deux autres pelletiérines peuvent être employées soit mélangées, soit isolément.

Voici, d'après Dujardin-Beaumetz, dans le service duquel ces alcaloïdes ont été expérimentés (1), comment il convient de les administrer. « La veille, faire prendre un grand lavement, ne manger au repas du soir que du laitage; le lendemain matin, à jeun, administrer 0 gr. 30 de sulfate de pelletiérine dans une solution contenant 0,30 de tanin, donner dix minutes après un grand verre d'eau, puis, au bout

(1) De Rochemure, Th. de Paris, 1879.

de trois quarts d'heure, faire prendre le purgatif, 30 grammes d'eau-de-vie allemande (1); ou mieux 30 à 50 grammes d'huile de ricin, et, enfin, recommander au malade d'aller à la garde-robe dans un vase d'eau tiède. »

M. Bérenger-Féraud prépare comme purgatif l'infusion de séné. Quel que soit le purgatif évacuateur que l'on aura choisi, on le donnera trois quarts d'heure à une heure après la pelletiérine.

Kousso. — Ce sont les fleurs d'un arbre d'Abyssinie de la famille des rosacées.

La poudre de fleurs est donnée à la dose de 15 à 30 grammes délayée dans de l'eau bouillante. On laisse refroidir et on prend en une fois sans passer.

Cette infusion est d'une saveur repoussante; elle provoque souvent des vomissements qui compromettent beaucoup le succès de la médication. Avec le kousso, Béranger-Féraud n'a obtenu que 12 succès pour 100.

Graines de courge. — Avec les graines de courge, il n'en a obtenu que 5 pour 100; malgré cette infériorité, il ne faut pas rejeter complètement ces graines, qui peuvent être utiles chez les enfants.

Chez les adultes, on donnera 60 grammes de graines de courge mondées, pilées et mélangées avec une quantité égale de sucre ou de confiture. On donnera 30 à 40 grammes d'huile de ricin une heure après.

On a conseillé de faire manger, pendant quinze jours, une poignée de graines épluchées et pilées

(1) Trente grammes d'eau-de-vie allemande, c'est là une dose élevée que, pour notre part, nous n'oserions conseiller d'employer; cependant M. Dujardin-Beaumetz pense que l'action du tanin d'une part et des alcaloïdes du grenadier d'autre part tend à diminuer beaucoup l'action de la teinture de jalap composée et à faire qu'il n'y ait pas hyperpurgation.

avec du sucre; on donne après ces huit jours une bonne dose d'huile de ricin. Un malade a rendu un tænia rebelle, tête comprise, après avoir pris pendant deux mois une pareille pâtée tous les matins (1).

Mousse de Corse. — C'est un mélange de plantes marines diverses : algues, varechs, coralline. Elle se donne à la dose de 5 à 20 grammes dans du lait bouillant.

On l'emploie aussi comme vermifuge. Voici un breuvage formulé par Bouchardat, qui conviendrait à un enfant de 2 ans :

Mousse de Corse.................... 5 gr.

Jetez dessus :

Lait bouillant.................... 100 gr.

Passez et ajoutez :

Sucre............................ 20 gr.

A prendre le matin à jeun.

Ascarides lombricoïdes. — On sait quel rôle leur attribuaient autrefois les médecins, et quelle place importante ils donnaient en pathologie aux maladies vermineuses.

Le principal vermifuge est le *semen-contra*, et son alcaloïde, la *santonine*.

Le semen-contra est constitué par les sommités florales non épanouies de plusieurs espèces d'armoises du Levant.

La dose de semen-contra est 1 à 6 grammes dans du miel, de la confiture ou des cachets. La dose de santonine est de 5 à 20 centigrammes.

Il ne faut pas oublier que la santonine est une substance toxique, qui, à la dose de 2 centigr. 5, a pu

(1) A. Dumas, *Journal de thérapeutique*, 1877.

produire des convulsions épileptiques chez un enfant de cinq mois (Binz).

Il ne faut pas oublier encore que la santonine *s'accumule* dans l'organisme et que, comme elle ne doit pas être absorbée, il ne convient pas de la donner trop à jeun.

L'administration du semen-contra et de la santonine sera suivie de l'administration d'un purgatif, de préférence l'huile de ricin.

Oxyures vermiculaires. — Ces petits vers habitent exclusivement la partie inférieure du rectum, et l'anus; quelquefois, chez les petites filles, ils se répandent dans le vagin. Les substances vermifuges prises par la bouche n'ont sur eux aucune espèce d'action. On les traitera donc exclusivement par des moyens locaux.

Un des moyens les plus simplss, ce sont les lavements d'eau froide répétés plusieurs fois par jour. On peut aussi donner des lavements d'eau boriquée. Dujardin-Beaumetz vante particulièrement les lavements de glycérine étendue d'une quantité égale d'eau.

Chez les enfants, souvent rebelles à l'usage du lavement, on peut employer l'onguent napolitain, dont on forme un petit suppositoire ou dont on peut enduire une mèche de coton ou de lin.

Ankylostome duodénal. — L'ankylostome duodénal, découvert par Dubini, est très fréquent dans la haute Italie et en Egypte. On lui a attribué la fameuse épidémie d'anémie des mineurs du Saint-Gothard. C'est un ver de petite taille de 1 centimètre à 1 cent. 5, environ, qui habite surtout le duodénum; il attaque la muqueuse et en suce le sang; sa présence provoque donc en somme de petites et incessantes hémorrhagies intestinales : de là un degré extrême d'anémie.

Ce ver vit dans l'eau des mares que boivent les terrassiers et les briquetiers : de là l'indication pour ces ouvriers de la terre d'éviter ces mares d'eau, de boire de l'eau bouillie ou filtrée, et de se laver soigneusement les mains avant le repas. L'extrait éthéré de fougère mâle serait le meilleur agent thérapeutique contre ce redoutable parasite, qui a été vu en France par Perroncito chez les mineurs de Saint-Etienne; par Lesage et Manouvriez chez ceux de Valenciennes, par Fabre et Dransart à Commentry.

Indépendamment de ces parasites d'une organisation relativement élevée, on trouve fréquemment, chez l'homme, surtout dans les selles diarrhéiques, un assez grand nombre de protozoaires, d'amibes et d'infusoires. Quelques-uns de ces animalcules paraissent être normalement les hôtes de notre gros intestin. Ils pullulent dans certains cas de diarrhée simple ou de diarrhée dysentériforme. Leur rôle dans la pathogénie de ces accidents est encore très incertain. Quelques auteurs ont vu des poussées de diarrhée coïncider avec l'apparition d'une notable quantité d'infusoires(1). Ces parasites disparaissaient au moment où la diarrhée cédait au régime et au traitement. Il est donc possible qu'il y ait entre les deux relation de cause à effet.

On a vu aussi assez souvent les amibes se rencontrer en nombre très grand dans les selles dysentériques; il n'est pas impossible toutefois que leur pullulation ne soit chose secondaire, la conséquence

(1) E. Roos, *Uber Infusoriendiarrhæ*, in *Arch. f. Klin. medic.*, p. 505, 1893.

et non la cause de l'entéro-colite. On a attribué de même la diarrhée chronique d'Extrême-Orient à l'anguillule; nous avons dit à propos de cette maladie que cette pathogénie n'a rien de démontré.

Le calomel aurait paru utile dans certains cas de diarrhée à infusoires; c'est tout ce que nous pouvons dire au point de vue thérapeutique.

APPENDICE (1)

Massage de l'intestin.

Le malade sera placé sur un lit dur abordable des deux côtés; il aura le siège un peu élevé, les cuisses demi-fléchies et en abduction. On lui recommandera d'uriner avant le massage.

Le médecin se placera d'abord à la droite du malade; nous indiquerons plus loin quelles sont les régions de l'intestin qu'il est plus facile de bien masser en se tenant à gauche.

On se servira de poudre de talc, qui facilite le glissement des mains en faisant disparaître la moiteur de la peau.

Technique. — Il nous semble préférable et logique de commencer par le massage de l'S iliaque que l'on fait de haut en bas à l'aide de la main droite, pendant que la main gauche posée à plat sur le côté droit de l'abdomen immobilise en quelque sorte, par le refoulement de l'intestin vers la gauche, la partie que l'on masse. Ce massage se composera de pressions de plus en plus fortes, de secousses imprimées à l'intestin par l'extrémité des doigts et descendant du coude gauche du côlon vers le rectum. Il aura pour but principal de déplacer les gaz et les matières contenues dans l'S iliaque en les dirigeant vers la portion

(1) M. le docteur Cautru a bien voulu résumer dans un court chapitre les indications et la technique du massage de l'intestin.

terminale du gros intestin, laissant ainsi la place libre aux matières contenues dans le cæcum et le côlon transverse.

Après quelques minutes, on passera au massage de la partie initiale du gros intestin. Pour cela on peut rester à la droite du malade ou passer à sa gauche.

Dans le premier cas, plaçant l'extrémité des quatre derniers doigts vers l'ombilic et les pouces à plat au niveau du cæcum, on imprime à ceux-ci un mouvement de bas en haut et de plus en plus profond. C'est une sorte de friction analogue au massage de l'entorse fait à l'aide des pouces qui doivent toujours, comme on le sait, remonter du pied vers la jambe, c'est-à-dire de bas en haut suivant ainsi le cours du sang veineux, tandis que dans le cas qui nous occupe il faudra suivre le cours des matières. On pourra encore, le talon des mains étant en haut, placer l'extrémité réunie des quatre derniers doigts au-dessous du cul-de-sac cæcal et leur imprimer un mouvement de rotation à plat, de pression et d'ascension; arrivé au coude droit du côlon, les mains viennent reprendre leur place pour recommencer le même mouvement ascendant. Puis on fera le massage du côlon transverse à l'aide de l'extrémité des doigts dirigée vers la gauche et qui chasseront en quelque sorte les matières devant eux.

Dans le second cas, on placera la main droite à plat, les doigts dirigés en bas et leur extrémité au niveau de l'appendice. Ils exécuteront le même mouvement que celui que nous avons indiqué par le massage de l'S iliaque, mais en se dirigeant du cæcum vers le coude gauche du côlon, par un mouvement de foulement, de tremblement ayant pour but, en même temps qu'il excitera la contractilité de l'intestin, de faire cheminer les matières. La main, arrivée au coude gauche du côlon, se placera à son point de départ pour recommencer le même mouvement,

On ajoutera à ces différentes manœuvres les hachures, les tapotages, plus ou moins profonds, qui ont plus spécialement pour but de tonifier et d'exciter l'intestin. Ces mouvements ont été décrits en détail au chapitre du massage de l'estomac ; nous ne croyons pas utile d'y revenir ici. Enfin on fera le pétrissage de tout le côlon, pétrissage très doux et très profond, exécuté à l'aide des poings fermés (1). Cette dernière manœuvre sera utilisée pour le massage de l'intestin grêle, qui se fera après le massage du côlon.

De temps en temps, pendant la séance, il sera bon de faire, durant quelques minutes, un massage calmant de l'abdomen, surtout s'il y a douleur.

Le Dr Berne conseille de masser le fond de la vésicule biliaire à l'aide de pressions douces qui auront pour but l'excrétion de la bile dans l'intestin.

La durée de la séance sera de 15 à 20 minutes.

Indications et contre indications. — Le *massage de l'intestin* doit précéder le *massage de l'estomac* lorsque celui-ci est indiqué, qu'il y ait ou non constipation ; dans ce dernier cas, on insiste[illegible] surtout sur le massage de l'intestin grêle, qui aura p[illegible] but de faciliter l'absorption des aliments et la sécréti[illegible] du suc intestinal. Il est rare d'ailleurs que les dyspepsies ne s'accompagnent pas de manifestations du côté de l'intestin, et nous avons remarqué maintes fois que le

(1) Berne, *Traitement de la constipation par le massage abdominal*, in *Journal de Médecine de Paris*, 1887.

massage abdominal agit aussi bien dans la diarrhée chronique que dans la constipation.

En outre des manifestations intestinales des dyspepsies stomacales, le massage de l'intestin pourra être tenté, mais avec une extrême douceur, dans certains cas d'*obstruction intestinale*, dans la *diarrhée des tuberculeux*, la *constipation*, l'*entérite muco-membraneuse chronique*, l'*entéroptose*, le *rein flottant*. Certaines maladies se compliquant de *pléthore abdominale* (cardiopathies, maladies du foie) bénéficient de ce mode de traitement. Le massage agit alors en facilitant la circulation abdominale et en augmentant la diurèse (1).

Les contre-indications sont d'ordre *local* et d'ordre *général*.

Les tumeurs de l'intestin, les poussées aiguës d'entérite, les lésions aiguës des organes génitaux chez la femme, la grossesse, la présence de calculs dans la vésicule biliaire et une crise récente de coliques hépatiques, les hémorrhagies vésicales sont les principales contre-indications locales; la goutte et la neurasthénie grave avec affaiblissement extrême de l'individu, les principales contre-indications d'ordre général.

Nous avons observé, avec M. le Dr Mathieu, un malade goutteux auquel il était impossible de faire plusieurs massages de suite sans déterminer un accès de goutte (articulaire, oculaire ou intestinale, sous forme d'entérite muco-membraneuse), et notre maître, M. le professeur Lecorché, nous a confié un malade atteint d'entérite muco-membraneuse chronique, d'origine goutteuse, chez lequel, après dix massages,

(1) CAUTRU, Thèse Paris, 1894.

nous vîmes survenir une attaque de goutte au gros orteil droit.

Nous croyons utile d'attirer l'attention sur ces deux faits, car nous ne saurions y voir seulement une simple coïncidence. D'autres faits viendront peut-être, s'ajoutant à ceux-ci, démontrer qu'il faudra, sinon renoncer au massage abdominal chez les goutteux, du moins être très prudent dans son emploi, et n'en faire usage que loin des accès de goutte et après avoir examiné les urines.

Chez les neurasthéniques très affaiblis ou les hypochondriaques, le massage abdominal produit souvent une dépression plus grande encore de l'état général, sans donner de résultat du côté de l'état local. Parfois la constipation de ces malades cesse pour quelques jours; mais ce résultat, peu durable d'ailleurs, n'est acquis qu'au prix d'une fatigue et d'une courbature prononcées.

Il faut, chez eux, soigner, avant tout ou en même temps que l'état local, l'état général, par l'électricité statique, l'hydrothérapie, les massages généraux, un régime approprié, et quelquefois recommander le repos plus ou moins complet pendant la crise de massage, si on décide de les y soumettre.

FORMULAIRE

Purgatifs et laxatifs.

Limonade purgative au citrate de magnésie.

Acide citrique......	30 gr.
Carbonate de magnésie.............	18 —
Eau distillée...........	300 —
Sirop de sucre......................	100 —
Alcoolature de citron...............	1 —

C'est la formule à 50 grammes. Il y a aussi une formule à 40 et une à 30 grammes de citrate. (Codex.)

Saccharure de caséine..............	30 gr.
Huile de ricin....	30 —
Emulsionner avec eau...............	10 —
Ajouter eau.........................	100 —
Eau de laurier-cerise	5 —

LÉGER.

Huile de ricin......................	30 gr.
Sirop d'orgeat (du codex)....	30 —
Sirop de gomme.....................	30 —
Eau de menthe....	10 —
Eau distillée.........................	Q.S. pour 100 gr.

Mettre le sirop dans une bouteille, agiter de façon à en mouiller les parois. Verser l'huile, agiter vivement pendant 2 ou 3 minutes. Ajouter l'eau de menthe et l'eau distillée. Le liquide a l'apparence d'un looch blanc.

PATEIN.

Huile de ricin :

Huile de ricin	30 gr.
Gomme arabique	8 —
Eau de menthe	35 —
Eau commune	60 —
Sirop simple	10 —

(Codex.) Préparation souvent rejetée par vomissement.

Médecine blanche :

Magnésie calcinée	8 gr.
Sucre blanc	50 —
Eau	40 —
Eau de fleurs d'oranger	20 —

CODEX.

Magnésie	áá 15 gr.
Crème de tartre	»
Soufre précipité	»

Une cuillerée à café dans un quart de verre d'eau aux repas. Une ou deux fois par jour.

Magnésie	áá 20 gr.
Soufre précipité	»
Crème de tartre	»
Poudre de réglisse	»
Poudre d'ipéca	0,30 centigr.

Même dose que la poudre précédente. Contre l'atonie gastro-intestinale avec constipation.

Café purgatif :

Séné	10 gr.
Sulfate de magnésie	15 —
Café torréfié	15 —

Faire infuser dans 120 grammes d'eau bouillante, Passer et sucrer, prendre en une fois.

Espèces purgatives :

Feuilles de séné	2 gr.
Fleurs de sureau	1 —
— d'anis vert	1 —
Fruits de fenouil	0.50
Bitartrate de potasse	0.50

Mêlez : pour une tasse d'infusion.

Tisane purgative de l'hôpital Saint-Louis.

Séné	ãã 8 gr.
Pensées sauvages	»

Faire infuser pendant une heure dans un litre d'eau bouillante, passer et édulcorer avec du miel. Un grand verre le matin.

HARDY.

Poudre de réglisse composée.

Poudre de follicules de séné passés à l'alcool	ãã 6 gr.
Soufre sublimé	»
Anis étoilé en poudre	ãã 3 gr.
Fenouil en poudre	»
Crème de tartre pulvérisée	3 gr.
Réglisse en poudre	8 —
Sucre en poudre	25 —

Une cuillerée à café à une cuillerée à bouche le soir en se couchant.

Poudre de séné	0,20 centigr.
Hydrastis canadensis	0,10 —

pour une pilule — nº 20 : une au commencement de chaque repas. — Préparation conseillée par G. Sée dans l'entérite muco-membraneuse.

Poudre de rhubarbe	0,50 centigr.

pour un cachet — nº 15 : un au commencement du repas.

Poudre de rhubarbe..................	ãa 30 centigr.
Magnésie calcinée..................	

pour un cachet — n° 20 : un ou deux au commencement du repas.

Poudre de cascara sagrada.........	0,25 centigr.

pour un cachet — n° 20 : un ou deux par jour au commencement du repas.

Poudre de cascara sagrada..........	0,10 centigr.
Poudre de magnésie.................	0,20 —
Poudre de rhubarbe.................	0.30 —

pour un cachet — n° 15 : un ou deux par jour, à prendre au commencement du repas.

Extrait de belladone................	ãa 1 centigr.
Poudre de belladone................	»
Podophylle	2 à 3 centigr.
Extrait de réglisse..................	Q. S.

pour une pilule : une ou deux le soir.

Podophyllin	0,50 centigr.
Extrait de belladone................	0,20 —

Mêlez et divisez en 20 pilules ; une à trois le soir.

Podophyllin.........................	0.30 centigr.
Poudre de gingembre...............	0,20 —
Miel...............................	Q. S.

Mêler et faire 10 pilules : une ou deux le soir.

C. Paul.

Euonymine	ãa 10 centigr.
Savon médicinal.....................	

pour une pilule — n° 20 : une ou deux par jour à prendre à la fin du repas, ou le soir en se couchant.

Pilules de Lutz :

Résine d'aloès	āā 1 gr.
— de jalap	»
— de scammonée	»
Lessive des savonniers	»
Glycérine	0,50 centigr.

pour 20 pilules : une le soir.

Grains de santé :

Aloès socotrin	100 gr.
Jalap	100 —
Rhubarbe	25 —
Sirop d'absinthe	Q. S.

F. s. a. pilules de 15 centigr. : 1 à 2 par jour.

Aloès	āā 10 centigr.
Savon médicinal	

pour une pilule : 2 à 6 par jour. (Codex.)

Pilules ante-cibum:

Aloès	āā 10 gr.
Racine de jalap	
Rhubarbe	
Extrait de coloquinte	
Sirop de nerprun	Q. S.

F. s. a. pilules de 20 centigr. : 1 à 4 par jour.

Pilules écossaises ou d'Anderson :

Aloès pulvérisé	10 centigr.
Gomme-gutte	
Essence d'anis	1 —
Miel	Q. S.

Pour une pilule : 2 à 3 le soir.

Aloès socotrin	āā 5 centigr.
Jalap pulvérisé	
Scammonée pulvérisée	
Gomme-gutte	
Calomel à la vapeur	

pour une pilule : 1 à 6 par jour. PETER.

Pilules bleues :

Mercure	2 gr.
Conserve de roses	3 —
Poudre de réglisse	1 —

pour 40 pilules : 1 à 5 par jour.

CODEX.

Lavements purgatifs.

Feuilles de séné	} ãa 15 gr.
Sulfate de soude	}
Eau bouillante	500 —

Faire infuser le séné pendant une demi-heure ; passer et ajouter le sulfate de soude,

Ou encore :

1°	Miel de mercuriale	100 gr.
	Eau	400 —
2°	Feuilles de séné	10 gr.
	Sulfate de soude	10 —
	Miel de mercuriale	50 —
	Eau	500 —

Faire infuser le séné pendant une demi-heure : passer et ajouter le sulfate de soude et le miel de mercuriale.

Eaux purgatives.

En France, nous pouvons signaler les eaux de Montmirail, de Brides, de Châtel-Guyon et de Vittel (source salée.)

Eau de Montmirail. — 9 gr. 30 de sulfate de magnésie, et 5 grammes de sulfate de soude par litre. Laxative à la dose d'un verre ; purgative à la dose de 3 à 4 verres.

Eau de Brides. — 9 gr. 30 de sulfate de magnésie,

5 gr. 06 de sulfate de soude et 0 gr. 83 de chlorure de magnésium par litre ; laxative à la dose d'un verre ; elle purge à la dose de 3 ou 4 verres.

Eau de Châtel-Guyon. — 1 gr. 22 de chlorure de magnésium, 0 gr. 42 de bicarbonate de magnésie par litre ; il en faut 4 ou 5 verres par jour pour produire un effet purgatif.

Vittel, source salée. — Bicarbonate de soude et de magnésie, 0 gr. 29 ; sulfate de soude et de magnésie, 1 gr. 070 ; chlorure de sodium, de magnésium, 0 gr. 64. Cette eau n'est laxative, comme la précédente, qu'à doses élevées.

A l'étranger il y a une série d'eaux purgatives beaucoup plus concentrées.

Eau de Sedlitz. — 12 gr. 60 de sulfate de magnésie, 10 gr. 70 de sulfate de soude, 2 gr. 50 de chlorure de magnésium. Purgative à la dose d'un verre, laxative à des doses moindres.

Eau de Birmenstorff. — Sulfate de magnésie, 22 grammes ; sulfate de soude, 7 grammes ; un verre à jeun provoque une ou deux selles.

Eau de Hunyadi Janos. — Sulfate de magnésie, 22 gr. 35, sulfate de soude, 22 gr. 55.

Eau de Rakocsy. — Sulfate de magnésie, 25 grammes, sulfate de soude, 21 grammes. Un demi-verre comme laxatif, un à deux verres comme purgatif.

Eau de Rubinat. — Sulfate de soude, 96 grammes par litre, sulfate de magnésie, 3 grammes. Comme laxatif, un verre à liqueur.

Eau de Villacabras. — Sulfate de soude, 120 grammes.

Eau de Marienbad. — Sulfate de soude, 5 grammes ; sulfate de magnésie, 0 gr. 66. L'eau de Marienbad renferme, au total, près de 10 grammes de substance minérale.

Eau de Carlsbad (Source du Sprudel). — Sulfate de potasse, 1 gr. 30; sulfate de soude, 2 gr. 40; chlorure de sodium, 1 gr. 05; carbonate de magnésie, 0 gr. 16. Le sel de Carlsbad cristallisé renferme pour 100, d'après Ragsky, 38 grammes de sulfate de soude, 6 grammes de carbonate de soude et 0 gr. 4 de chlorure de sodium; le sel pulvérulent renferme pour 100, 41 gr. 7 de sulfate de soude, 36 gr. 2 de bicarbonate, 18 grammes de chlorure de sodium et 0 gr. 20 de carbonate de lithine.

Une cuillerée à café, dose normale de sel pulvérisé et desséché du Sprudel, contient 1 gr. 80 de bicarbonate de soude, 2 gr. 08 de sulfate de soude, 0 gr. 91 de chlorure de sodium.

L'eau de Carlsbad est prise à la dose de 2 à 6 verres.

Antisepsie intestinale

Naphtol β	15 gr.
Salicylate de bismuth	7 gr. 50

Mêlez et divisez en 30 cachets : 3 à 12 en 24 heures.

BOUCHARD.

Salicylate de bismuth	āā 10 gr.
Naphtol β	
Bicarbonate de soude	

Faire 30 cachets : 5 à 10 par jour.

Benzonaphtol	āā 20 centigr.
Craie préparée	

pour un cachet : 5 à 10 par jour.

Salol	āā 30 centigr.
Craie préparée	

pour un cachet : 5 à 10 par jour.

Salol........................	} ãã 30 centigr.
Sucre en poudre........................	

pour un paquet : 2 à 4 par jour dans un peu de lait.

Médication antidiarrhéique

Sous-nitrate de bismuth.............	5 gr.
Alcoolat de mélisse.............	15 —
Extrait thébaïque.............	5 centigr.
Sirop de ratanhia.............	30 gr.
Hydrolat de menthe.............	100 —

Une cuillerée à bouche toutes les heures.

Sous-nitrate de bismuth.............	} ãã 5 gr.
Diascordium.............	
Julep gommeux.............	150 —

Une cuillerée à bouche toutes les heures.

Sous-nitrate de bismuth.............	3 à 6 gr.
Laudanum de Sydenham.............	XXV gouttes.
Extrait de ratanhia.............	4 gr.
Julep gommeux.............	150 —

Une cuillerée à bouche toutes les heures,

Tanin.............	2 gr.
Sirop simple.............	} ãã 20 gr.
Sirop de coings.............	
Eau de cannelle.............	120 gr.

A prendre par cuillerées à bouche toutes les heures.

Dermatol.............	0,25 centigr.

pour un cachet.

En prendre 4 à 8 semblables espacés.

Dermatol.............	2 gr.
Julep gommeux.............	150 —

A prendre par cuillerées à bouche toutes les heures.

Acide lactique	10 à 20 gr.
Sirop simple	200 gr.
Alcoolature de citron	2 —
Eau	800 —

A prendre par verres à Bordeaux en dehors des repas.

Décoction blanche de Sydenham

Phosphate tricalcique	5 gr.
Mie de pain	10 —
Gomme arabique pulvérisée	5 —
Sucre blanc	30 —
Eau de fleurs d'oranger	5 —
Eau	500 —

La décoction blanche de Sydenham peut servir de véhicule à différentes substances antidiarrhéiques : sous-nitrate de bismuth, dermatol, etc.

Pilules :

Sous-nitrate de bismuth	} ãa 20 centigr.
Diascordium	

pour une pilule.

Une toutes les heures ou toutes les deux heures.

Tanin	} ãa 15 centigr.
Diascordium	

pour une pilule : 10 par jour.

Tanin	} ãa 15 centigr.
Extrait de quinquina	
Extrait thébaïque	1 centigr.

pour une pilule : 5 à 10 par jour.

Extrait thébaïque	1 centigr.
Extrait de rathania	10 —

pour une pilule : 5 à 10 par jour.

Craie préparée...................
Salicylate de bismuth.............
Benzonapthol.....................
} āā 40 à 50 cent.

pour un cachet — n° 12.

Trois par jour espacés.

Salicylate de bismuth.............
Naphtol β.........................
Craie préparée...................
Phosphate de chaux...............
} āā 10 gr.

pour 40 cachets.

En prendre de 5 à 10 par jour, espacés.

Salicylate de bismuth.............
Salol.............................
} āā 50 centigr.

pour un cachet : 4 à 6 par jour.

Résorcine pure...................
Salicylate de bismuth.............
Benzonaptol......................
} āā 50 centigr.

pour un cachet : 3 par jour espacés.

EWALD.

Dysenterie

Poudre d'ipéca..................... 4 gr.

Faites bouillir pendant cinq minutes dans :

Eau............................... 300 gr.

Filtrez; ajoutez à la liqueur :

Sirop d'opium..................... 30 gr.
Hydrolat de cannelle.............. 30 —

A prendre par cuillerées à bouche d'heure en heure; ralentir l'administration en cas de vomissements.

DELIOUX DE SAVIGNAC.

Pilules de Segond :

Ipéca	0,40 centigr.
Calomel	0,20 —
Sirop de nerprun	Q. S.

pour 6 pilules : à prendre en 24 heures.

Lavements au nitrate d'argent :

Blanc d'œuf	N° 1
Eau distillée	200 gr.
Azotate d'argent cristallisé	0,50 centigr.

Cette solution doit être préparée au moment même de son emploi.

DELIOUX DE SAVIGNAC.

Nitrate d'argent cristallisé	1 gr.
Laudanum de Sydenham	XX gouttes
Eau de pluie	1 litre

Mêlez : pour un ou deux lavements.

LE DANTEC.

Nitrate d'argent cristallisé	1 gr.
Sel marin	1 —
Blanc d'œuf	N° 1
Eau distillée	1 litre
Laudanum de Sydenham	XX gouttes

Battre le blanc d'œuf au mortier dans l'eau distillée; filtrer sur un linge fin dans une bouteille d'un litre. On ajoute d'abord le nitrate d'argent préalablement dissous dans une petite quantité d'eau; on ajoute ensuite le sel marin également dissous et on agite de nouveau. On ajoute enfin le laudanum.

LE DANTEC.

Lavement :

Teinture d'iode	10 à 30 gr.
Iodure de potassium	0,05 à 1 gr.
Eau distillée	200 gr.

DELIOUX DE SAVIGNAC.

Chlorate de potasse................	2 gr.
Glycérine....................	15 —
Eau............................	100 —

MEAD.

Lavement au sublimé :

Sublimé......................	0,12 à 0,20 cent.
Eau............................	500 gr.
Alcool..........................	Q. S.

Pour deux lavements. Un matin et soir.

BONAMY.

Écorce de Simarouba...............	35 gr.

Faire digérer pendant 6 heures avec :

Vin blanc......................	750 gr.
Eau de pluie....................	250 —

Faire infuser à une chaleur ne dépassant pas 65° jusqu'à ce que le liquide soit réduit à 750 gr.; on ajoute alors :

Alcool absolu....................	40 gr.

Faire de nouveau digérer pendant 4 heures, filtrer, exprimer et ajouter :

Teinture d'opium..................	2 gr.

A prendre en 4 fois, à intervalles de 4 heures.

Le premier jour, on purge avec de l'huile de ricin, on prescrit de l'opium contre la douleur. Comme alimentation : lait, thé de bœuf, cacao.

Ce traitement d'après Hagge, donnerait toujours d'excellents résultats (1).

(1) *Allgem. Medic. Centralzeitung*, n° 53, 1894.

Entérite muco-membraneuse.

Mucilage de pépins de coing.........	500 gr.
Sous-nitrate de bismuth............	ãa 10 gr.
Salicylate de bismuth..............	

A donner en lavement (voir page 181).

REVILLIOD.

Codéine............................	0,20 centigr.
Alcool	Q. S. p. dissoudre
Eau de laurier-cerise..............	ãa Q. S.
Eau distillée......................	

pour faire 10 cent. cubes.

En donner de vingt à soixante gouttes par jour par prises espacées de cinq à dix gouttes. — Contre les phénomènes douloureux du côté du gros intestin.

Chlorodyne.

Première formule :

Chloroforme........................	120 gr.
Ether..............................	30 —
Alcool	120 —
Thériaque..........................	120 —
Extrait de réglisse................	75 —
Chlorhydrate de morphine	0,50
Essence de menthe..................	XVI gouttes.
Sirop..............................	530 gr.
Acide cyanhydrique dilué..........	60 —

Dissoudre le chlorhydrate de morphine et l'essence dans l'alcool, ajouter le chloroforme et l'éther; d'autre part, dissoudre l'extrait de réglisse dans le sirop. Ajouter la thériaque, joindre les deux solutions, agiter, ajouter l'acide cyanhydrique.

Dose : 5 à 15 gouttes.

Deuxième formule. — Formule de Gilman :

Chloroforme purifié................	8 gr.
Glycérine........................	60 —
Alcool rectifié....................	60 —
Acide cyanhydrique dilué............	8 —
Teinture de capsicum...............	8 —
Chlorhydrate de morphine.	0,50
Sirop..............................	90 —

Dose : Une cuillerée à thé pour un adulte.

Suppositoires.

Extrait d'opium....................	0,02 centigr.
Extrait de belladone................	0,01 —
Beurre de cacao....................	3 gr.

Extrait d'opium....................	2 à 4 centigr.
Beurre de cacao....................	3 gr.

Salol..............................	0,30 centigr.
Extrait de belladone................	0,02 —
Extrait d'opium....................	0,02 —
Beurre de cacao....................	Q. S.

Iodoforme..........................	0,25 centigr.
Extrait thébaïque...................	0,02 —
Beurre de cacao....................	3 gr.

Acide tannique.....................	0,10 centigr.
Chrysarobine.......................	0,10 —
Extrait de belladone ou Extrait d'opium	0,02 —
Beurre de cacao....................	2 gr.

Suppositoire employé contre les hémorrhoïdes.

ROSENHEIM.

Onguent populéum..................	1 gr.
Extrait de jusquiame................	0,30 centigr.
Beurre de cacao....................	ãa 2 gr.
Cire blanche.......................	

F. S. A. un suppositoire.

Extrait d'opium....................	0,10 centigr.
Extrait de strammonium.............	0,10 —
Beurre de cacao....................	Q. S.

F. S. A. deux suppositoires.

Extrait de ratanhia .... 0,50 centigr
Chlorhydrate de morphine............ 0,02 —
Beurre de cacao..................... 4 gr.

Vers intestinaux.

Tænia :

Extrait éthéré de fougère mâle........ 0,50 centigr.
Calomel .... 0,05 —

pour une capsule. De 12 à 16 semblables.

Voir p. 310.

CRÉQUY.

Ecorces fraîches de racines de grenadier 60 gr.
Eau .... 750 —

Faire macérer pendant 24 heures ; réduire ensuite par ébullition à 750 gr.

Ecorce de racine de grenadier contusée 75 gr.
Eau bouillante..................... un verre

Réduire à feu doux de moitié, passer ; sur le résidu, verser de nouveau un verre d'eau bouillante, passer et réunir les deux colatures.

SOULIER.

TABLE DES MATIÈRES

PREMIÈRE PARTIE

CHAPITRE PREMIER

CHAPITRE II

CHAPITRE III

CHAPITRE IV

CHAPITRE V

CHAPITRE VI

CHAPITRE VII

CHAPITRE VIII

CHAPITRE IX

DEUXIÈME PARTIE

CHAPITRE PREMIER

CHAPITRE II

CHAPITRE III

CHAPITRE IV

CHAPITRE V

CHAPITRE VI

CHAPITRE VII

CHAPITRE VIII

APPENDICE

FORMULAIRE

PARIS. — IMPRIMERIE F. LEVÉ, 17, RUE CASSETTE.

www.ingramcontent.com/pod-product-compliance
Ingram Content Group UK Ltd.
Pitfield, Milton Keynes, MK11 3LW, UK
UKHW020305230726
13925UKWH00001B/228